贾枭谈农产品
区域公用品牌建设

农本咨询的认识、实践与方法

贾枭 著

中国农业出版社

图书在版编目（CIP）数据

贾枭谈农产品区域公用品牌建设：农本咨询的认识、实践与方法／贾枭著．—北京：中国农业出版社，2022.5（2025.4重印）

（农本思想库）

ISBN 978-7-109-29392-2

Ⅰ.①贾… Ⅱ.①贾… Ⅲ.①农产品-品牌战略-研究-中国 Ⅳ.①F326.5

中国版本图书馆CIP数据核字（2022）第074212号

贾枭谈农产品区域公用品牌建设
JIAXIAO TAN NONGCHANPIN QUYU GONGYONG PINPAI JIANSHE

中国农业出版社出版

地址：北京市朝阳区麦子店街18号楼

邮编：100125

责任编辑：郑　君

责任校对：范　琳

印刷：北京中科印刷有限公司

版次：2022年5月第1版

印次：2025年4月北京第3次印刷

发行：新华书店北京发行所

开本：787mm×1092mm　1/16

印张：22

字数：320千字

定价：98.00元

序

尹成杰

原农业部党组副书记、副部长

　　品牌化是现代农业的重要标志，品牌是农产品市场经营核心竞争力的体现。农产品品牌化经营是实现农业高质高效的重要举措，是推进农业供给侧结构性改革的必然要求。优质农产品品牌创立有利于推动农业高质量发展，带动农户和农业生产者走向国内外大市场，提高农业综合生产能力和市场竞争力。2022年中央一号文件强调，要"开展农业品种培优、品质提升、品牌打造和标准化生产提升行动，推动食用农产品承诺达标合格证制度，完善全产业链质量安全追溯体系"。这表明农产品品牌化经营和标准化生产越来越成为我国农业高质量发展不可或缺的战略举措。同时，农产品品牌化经营是促进农业转型升级和提质增效的路径选择，有利于适应全面小康新时代消费需求日益多样化、多元化的新趋势。

　　农产品品牌建设是保障初级农产品有效供给的重要举措。我国是14亿人口的大国，保障粮食安全和初级农产品有效供给是头等大事。初级农产品包括粮、油、棉、糖、肉、奶、蛋、果、菜、茶和水产品等，是人类生存和经济社会发展的基础性产品。保障初级农产品应首先立足国内，充分挖掘国内供给的潜力，把提高农业综合生产能力放在更加突出的位置，确保中国人的饭碗任何时候都牢牢端在自己手中。我国农业发展进入新的阶段，农业综合生产能力提升到一个相对稳定的阶段性水平，为品牌农业发展奠定了坚实的基础。当前，我国农业已经到了传统农业向现代农业转变的关键时期，农产品市场已经到了生产主导向消费主导转变的时期，消费层级已经到了吃饱向吃好转变的时期。中央明确提出"以满足吃得好吃得安全为导向，大力发展优质安全农产品"，"在注重粮食数量的同时，更加注重品牌和质量安全"，以及"建立最严格的覆盖全过程的食品安全制度"等一系列部署要求，这就为农业品牌化指明了方向，为解决农产品有效供给保障面临的紧要问题找准了突破口。

农产品品牌建设是促进农业高质量发展的必然要求。转变农业发展方式、促进农业企业转型、推进农产品消费升级和提高优质农产品的市场竞争力和国际竞争力，都要求大力加强农产品品牌建设。农产品品牌化是农业生产力水平、管理水平发展到一定阶段的农产品质量和农业企业管理质量提升的产物，具有资源节约、环境友好、效益提高、品质突出、市场优势等显著特征。农产品品牌化转变的是生产方式，适应的是消费需求，打造的是市场信誉，赢得的是市场空间。品牌农业发展的不竭动力，来自农业科技进步和管理水平提升，以及农业企业的创新和消费者的巨大需求。一方面，农产品品牌化要与农业绿色、低碳、循环发展相结合，牢牢守住18亿亩耕地红线，持续改良土壤质量，保证农田必须是良田，提升农业科技含量，发展生物育种，提高农业发展质量和效益。另一方面，农产品品牌化要与市场认知和消费认可相结合。农产品品牌是农业生产和服务品质的标志和象征，是农产品市场供给和消费者消费心理预期不断转变和提升的结果，包括农产品和农业企业的信誉商誉与文化特征。要向品牌要质量，向品牌要科技，向品牌要信誉，向品牌要市场，向品牌要效益。

农产品品牌不同于工业品品牌，农业具有自然再生产和经济再生产相交织特性，农产品质量和品牌也具有明显的地域性特征。大国小农的基本国情农情又使得广大农户很难独自创立自己的农产品市场品牌，农产品区域公用品牌就成为一个区域农业生产者联合起来打造具有地方特色优势的农产品品牌的重要创新途径，也成为各地政府引导农民和农业企业推进农业供给侧结构性改革，提高当地农产品市场竞争力和知名度的重要手段。近年来许多地方实践证明，农产品品牌化经营和农产品区域公用品牌的培育打造，在现代农业发展中发挥着越来越重要的作用，尤其是对农业大市大县和脱贫攻坚地区农业增产增效、农民增收致富发挥了非常重要作用。

实践表明，农产品区域公用品牌在缔造价值、整合资源和引领产业发展方面，发挥着巨大作用，农产品区域公用品牌是符合我国国情的重要农产品品牌模式，是我国农业品牌化的重点。贾枭先生从事农业品牌化研究和实践工作15年，主持或参与过全国上百个地区的农业特色产业的品牌战略规划，其中不乏全国知名、产销两旺的农产品品牌。书中的思考与见解，贴合实际、表达真诚，对广大农业地区发展产业很有启发，对地方党政领导、农口干部、农业品牌建设工作者有较高的学习借鉴与参考价值。尤其是大量生动的实践案例，读来饶有趣味，读后收获颇丰，相信你也能读出乐趣、读出收获。

农产品品牌化经营是一个与时俱进的概念，是一个不断完善的过程，需要广大专家学者和农业生产经营者不断进行理论探索和实践创新。希望本书的出版对传播农产品品牌化知识理论，推动农业品牌化建设发挥积极作用。

2014年底我到眉县工作时，正值猕猴桃产业规范化和品牌化建设的关键期。贾枭老师率领农本咨询团队帮助我们制定了《眉县猕猴桃区域公用品牌战略规划》，尤其是策划的"眉县猕猴桃 酸甜刚刚好"广告语，既满足了消费者最关心的口感，又雅俗共赏、朗朗上口，为眉县猕猴桃成为"眉县招牌、陕西名片、中国品牌"和农民增收致富做出了突出的贡献，眉县现已成为全球最具影响力的优质猕猴桃产地之一。谢谢贾老师了！

作为老朋友，我一直关注贾枭老师的动态，也知道农本咨询在陕西有多个成功农产品创牌案例，为陕西农产品宣传推广做出了不少贡献。祝贺《贾枭谈农产品区域公用品牌建设》专著面世！希望"农本方法"惠及更多地区，助力乡村振兴和农产品品质提升。

陕西省广播电视局党组书记、局长

武勇超

曾任眉县县长、县委书记

贾枭先生的这本《贾枭谈农产品区域公用品牌建设》之所以引人入胜，不仅因为它讲述了静宁苹果发展过程中的曲折故事，而且讲述了很多地方农业特色产业发展的动人故事，每个能够做大做强的农业产业背后都有恢宏感人的诗篇。这本书之所以让人读不舍手，不仅因为有静宁苹果区域公用品牌发展之路的探索，而且还有更多知名农产品品牌建设路径的实践，毋庸置疑，品牌化是农产品实现效益最大化不可逾越的必由之路。这本书之所以耐人寻味，不仅因为它有不同于其他学术著作空泛说教的认识论和方法论，还因为它是对具体工作有指导意义的实践论。

中共平凉市委常委、政法委书记

王晓军

曾任中共静宁县委书记

十年磨一剑，是说深耕一领域的执着、专一、敬业。贾枭老师在农业品牌策划领域已经深耕十五年了。他这把剑的锋利，被多个地区农业产业进步、农民群众增收所证明。

我与贾枭老师结缘于隰县玉露香梨。2016年，我在隰县任县长，农本咨询策划品牌，县里执行推广，通过几年努力，联手叫响了这个品牌、推动了这个产业。其间，我们二人都到了近乎痴迷的程度。尽管我已离开隰县，还是要向贾枭老师和农本咨询致以深深的谢意！

这本书通过复盘案例、总结经验、探究规律，全方位介绍了贾枭老师和他的农本咨询团队关于农产品区域公用品牌的想法、方法、做法，可以说把农业品牌化上升到了"道"的层次。对于创建品牌、发展产业、振兴乡村有重大参考价值，基层干部特别是"三农"干部阅读此书必将受益匪浅。

中共大宁县委书记　王晓斌

品牌化是农业现代化的重要标志。贾枭老师参与创建了全国首个供京蔬菜品牌——"玉田供京蔬菜"，极大提升了玉田蔬菜的知名度和美誉度。以此为标志，玉田迈出了蔬菜强县实施品牌战略的新步伐。

值此贾枭老师首部专著出版之际，我谨代表县委、县政府表示衷心祝贺！我们相信，贾枭老师带领其团队一定会打造出更多区域公用品牌精品！我们坚信，农产品区域公用品牌建设在国家乡村振兴战略进程中一定会创造出更多精彩！

中共玉田县委书记　田军威

民族要复兴，乡村必振兴。产业发展是乡村振兴的重中之重，而农产品供给作为产业兴旺的首要任务、主要抓手，更是有效破解农民持续增收这一中国"三农"核心问题的前提和基础。在品牌发展日益渐进的今天，如何解决好一家一户的小生产与千变万化的大市场之间的矛盾，必须解决好农产品品牌化、标准化的问题。农产品区域公用品牌是农业品牌化的重要突破口，已经成为各地党委政府推进农业提质增效、促进乡村振兴的一把"金钥匙"。

贾枭作为"三农"领域的资深专家、学者，长期致力于农业领域战略品牌营销的研究和实践。《贾枭谈农产品区域公用品牌建设》从认识、实践与方法三个维度，系统研究了农产品区域公用品牌建设，既紧跟中央关于农业发展的新政策、新指示，又有成功、可借鉴的案例分析，更有针对性地提出了一系列可操作、可落实的原则路径和操作方法，是我们县委书记打响农业品牌、推动乡村振兴的重要参考指南，值得反复阅读、学习实践！

中共赣州市委常委、南康区委书记　何善锦

狠抓农产品标准化生产、品牌创建，是习近平总书记一以贯之的要求。近年来，威县聚力脱贫增收、乡村振兴，发展梨产业，培育梨品牌，探索出一条产业扶贫、产业振兴之路。这本《贾枭谈农产品区域公用品牌建设》，从"怎么看、怎么办、怎么干"三个维度，用"威梨"等实例解读品牌建设，对发展地方特色产业、加快乡村振兴具有很强的前瞻性、指导性和实用性。

中共威县县委书记　崔耀鹏

澄城地处北纬35°，日照时间长，昼夜温差大，是世界果品生产黄金带、陇海铁路沿线樱桃优势区。近年来，面对"一县一业"的竞相发展态势，澄城县立足实际、放大优势、重点突破，提出了打造"中国樱桃第一县"目标，助力群众增收，实现乡村振兴。贾枭老师及其率领的农本咨询团队，精准制定了"澄城樱桃甜蜜蜜"的战略创意，并在推进中给予全方位指导，为做大做强"澄城樱桃"提供了有力支撑。"澄城樱桃"荣获省级农产品区域公用品牌，入选第四批中国特色农产品优势区。希望农产品区域公用品牌建设的"农本方法""农本经验"，能够助力更多地区早日实现产业振兴。

中共澄城县委书记　高成文

民以食为天，小麦作为我国人民最基本的口粮，承担着国人饭碗的重要作用。"中国小麦看河南，河南小麦看新乡，新乡小麦看延津。"正是因为有了"延津麦·强筋面"品牌利器，延津小麦叫响了全国，实现了全县小麦全产业链产值突破100亿元的成果。

贾枭先生长期专注农业品牌研究工作，为全国的农产品区域公用品牌建设做出了巨大的贡献。《贾枭谈农产品区域公用品牌建设》对县域农产品区域公用品牌建设启发性很强、指导性很强，理论化繁为简、案例鲜活真实，值得推荐。

新乡市人大常委会副主任、中共延津县委书记　李泽宙

2018年底，经现江西省农业技术推广中心党委书记郑敏先生力荐，"永修香米"有幸与农本咨询结缘。贾枭老师带领团队在永修下鄱湖、上云居，进西海、出阡陌，走访多名永修文化人士、翻阅大量当地历史资料，制定了《永修香米区域公用品牌发展战略规划》。从那时起，永修人自信地喊出了"永修香米赛泰国"！"永修香米"对标国际品牌，建制度、搭平台、定标准、大宣传，品牌知名度迅速提升，荣获第十七届中国国际农产品交易会暨首届江西"生态鄱阳湖 绿色农产品"博览会"参展产品金奖"、第六届中国国际食品餐饮博览会金奖、2021年中国农产品区域公用品牌·市场竞争力新锐品牌……

贾枭先生的《贾枭谈农产品区域公用品牌建设》一书，从认识论、实践论到方法论，汇集了农本咨询集体智慧和丰硕成果，一定会成为农产品区域公用品牌创建领域教科书级别的论著，对于助推产业发展、乡村振兴会有重大帮助。

中共永修县委书记、赣江新区永修组团党工委书记　秦岭

贾枭老师著作《贾枭谈农产品区域公用品牌建设》，从农产品区域公用品牌的"认识论"到"实践论"，再到"方法论"，其中的"十六字方针"使农产品区域公用品牌建设工作事半功倍、举重若轻。

高要区目前正全力打造建设全中国最大的预制菜产业之都，按照贾枭老师提出的"十六字方针"开展品牌建设，"高要预制菜"一定会成"粤港澳大湾区"农产品区域公用品牌的灯塔。

中共肇庆市高要区委书记　陈德培

承德县享有"中国国光苹果之乡"的美誉，从20世纪50年代初就开始规模化栽培，但因缺乏品牌包装和市场营销，一度处于"有产品、少商品，有品质、无品牌"的状态，市场影响力小、产业效益低。2016年，在贾枭老师带领的农本咨询团队的指导帮助下，承德县展开了全方位的产业提升工程，大力推进国光苹果产品包装和品牌打造，承德国光苹果"个头小、经典老味道"的广告语，唤醒了无数人的童年记忆，承德国光苹果产业也逐步走上了标准化、品牌化的高质量发展之路。衷心感谢农本咨询团队为承德国光苹果品牌建设的精心赋能！

《贾枭谈农产品区域公用品牌建设》一书，凝聚了贾枭老师和农本咨询团队多年来探索实践的宝贵经验和先进理念，所讲述的诸多案例，对包括承德在内的各地农产品品牌建设极具启发价值，值得研读、借鉴。

石家庄铁道大学党委常委、纪委书记
曾任中共承德县委书记 　刘志琦

理论源于实践，出路来自探索。贾枭老师倾心致力于农产品区域公用品牌建设，取得丰硕成果，漾濞核桃就因此而实现了更加高贵的价值梦想。《贾枭谈农产品区域公用品牌建设》一书全面阐述了农产品区域公用品牌建设的意义、实践和方法，为各地区在实施乡村振兴战略中抓好农产品区域公用品牌建设提供了强有力的理论和实践支撑，是一本不可多得的好书。

大理白族自治州政务服务管理局副局长
曾任漾濞彝族自治县人民政府县长 　李庚昌

自"青冈玉米糯又甜"品牌创建以来，青冈鲜食玉米持续畅销、一路长虹，不断迈向全国高端市场。农本咨询公司以超前的理念、独特的视角、专业的服务，为青冈农业品牌建设和区域资源价值变现提供了巨大帮助。为农本咨询团队点赞，为贾枭老师点赞！愿《贾枭谈农产品区域公用品牌建设》一书热销畅卖，愿农本咨询团队越来越好！愿更多地区、更多农产品尽早受益！

中共青冈县委书记、青冈县人民政府县长　孙国文

洋县黑米有3 700多年历史传承，被《本草纲目》收记"药米"，曾为历代帝王"皇室贡品"，是原国家质检总局认定的"国家地理标志保护产品"。但多年来"身在闺阁人未知"，销路不畅、价格低廉，难以变成洋县人民的真金白银……

贾枭先生带领农本咨询团队帮助洋县人民策划了"食补国宝·洋县黑米"区域公用品牌，让洋县黑米身价倍增，成为洋县继"国宝朱鹮"之后的第二张靓丽名片。洋县黑米的市场价格已由2017年的每斤7元飙升到现在的每斤15元左右，生产面积由2017年的1万亩左右发展到现在的5万亩以上，经济效益惠及洋县2万多户群众。

《贾枭谈农产品区域公用品牌建设》一书，不仅收录了洋县黑米创牌历程，还讲述了全国20多个品牌建设案例，为全国各地农产品公用品牌建设，提供了可资借鉴的经验做法，知识丰富、理念新颖、指导性强，既是一部指导产业的理论专著，更是一本打造品牌的实战宝典。一册在手，产业无忧！感谢农本咨询，祝贺贾枭老师！

洋县人民政府县长　张军

乡村振兴产业为先，产业发展品牌制胜。淳化荞麦种植历史悠久，是国家农产品地理标志保护产品，淳化荞面饸饹获得"陕西省非物质文化遗产"等荣誉，但产业规模小、链条短，知名度不高，如何把"小荞麦"做成"大产业"，是我工作中一直研究思考的问题。

机缘巧合之下，与农本咨询牵手合作，开启了淳化荞面饸饹产业品牌化发展的创新之路。贾枭老师带领农本咨询专业团队，为淳化荞面饸饹品牌打造提供了强大的智力支持和资源加持。

经过两年多的实践探索，淳化荞麦产业发展已经迈上快车道，品牌效应带来了市场关注、引来了人才项目、做大了产业规模，2023年全县荞麦产业产值突破6亿元、增长20%，成为淳化县域经济发展和乡村振兴的特色牌和潜力股。

《贾枭谈农产品区域公用品牌建设》内容详实有干货，立足实践讲方法，思路明确可操作，是县区研究农业品牌战略不可多得的一本真经，值得大力推荐。

中共淳化县委书记　张乔

目录

实践论 ·· 49

前言：我为什么写这本书

和大家一样，对农产品区域公用品牌及其建设的认识，我也经历了一个由表及里、不断深入的过程。其间，农本咨询不断探索、创新，也不停试错、纠错。

我从2006年开始农业品牌化研究。2009年，我参与了国内高校中首个农业品牌研究机构——浙江大学中国农村发展研究院（CARD）农业品牌研究中心的创建；同年底，我全程参与了"首届中国农产品区域公用品牌建设高峰论坛"策划执行；2009—2014年间，我参与了国内最早一批农产品区域公用品牌战略规划编制工作；2015年，我离开原来的工作单位，并于同年4月和伙伴们创办了国内首家专门从事农产品区域公用品牌战略规划的咨询公司——浙江农本品牌管理咨询有限公司（简称"农本咨询"）。

早年，我对农产品区域公用品牌建设的认识停留在宣传层面，广告创意、宣传策划是这一时期我们规划的重点。成立农本咨询公司后，我们在实践中逐渐认识到农业品牌化是系统工程，农产品区域公用品牌建设不仅要注重"面子打造"，也要注重"里子建设"。进入高质量发展新时期，品牌引领产业高质量发展、深化供给侧结构性改革的作用越来越明显。农产品区域公用品牌不只是中国农业品牌化的重要模式，也是发展经济和推动乡村振兴的战略抓手，在培育乡村产业、促进共同富裕等方面，发挥着越来越重要的作用。

基于对农产品区域公用品牌价值作用的高度认同，农本咨询确立了"用区域公用品牌战略助推中国农业品牌化、助力乡村振兴"的经营使命。

时下，农产品区域公用品牌建设已成为各地农口部门的重点工作，但我们也看到，由于缺乏正确的认识，不少地方的农产品区域公用品牌建设走入误区：要么盲目模仿别的地方的品牌建设模式；要么望文生义，打造一些不切实际的"区域公用品牌"，给地方经济和产业发展造成损失。

实践中，我们一方面认识到农产品区域公用品牌知识的重要，同时也深感农产品区域公用品牌建设方法的匮乏。这主要是因为，我国农业品牌建设整体还处于初级阶段，品牌建设方法需要市场的检验，这有一个过程。同时，农业生产的周期性也在一定程度上延缓了品牌建设方法的累积。这些因素制约了我国农产品区域公用品牌建设与发展。

作为国内最早从事农产品区域公用品牌研究和实践的从业者一员，我觉得有责任将我们这些年的实践经验公之于众，为行业进步尽绵薄之力。

经过长时间的酝酿，我从2021年开始写这本书。

为确保初心"不走样"，在写书时，我给自己定下三条原则。

为产业"建言"，为行业"献智"

在长期的实践中，我深刻认识到，只有行业健康发展，我们的事业才可能有立足之地。

与此同时，我们认为，在某种意义上，农业从业者和产业管理者是推动农业品牌化的永久动力。也就是说，只有广大生产者和管理者理解农业品牌化的意义，了解农产品区域公用品牌建设规律，将品牌建设贯穿生产经营中，才能发挥出品牌引领的作用，品牌建设也才会长久成功。

因此，这本书以广大从业者为目标读者，从他们的角度，剖析问题，答疑解惑。换言之，这本书以"三农"工作者为受众，为农产品区域公用品牌建设者、管理者而写，而不是为农本咨询写书。

谈"做法"，也谈"想法"

我认为"方法比做法重要"，坚信"农本方法比农本咨询公司更有价值"。

为了让农业品牌建设者理解农产品区域公用品牌基本原理和方法，我们在过去这些年农本咨询上百个农产品区域公用品牌建设案例中，选择了22个不同背景的建设项目，讲述这些地区发展产业和品牌建设的"做法"，剖析这些做法背后的"想法"。这样做的目的，就是通过案例分享农本咨询发现问题、研究问题、解决问题的逻辑和方法。

虽说资源禀赋不同，产业类型各异，不同地区的产业基础以及发展产业和品牌建设的人财物条件大相径庭，但基于相同的国情和大致相同的中国市场，我相信这些案例的分享，会让大家快速掌握农产品区域公用品牌建设基本方法。

无论"水平高低"，必须"诚意满满"

入行15年，农本咨询取得了一些成绩，得到行业和不少人的褒奖。因为入行早，经历得多，因此不少人将农本咨询称为"农产品区域公用品牌建设引领者"。我知道这是大家对农本咨询的鼓励。不管从业时间有多久，开展的项目合作如何多，在农业品牌化建设这条道路上，我们始终心存敬畏，是一名探索者和学习者。

这本书是农本咨询关于农产品区域公用品牌建设实践的阶段性总结。在日新月异的今天，新技术、新工具层出不穷，每过一段时间，就会有各种新模式、新方法诞生，因此，可以肯定的是，我们关于农产品区域公用品牌的认知，肯定有许多不足，甚至在将来也许会成为"错误"。尽管如此，我们还是将自己的认识体会、实践心得和工作方法和盘托出，以期为行业提供参考借鉴，让我国农产品区域公用品牌建设走得更快、更好。从这个意义上说，无论水平高低，这本书绝对"诚意满满"。

一枝独秀不是春，百花齐放春满园。希望农本咨询的抛砖引玉，能引发更多人思考，激发更多创新，助力更多地区成功，让农产品区域公用品牌发挥其应有之作用和意义，让更多中国农业品牌走向世界。

这是我的初心，也是写这本书的目标。

是为前言，也是自勉。

认识论

农产品区域公用品牌是中国农业品牌化的重要模式

2014年12月3日，农业部新闻办公室举行新闻发布会，向媒体介绍《中国农产品品牌发展研究报告》有关情况。该报告是第一部全面反映我国农产品品牌发展现状，探讨如何培育经营我国农产品品牌的研究报告。

报告指出"品牌化是农业现代化的核心标志"，并对我国三种不同类型的农产品品牌"区域公用品牌、产品品牌、企业品牌"给予界定。这被视为"农业品牌化"的首次官宣。此后，在各种农业活动中，《中国农产品品牌发展研究报告》及其主要观点经常被引用。业界普遍认为，《中国农产品品牌发展研究报告》拉开了中国农业品牌化的大幕，标志着品牌化作为中国农业发展的主旋律开始登上历史舞台。

2017年4月17日，农业部主办的"中国农业品牌推进大会"在郑州召开，大会发布了多个榜单，其中"中国农产品区域公用品牌百强"榜单最受关注。此后几年，几乎全国所有的省（自治区、直辖市）都开展了形式不同的农产品区域公用品牌评选活动。因此，有人说"中国农业品牌推进大会"是农产品区域公用品牌建设的起点，标志着农产品区域公用品牌建设浪潮的兴起。随后几年，全国各地出台政策鼓励农产品区域公用品牌建设，农产品区域公用品牌成为各地农口工作的重点和热点。

显然，政策引导和上级部门的推动是农产品区域公用品牌建设热潮的"导火索"，然而主管部门并非心血来潮，农产品区域公用品牌建设的兴起还有广泛的实践基础和深层次的原因。

农产品区域公用品牌
是消费者购买农产品的"一级菜单"

从现实看，在市场上有广泛影响力的农产品区域公用品牌，都以地标产品为基础，比如五常大米、阳澄湖大闸蟹、西湖龙井等。

作为地方特产，地标农产品有着少则数十年，多则上百年甚至上千年的历史。随着城市交流和人际交往，地方特产成为地域名片和文化象征，往往具有很高的知名度，甚至是家喻户晓。

依托地标产品的知名度，农产品区域公用品牌在市场上往往发挥着传递产品信息、影响消费态度的作用。比如，许多人购买西湖龙井茶时，并不了解销售企业或生产厂家，却由于对西湖龙井"仰慕已久"，而产生购买冲动。这里，"西湖龙井"是区域公用品牌，也是商品名称。类似的例子还有很多，如茶叶中还有普洱茶、安溪铁观音、安化黑茶、安吉白茶等。

知名度是农产品区域公用品牌的核心资产，也是打开市场、引导消费的重要因素。在"农产品区域公用品牌"这一概念提出前，地标产品或地方特产就发挥着引导市场消费的作用。而农产品区域公用品牌建设的一个主要目的，就是将地标农产品和地方特产"引导消费"的作用规范化、常态化，促使其发挥更大的效应。

农产品区域公用品牌建设兴起
是受"成功经验"的启发

事实上，在全国范围内的农产品区域公用品牌建设热潮兴起前，不少地方已经开展农产品区域公用品牌建设或按照农产品区域公用品牌基本原理开展地标产品品牌建设。

这一时期影响最大、被提及最多的是"阳澄湖大闸蟹""五常大米"等，它们是中国农产品区域公用品牌的"明星"，但由于经常曝出"假冒产品"，很多时候被当作"反面教材"来讲。客观地说，"被假冒"不是这些品牌的"专利"，只是因为它们"太出名"，所以容易"被关注"。

"阳澄湖大闸蟹""五常大米"等即便有这样那样的问题，也难掩盖其作为中国农产品区域公用品牌建设先行者的光芒，可以说是"瑕不掩瑜"。它们或凭借资源禀赋，或依靠敢为人先的胆识，创造了中国农产品区域公用品牌的经典传奇，让人们感受到了品牌农产品的魅力，也认识到了农产品区域公用品牌的价值。从这个层面上说，这些品牌的先行实践意义非凡。

现如今不少知名的农产品区域公用品牌，如"赣南脐橙""洛川苹果""安溪铁观音"等，也都是我国农产品区域公用品牌的先行者。在前无经验的情况下，它们摸着石头过河，为我国农产品区域公用品牌建设积累了宝贵经验。

早期的农产品区域公用品牌建设，因尚未成为"主流"，更多受当地领导见识的左右。只有当地领导有远见，才会积极支持品牌建设。早年洛川苹果品牌建设，就得益于当时县委政府几任领导的远见卓识。洛川原县委书记高武斌就是其中之一。高武斌因痴迷洛川苹果产业发展，被人们称作"苹果书记"。在他的支持下，洛川苹果创新营销方式，开设专卖店，通过洛川苹果文化研究会开拓市场，赞助中国体育健儿。这些创新性的举措，在当时难能可贵，为洛川苹果走出陕西、叫响全国，立下了汗马功劳。

另外，早期一些地区运用农产品区域公用品牌的基本原理推介区域农产品，也取得了显著成效。比如2004年开始的"浙江省十大名茶"评选，就是管理部门引导茶产区优化资源配置、提高产品知名度、扩大市场占有率，助力浙江茶叶创建品牌的创新举措。"浙江十大名茶"评选活动先后开展了几届，在浙江省茶产业发展中具有里程碑式的意义。评选活动极大地调动了浙江茶叶产区的政府打造茶叶区域公用品牌的积极性。同时，在政府的背书下，"浙江十大名茶"一经推出，就走红市场。

以上不难看出，农产品区域公用品牌建设在我国的兴起，既受成功典范的影响，也是满足市场的需要。

农产品区域公用品牌建设
能破解"小生产"和"大市场"之间的矛盾

按照目前流行的说法，世界农业分为三种典型模式，即美国的"规模化"农业、日本的"精益化"农业和中国的"大国小农"农业。

我国农业小生产的模式，经过多年发展虽有一定程度的改变，但依然没有发生根本变化。中国有14亿人口，是农产品消费大国。除日常生活所需外，加工业也需要大量农产品作为原料。目前，我国2亿多农户的"小散乱"非标化生产，难以满足大规模标准化的供给需要，大大制约了农业高质高效发展。

从实践看，农产品区域公用品牌是整合资源、缔造标准、组织供给的平台，一端连接"大市场"，一端连接"小生产"，通过品种选择、标准制定、产品分选、品牌授权、组织构建等一系列手段，将"小散乱"非标化的生产者组织起来，向市场供给大规模标准化的产品，以满足"大国市场"的需要。与此同时，它又能通过市场需求引导和规范生产，促进产业升级，提高"小农生产"的水平。

过去这些年，农产品区域公用品牌建设在引领产业发展、助推产业升级等方面，发挥了积极作用。我们看到，不少地区通过农产品区域公用品牌建设有效破解或缓解了"大市场"和"小生产"之间的矛盾。

综上所述，农产品区域公用品牌建设热潮的兴起，既是主管部门推波助澜的结果，也是我国人民实践智慧的结晶。农产品区域公用品牌不仅是中国农业品牌化的重要模式，也是中国农业高质量发展的重要手段。

农产品区域公用品牌建设
是产业振兴的战略抓手

党的十九大提出的"乡村振兴战略"是"三农"工作的总抓手，也是未来较长一段时期内我国农业农村工作的指导思想。党和国家领导人多次强调"乡村要振兴，产业必振兴"。产业振兴是乡村振兴的要求，也是乡村振兴的路径。农产品区域公用品牌建设是培育乡村产业，促进产业高质量发展，助推做大产业经济的有效手段，是产业振兴的战略抓手。

农产品区域公用品牌建设培育"好产业"

我们在工作中发现，许多时候产业发展得不好，缘于没有选对产业。这就像赛跑，站错了跑道，无论怎么努力，也难赢得比赛。

过去十多年，我们去过全国五六百个县。虽说是天南海北，但总体看，绝大多数县域都有一个共同点，就是"要啥有啥，要啥没啥"。产业门类齐全，却没"拳头产业"。这很大程度上是因为当地对产业发展缺少长远谋划。

目前，许多县域产业发展主要是沿袭过去的经验做法。我们并不否定传统，但产业发展要与时俱进，否则就会丧失竞争力。

两年前，我考察过陕西一个梨业县，这个县在历史上是种梨大县，最多的时候有十多万亩^①梨园，近年却萎缩至几千亩。为扭转局面，县领导邀请农本咨询去

---

① 亩为非法定计量单位，1亩=1/15公顷。——编者注

把脉。通过调研，我们发现当地梨产业之所以衰败，一个重要原因是当地传统梨品种老化，已不适应市场的需要。近年来全国涌现的优特新梨品种很多，当地却没人引种，也很少有人关注。当地产的梨果每斤①只卖几毛钱，依旧无人问津。梨农的生产积极性受挫，挖树、弃园也就是自然而然的事。全县梨产业最终只剩下了寥寥几千亩。

农产品区域公用品牌建设不仅要关注自己，也要研究市场，关心行业发展趋势。不只看当下，也要看未来。在研究清楚产业和看清趋势的基础上，推动产业朝着未来所需要的方向发展，优化、提升、改造产业，甚至从零开始再造产业，都是有可能的。

有关品牌建设的产业选择，在后面还要讲，这里就不展开。总之，农产品区域公用品牌建设就像"计划生育"，旨在实现"优生优育"。近年的畅销水果，如"隰县玉露香梨""蒲江丑柑""澄城樱桃""武鸣沃柑"等，都是产业选择和品牌培育的结果。

从现实看，不是所有的产业都能振兴乡村。农产品区域公用品牌建设就是规划产业方向、发掘产业价值、培育产业成长的过程，因此越来越受地方领导重视。

农产品区域公用品牌建设助推产业高质量发展

农产品区域公用品牌建设是一项系统工程，贯穿产业发展全过程。其中一个重要功能是引导产业按照市场需要的方向发展，实现生产要素的高效配置。

一方面，品牌是连接市场端和生产端的"传感器"

品牌将市场的需要传递给生产者，引导生产者"按需生产"。也就是说，以前生产什么，主要凭生产者的经验或意愿；而现在生产什么，怎么生产，得听市场安排，由消费者"说了算"。这是农业生产经营理念的突破，不仅提高了效率，也提高了效益。

因为"按需生产"，符合市场的需要，产品自然受到市场热捧和消费者喜爱。

---

① 斤为非法定计量单位，1斤=0.5千克。——编者注

而以生产者为导向，产品往往会出现滞销。像近年来频频发生的"水果滞销"现象，主要原因就是产销脱节。一方面，市场上高品质水果紧缺，不得不进口；另一方面，不少产区的水果堆积如山，无人问津。究其原因，就是"好的不多，多的不好"。生产者不了解市场需要，按以前的经验生产，忙活了一年，到头来却"吃闭门羹"。农产品区域公用品牌建设要求研究市场、研究消费者，按市场需要组织生产，变"生产导向"为"消费导向"，听从市场"安排"，而不是一味地"任性"。

另一方面，品牌是产业发展的"指挥棒"

品牌建设融合项目、政策、资金等生产要素资源，指导产业"做什么""怎么做"，引导产业发展。目前，除市场引导外，我国农业生产在一定程度上还受宏观调控和相关计划的影响。农产品区域公用品牌建设在项目设计、政策制定以及经费安排上，往往结合了产业管理部门意愿。正因如此，农产品区域公用品牌建设，其实质就是品牌引领产业发展的过程，通过有形之手和无形之手，引领产业朝着预期的方向发展。

实践证明，品牌建设引导资源要素集中。以前资源配置时，往往"撒胡椒面"，雨露均沾。打造农产品区域公用品牌不仅能实现资源高效配置，还促进工作思路的系统化、成果化。品牌建设让各方工作有机衔接，让工作成果沉淀为品牌，工作成绩通过品牌红利和溢价得以体现。因此，农本咨询将农产品区域公用品牌建设功能总结为"三化"——资源整合化、思路系统化、成果资产化。

从现实来看，但凡农产品区域公用品牌建设开展得好的地方，产业竞争力就强，从业者的积极性也高，产业蓬勃发展，效益节节攀升。这是普遍规律，也是品牌建设推动产业高质量发展的真实写照。

农产品区域公用品牌建设助力做大产业经济

对许多县域而言，依托当地主导产业的农产品区域公用品牌建设，不仅是产业发展的大事，也是当地的"一把手工程"，这是因为主导产业事关一地民生，是地方经济的"火车头"。

农产品区域公用品牌建设是"民生工程"

从全国范围看，农业为主是中国县域经济的基本特征。农业影响面广、参与人数多，尤其是"一县一业"的地区。以上文提到的山西隰县为例：隰县80%的农民从事梨果产销，隰县农民80%的收入来自于梨果产业，隰县80%的贫困人口依靠梨果产业脱贫。正因如此，隰县玉露香梨区域公用品牌建设是隰县的头等大事，是隰县县委政府的头号工程。全国类似隰县这样的地方很多，尤其是在偏远欠发达的地区，农业是当地百姓生活的保障，也是当地农民收入的主要来源。产业事关千家万户、事关一地民生，这也是农产品区域公用品牌建设备受关注和重视的重要原因。

农产品区域公用品牌建设是"价值创造工程"

大家有一个共识是，提升效益始终是农产品区域公用品牌建设的重点，品牌建设也经常围绕如何提升产业效益展开。因此在品牌建设中，除了创塑品牌形象、扩大品牌知名度和市场影响力外，还有一个重点就是延长产业链、提升价值链。比如烟台苹果，除提高鲜果售价外，一些企业利用生物技术提取苹果萃取物，开发了果胶等一系列精深加工品，提高了产品附加值，创造了普通鲜果销售不能企及的效益。类似的还有果品酵素，利用残次果发酵，开发保健产品。除纵向开发外，农业和旅游、文化乃至创意产业的交叉融合也是近年农业发展的新热点。跨界融合不仅开辟了新业态，提高了产业效益，也衍生了新的就业机会，带动更多人致富。比如浙江建德"大同稻香小镇"，就是集生产、研学、旅游、文化创意等为一体的融合发展，创新了品牌推广，也提高了产业效益。

农产品区域公用品牌建设是"龙头经济工程"

众所周知，农业的特殊性决定了农业不只是一个产业，也是其他产业的基础，乃至区域经济的源头和龙头。以陕西白水县为例，苹果是白水特色农业的首位产业。白水苹果产业经过多年发展，业已形成了一二三产业融合发展的局面，每年创造上百亿元的产值。白水全县苹果种植面积30多万亩，苹果分选贮藏类企业有100多家，其中省级龙头10多家，国家级龙头企业也有三四家。除苹果种植和苹果加工贮藏外，白水人在全国各地搞销售，如在批发市场开档口、大中城市开专卖店，形成覆盖全国的销售网。据悉，白水县苹果年产量40多万吨，而白水果企果商加工销售的苹果多达200多万吨，形成了"买全国、卖全球"的产业格局。另外，由于苹果种植管理技术先进，果园管理和农资服务也成为白水向许多果区，尤其是新果区输出的新服务。在白水苹果产业经济的形成中，白水苹果品牌建设发挥了重要作用。

从全国范围看，但凡农产品区域公用品牌建设做得好的地区，农口工作就有重心，百姓创富有靠山，企业闯市有信心。可以说，在全面推进乡村振兴的新阶段，做好农产品区域公用品牌建设这篇大文章，就抓住了"三农"工作的"牛鼻子"。

未来几年是农产品区域公用品牌发展的"黄金时期"

当前是全面推进乡村振兴的新时期，也是巩固拓展脱贫攻坚成果同乡村振兴有效衔接的重要阶段。作为巩固脱贫成果、助推乡村振兴的有效手段，农产品区域公用品牌建设迎来了前所未有的"黄金机遇"。

"产业扶贫"为农产品区域公用品牌奠定了基础

过去几年，我国脱贫攻坚的一个重要成就是有力推动了产业发展。在"发展产业是实现脱贫的根本之策"的思想指引下，全社会积极帮扶贫困地区发展产业。根据2020年12月16日国务院新闻办"产业扶贫进展成效发布会"发布的数据，全国832个贫困县全部编制了产业扶贫规划，每个贫困县都形成了2～3个特色鲜明的主导产业，其中许多地方的特色产业"从无到有"。

贫困地区虽大多地处偏远，但往往拥有独特的资源禀赋，因此也是特色农产品的聚集地。比如南疆林果、藏区牦牛等，都是特色鲜明的优质农产品，都非常适合打造农产品区域公用品牌。与此同时，产业扶贫也培育出了一批企业、合作社，它们的规模未必大，却是农产品区域公用品牌建设可以依靠的主体。

产业扶贫培育了农产品区域公用品牌的产品基础和建设主体，让农产品区域公用品牌建设驶上"快车道"。

先行区的实践为农产品区域公用品牌建设积累了经验

在我看来，过去这些年我国农产品区域公用品牌建设的一大成就，就是积累了经验和教训。当然，这些经验未必完善，甚至也不成体系，但可以让后来者少走弯路。

众所周知，在农产品区域公用品牌建设刚刚兴起的头几年，品牌建设方法主要是模仿先行地区的做法。然而，先行地区虽然起步早，其模式和做法却未必完全正确。不少模仿者"生搬硬套"，往往劳而无功，品牌建设没达到预期的目的。工作中，我经常见到各地的产业管理者，不少人私下和我交流，说前期创牌不成功挫伤了品牌建设的积极性，让产业发展错失良机，严重者甚至让产业"倒退"。

现在，随着更多实践和成功案例的出现，大家对农产品区域公用品牌的认识越来越深入，在农产品区域公用品牌建设模式、路径的选择上也越来越理性，全国范围内的农产品区域公用品牌建设正逐渐回到"正道"上来。

可以预见，在成功经验的启发下，未来农产品区域公用品牌建设成效会更高，品牌成长速度会更快，必将涌现出越来越多的成功品牌。

消费升级为农产品区域公用品牌成长提供了空间

品牌的成长需要市场空间，农产品区域公用品牌也不例外。

我们知道，品牌建设需要投入。农产品区域公用品牌建设要制定相应的产品标准，对生产管理水平会有更高的要求；而且农产品区域公用品牌要得到市场认可，也需要花钱传播推广。因此短期内必然增加产业投入。这就要求我们打造的品牌要能扩大销量或提升溢价，即能通过产品销量的增加或售价的提高摊销投入、提高效益，否则农产品区域公用品牌建设很难持续下去。早些年，受市场规模和消费力限制，不少品牌农产品"叫好却不卖座"。近年来，随着人们生活水平的提高，品牌农产品的消费大幅增长。另外，随着新发展理念逐渐深入人心，人们开始用行动支持绿色发展。这两年在一些大城市盛行的CSA（社区支持农业），就是消费支持有机农业和绿色发展的体现。这些新趋势都在扩大品牌农产品的市场空间，为农产品区域公用品牌建设创造了有利条件。

另一方面，个性化消费成为潮流，这为农产品区域公用品牌多元化发展提供了更多可能。早期农业发展强调规模化、标准化，追求大规模、同质化的产品供应。现在，追求个性化和彰显品位成为消费新趋势，许多人不再满足于同质化的产品，转而追求"新奇特"的消费体验。这引发并促进了农业生产的创新，助推了"小而美"和个性化农产品品牌的成长。比如近年来市场上涌现的不打农药、不施化肥的"原生农产品"，就是消费者追求健康和原生态生活的体现。

可以看到，不断增长的市场空间和多样化的消费需求正在有力推动农产品区域公用品牌的成长，为农产品区域公用品牌建设提供广阔舞台。

地标农产品是农产品区域公用品牌的基础

截至 2021 年 1 月，农业农村部登记在册的农产品地理标志（AGI）已有 3 125 个。作为地方特产和区域特色产业的代表，地标农产品是农产品区域公用品牌的基础。

特色是地标农产品的特征，也是农产品区域公用品牌成功的保障

按照约定俗成的定义，"农产品地理标志是指标示农产品来源于特定区域，产品品质和相关特征主要取决于自然生态环境和人文因素，并以地域名称冠名的特有农产品。"从定义中我们不难看出，地标农产品的品质和特征取决于一地的自然生态环境，也受当地人文因素的影响。

就像洛川苹果和烟台苹果，虽然品种都属于"红富士系"，却由于地理气候不同，两地苹果在外观和内质上大相径庭。洛川地处黄土高原，海拔高、光照强、昼夜温差大，洛川苹果酸甜爽口，果皮厚，果形较小。而烟台属海洋性气候，雨量充沛，烟台苹果果个大、水分多，果品酸甜度却没有洛川的高。除产品差异外，两地文化也截然不同。因此，洛川苹果区域公用品牌和烟台苹果区域公用品牌在形象、内涵等方面也迥然不同。

基于产品和文化的差异，全国范围内涌现出一大批苹果区域公用品牌，如静

宁苹果、吉县苹果、灵宝苹果等，虽都是苹果，甚至品种都一样，品牌却千差万别，各具特色。每个品牌都有自己的目标顾客，也都有忠实的消费群体。因此，特色是地标农产品的重要特征，也是农产品区域公用品牌成功创建的保障。

从"地标农产品"到"品牌农产品"，需要农产品区域公用品牌建设

地标农产品是农产品区域公用品牌的基础，但地标农产品不等于农产品区域公用品牌。对此，农本咨询有一个形象的说法"地标只是'入场券'，品牌才是'通行证'"。这里，不是说谁重要，谁不重要，而是想说"地标"不等于"品牌"。从某种意义上说，我们认为，将"地标农产品"变成"品牌农产品"的过程，就是农产品区域公用品牌建设的过程。

上面我们也说过，农产品区域公用品牌建设是贯穿产业全过程的系统工程。品牌建设中的"里子工程"，比如品种培优、标准建设、企业培育、产业链建设等，就是为了夯实地标农产品的品质基础，提高产业竞争力。而品牌形象价值创意、包装设计、营销传播等"面子工程"，是将地标农产品的独特品质从"生产者语言"变为"消费者语言"，让产品走进消费者脑海，促使消费者接受并买单。

简单说，农产品区域公用品牌建设就是将地标农产品从田间地头搬上消费者餐桌的过程。

农产品区域公用品牌建设
要做"产业选择题"

农产品区域公用品牌建设"起于产业、止于产业"。产业是农产品区域公用品牌建设的起点，因此品牌建设首先要做"产业选择题"。现实中，由于没选对产业，品牌建设收效甚微，甚至失败的例子屡见不鲜。从某种意义上说，"产业选择"是农产品区域公用品牌成败的关键。

产业选择不能"自说自话"，须立足当地实际，并与地方决策者、产业管理者和广大从业者达成共识。只有这样，得出的"答案"才"靠谱"，执行中也才"行得通"。相反，一旦"选错"产业，即便投入很大，也难见成效。

实践中，我们认为从以下四个维度考量，有助于选择好产业。

是否有特色

特色是我们发展产业首先关注的因素。之所以重视特色，是因为产品有特色，产业才有竞争力。因此，我们首先建议选择发展产品"人无我有""人有我特"的产业。

不过，虽然人人都追求"人无我有"，但事实上要做到"独一无二"很难。有的产品即便一开始"独一无二"，随着时间的推移，也会被模仿，甚至被超越。比如"隰县玉露香梨"，因为效益好，周边几个县区纷纷效仿，现在山西好多地方都种了玉露香梨。不仅如此，陕西、河北等地也积极引种玉露香梨。因此，玉露香梨如今已不再是隰县独有。但即使产业难以长期"独有"，打造品牌时我们还是要选择有特色的产业，并通过品牌建设为产业构筑"护城河"，确保产业持续领先。关于这一点，我们后面还会谈到。

除产品特色外，选择产业还要考虑地域特色，比如地理、气候等自然条件，还有文化、声誉等无形因素。例如我国东北地区有"产好米"的声誉，东北的大米打造品牌相对容易成功。同理，内蒙古、新疆的牛羊肉打造品牌也更容易成功。农本咨询为内蒙古呼伦贝尔市农牧业打造品牌，建议打造"呼伦贝尔草原羊肉"区域公用品牌，就是因为"大草原"是人们提及呼伦贝尔时的第一联想。

因此，产品特色、地域特色都是我们判断产业是否有特色的重要依据。

是否更多人参与

农产品区域公用品牌是农民增收创富的平台与靠山，有助于共同富裕。因此，老百姓的参与度高不高、参与面广不广，产业发展能不能带动更多人增收致富，也是我们考量一个产业是否值得打造农产品区域公用品牌的重要因素。

2020年，农本咨询受邀把脉湖南永州市新田县农业。我们发现红薯是新田的传统产业，当地老百姓房前屋后都种红薯，几乎人人都是种红薯能手。同时，红薯是"懒庄稼"，无需太多管理，这对留守老人居多的新田农村而言较容易发展。同时，种植红薯能够发挥当地土壤富硒的优势。因此，我们建议新田县发展富硒红薯产业，打造新田红薯品牌，通过品牌建设引领新田红薯产业做大做强。类似的例子还有河北唐山的"玉田供京蔬菜"。蔬菜是玉田县播种面积最大、参与人数最多的产业，打造玉田供京蔬菜品牌，对于玉田农民增收意义重大。

是否有溢价空间

是否有溢价空间和能否产生足够利润是我们选择产业的第三个维度。

虽然说农产品附加值普遍不高，但我们要尽量选择"能卖得上价的产业"打造品牌。只有让老百姓挣到钱，老百姓建设品牌才有积极性，农产品区域公用品牌建设才能持续下去。实践证明，这是农产品区域公用品牌建设成功的保障。

因此，打造农产品区域公用品牌时，产业选择要"矮子里挑高个"，选择"种得好也有可能卖得好的产业"和"卖得上价钱的产业"。

是否有比较优势

当地发展这个产业和全省、全国甚至全球其他地区相比占不占优势，当地产能占整个行业的份额高不高等"比较优势"也是我们考量产业的一个重要因素。

中国是"大国市场"，"全球化"势不可挡，任何一个地区的产业放在全国、全球看，都显得微不足道。这种背景下，"比较优势"尤为重要。因为很多时候，产业的比较优势直接或间接地影响了农产品区域公用品牌的竞争力。

这其中，"规模"是形成比较优势的一大原因。通常产业有了规模就有话语权、定价权和号召力，客商、渠道等行业资源会主动向规模化产区倾斜、聚集。此外，技术、研发等也是比较优势。比如这些年流行的"果树矮砧密植"技术，因为省工省力，降低生产成本，大大提高了产业竞争力。河北"威梨"之所以迅速成长为河北"梨业新秀"，在很大程度上归功于威县梨产业发展所采用的现代梨园栽培管理技术和集约化经营模式。

除了上述有形优势外，区位、文化、消费习惯等无形资源也能转变为比较优势，并在产业发展和品牌建设中发挥作用。比如我们之所以建议河北玉田县打造"玉田供京蔬菜"品牌，就是因为玉田距离北京近，玉田蔬菜有"供京"的区位优势，而打造"供京蔬菜"品牌能在一定程度上提升玉田蔬菜产品溢价能力。

巴尔尼和黑斯特里在《战略管理和竞争优势》一书中回顾了百年来经济战略的学派纷争，归结起来就是"资源基础论"和"市场中心说"两大阵营。上述四个维度，"地域特色"和"百姓参与"符合"资源基础论"，"溢价空间"和"竞争优势"符合"市场中心说"。换句话说，我们认为，一地农产品区域公用品牌建设选择产业时，不仅要"向内看"——看当地的资源基础，也要"向外看"——看市场需求和竞争格局。只有"内外结合"，才能做出更准确的判断和选择。

农产品区域公用品牌建设
促进产业进步

品牌建设是引领产业发展的战略手段，农产品区域公用品牌建设的一个重要目标是促使产业"变先进"。在实践中，我们发现"先进性"通常体现在以下几方面。

产品领先

"产品领先"意味着更高附加值，更有竞争力。

就农产品而言，造就"产品领先"的因素很多，"品种领先"是最常见的原因。"隰县玉露香梨""象山红美人""武鸣沃柑"等之所以受人追捧，成为近些年的"网红水果"，主要原因就是"品种先进"。因为品种新颖、品质优异、产量稀缺，这些产品一经面市便供不应求。

除采用新品种外，改变生产条件错峰上市、以初级农产品为基础开发精深加工品等，也能实现"产品领先"。比如陕西澄城县果农在温室大棚发展盆栽樱桃"一根棍"，每年8月份被移进冷库"休眠"，冬天来临时挪回大棚重新"唤醒"，让它在智能控温的环境里长叶、开花、结果，这样，它结出的樱桃刚好能赶在春节期间成熟上市，一斤樱桃能卖出四五百元。另外还有新疆"番茄红素"，从番茄中萃取保健成分，能卖出普通番茄难以企及的价格。

"产品领先"是产业先进的表现，也是产业发展的方向。正因此，农本咨询把品种培优、科技研发等作为农产品区域公用品牌建设的重要内容，让品牌赢在"起点"。

标准完善

产品质量是产业持续发展的重要保障，而标准是产品质量的基础，标准化水平不仅决定了产品质量的高低，也决定了品牌竞争力的强弱。2021年农业农村部《农业生产"三品一标"提升行动实施方案》的出台，进一步指明了标准化生产的重要性。标准化生产和品种培优、品质提升、品牌打造互相作用，四位一体。

农本咨询认为，农产品区域公用品牌建设是一个系统工程，涵盖生产、加工、销售全过程，其中一个重要的环节就是"从田头到餐桌"的标准综合体建设。以果品产业为例，建立从种苗培育、栽培技术、田间管理、采后处理、仓储运输、分选分级、包装流通等多个环节在内的标准综合体至关重要。农产品区域公用品牌建设是助推标准综合体完善的过程，也是管控产品品质和提升消费体验的过程。换言之，品牌建设促进标准建设，标准建设为品牌建设提供保障。

模式先进

种养殖模式事关成本，成本决定效益。

农产品区域公用品牌建设促进生产要素聚集，助推组织化发展，为先进模式和新技术的应用提供了组织保障。与此同时，农产品区域公用品牌实现资源增值和产品升值，为先进模式和新技术的可持续发展提供了效益保障。

以近年来在果业上盛行的"矮砧密植"技术为例。传统的果树栽培、果园管理须投入大量劳动力，不仅成本高，效率也低。近年来，采用"矮砧密植"果树栽培技术，便于机械作业，省工省力，不仅降低生产成本，提高生产效率，也大大提高了果品品质，增强了产品的市场竞争力。河北威县发展梨产业时就积极推广"矮砧密植"技术，并通过打造"威梨"品牌为产业"保驾护航"。先进的生产模式与品牌建设相互促进，威梨迅速成长为河北现代梨业的标杆。

营销创新

产业的先进性不只体现在"生产端",也体现在"销售端"。

我们常说,一个产业先进不先进,最终要看能否创造好的效益。也就是说,不管技术如何先进、品质如何独特,一旦产品销不出去,产业就难以持续。因此,加强市场建设、创新营销方式等是农产品区域公用品牌建设的重点。

近年来,技术迭代更新加快,各种新型营销方式层出不穷。从农产品销售渠道来看,除了"批发、代理、专卖"传统"老三样"外,电商、直播、定制、体验式营销、社区团购等"新零售"不断涌现。这些营销创新不仅提高了流通效率,创造了新价值,也提高了产业综合收益。农产品区域公用品牌建设为这些创新提供了平台。

基于农产品区域公用品牌建设的"多重功能",我们认为农产品区域公用品牌建设是促进产业"进步"的有效手段,能够引领产业朝着市场需要的方向发展。

产业发展阶段不同，农产品区域公用品牌建设的作用不同

农产品区域公用品牌建设促进产业进步，产业发展阶段不同，农产品区域公用品牌建设发挥的作用也不同。根据实践经验，我们将农产品区域公用品牌建设对产业的作用归纳为以下四种类型。

产业拓展

当一地产业比较"先进"，农产品区域公用品牌建设的主要目的是"广而告之"，将产业优势传递给消费者，释放并提高产业价值。

常规的做法包括：提高产业知名度，抢占消费者心智，拓展销售渠道，扩大市场份额，追求更高溢价，为产业建立"护城河"，增强"免疫力"。

"隰县玉露香梨"就是这一类型的代表。2016年底，隰县经人介绍找农本咨询合作，时任隰县县长王晓斌一见我，就开门见山地说："隰县玉露香梨不愁卖，但我们希望卖高价，并且一直卖得好。"后来在农本咨询的帮助下，2017年4月隰县玉露香梨区域公用品牌正式推出，产品知名度大幅提升，电商等新零售渠道销售陆续打开。连年来，其批发和零售价格领先同行。2021年9月上市季，隰县玉露香梨产地收购价为每斤6元左右，远高于周边产区每斤2～3元的收购价。这近3元的价差就是隰县玉露香梨品牌溢价，也是通过品牌建设提高产业价值空间的真实写照。

产业更新

现实中，许多产业曾经"先进"，但因为消费需求或竞争格局的变化，以及随着更多后来者的入局，失去了竞争力，就有必要通过品牌建设重振产业。这时候，农产品区域公用品牌建设通过"结构调整""价值重塑"等一系列手段助推"产业更新"，赋予产业新动能，激发产业活力，重新赋予产业"先进性"。

农本咨询在2019年合作的"上党党参"就是这样一个典型。山西长治，古称上党，是党参的原产地。长治"上党党参"曾经是道地药材的代表。然而，近年来，甘肃陇西等新崛起的产区凭借规模、成本、品相等优势，不断抢占药材市场，山西上党党参被"边缘化"。

与农本咨询合作后，我们为上党党参切换"跑道"，提出"进军滋补品市场"的战略目标，规划了一套推动上党党参从"道地药材"到"滋补上品"转变的方案。该战略不仅为上党党参开辟了蓝海市场，有助于提升上党党参产品溢价，并且明确了产业升级发展的方向。

类似的还有"砀山酥梨""辛集黄冠梨"等，它们都是品牌建设助力产业更新的典型案例，实践论部分有详细介绍。

产业培育

"缺乏主导产业"或"产业优势不明显"是全国许多地区的现状。这些地区需要以品牌建设为契机，培育"有先进潜力的产业"。这些年农本咨询合作过不少这种类型的地区，打造"邱县蜂蜜红薯"就是其中之一。

红薯是河北邱县的传统产业，近年来由于邱县新农人的带动，种蜜薯成了邱县农业的新热点。为助推邱县红薯产业发展，邱县人民政府邀请农本咨询为邱县红薯品牌化进行战略规划。通过研究，我们制定了"精品化、鲜食化、品牌化"的邱县红薯产业发展战略，创意了有溢价能力的"邱县蜂蜜红薯"品牌和"邱县蜂蜜红薯 蒸煮烤样样好"的价值主张，并规划了邱县发展"优质红薯"的路径。

在品牌战略助推下，邱县红薯种植面积从2018年的几千亩扩大至2021年的五万多亩。同时，由于效益带动和示范引领，邱县红薯品种不断优化，改变了当地人以往红薯种植"重数量不重质量"的习惯，引领邱县红薯产业朝着"先进薯业"的方向稳步发展。

产业发掘

除上述三种功能外，"产业发掘"也是近年来我们在实践中发现的品牌建设的一个突出功能。许多时候，一些地方来找我们合作，说也想做"一牌一品"，发展"一县一业"，奈何当地没有主导产业，似乎不具备这个条件。在这种情况下，当地就邀请我们去调研，进行实地考察，希望借助农本咨询的洞见，选出适合当地发展的"朝阳产业"。

2019年，我们应邀考察河南舞阳和延津，发现"舞阳胡辣汤"和"延津高筋面粉"分别是两地"有先进潜力"的好产业。因此，我们建议当地聚焦资源，通过品牌建设重点培育这两个产业。"洞察"和"发现"是农产品区域公用品牌战略经常发挥的作用，也常常是农产品区域公用品牌建设的第一步。

当然，农产品区域公用品牌建设发挥的作用不是单一的，以上分类只是为了方便讲述和理解。实践证明，农产品区域公用品牌建设具有多重作用，是深化农业供给侧结构性改革和推动产业高质量发展的有效手段，也是助推乡村振兴和促进共同富裕的战略抓手。

农产品区域公用品牌建设要坚持"一牌一品"

近年来，不少地区的农产品区域公用品牌建设采取"一牌多品"的模式，即用一个牌子统领区域内多个产业或所有产品。由于这些品牌打造由政府主导，往往高调亮相，加上媒体广泛报道，一时风光无两。但是随着时间推移，这些品牌大多销声匿迹，在市场上难觅踪影。究其原因，重要的一点是这些品牌更多是从管理者的角度谋划，没有站在消费者的立场，市场不接受，因此没有"生命力"。

从现实看，最终被市场接受并给一地产业发展带来实际效益的农产品区域公用品牌多是"一牌一品"，即一个牌子明确指向一个产品。越来越多的实践表明，"一牌一品"便于指引消费，也能起到引领产业发展的作用，是行之有效的农产品区域公用品牌建设方法。

"一牌一品"有利于指引市场消费

品牌有很多作用，其中一个重要作用是指引消费。

一个牌子对应一个产品，只要品牌响亮，消费者在需要消费这类产品时就会想起这个牌子，进而产生购买。这是品牌指引消费的基本逻辑，也是"一牌一品"模式奏效的原因。

相反，"一牌多品"由于品牌和产品"对不上号"，即便消费者看到这个牌子，也无法在脑海中想起其对应的产品，也就无法在消费时想到并购买这个品牌的商品。现实中，不少"一牌多品"模式的"区域公用品牌"名气很大，却很难促进销售，主要就是这个原因。近年来，农本咨询谢绝了不少"一牌多品"的业务合作，坚持"一牌一品"，就是因为我们发现"一牌多品"对地方产业发展意义不大，甚至会延误一地产业发展时机。

"一牌一品"有利于引领产业发展

从现实看，一地产业不可能只有一个，但是能成为"金字招牌"的往往只有一个。

众所周知，要成功打造一个品牌，不仅需要投入大量的人财物资源，也要有足够的时间。因此，一个时期聚焦一个产业打造品牌，更容易成功。相反，如果齐头并进，让有限的资源"雨露均沾"，没有重点，就很难有理想的结果。

因此，我们建议一地打造农产品区域公用品牌时，首先要选择产业。对当地产业进行研究，选出最有价值和发展潜力的产业打造品牌。从某种意义上说，"一牌一品"就是一地发展产业的战略选择。通过品牌建设助推产业做强做大，使之成为当地的龙型产业，甚至是"一县一业"。

我们倡导农产品区域公用品牌要"一牌一品"，并不是说一个地方只能发展一个产业，也不是说一个地方只能打造一个区域公用品牌。而是说农产品区域公用品牌建设方法要科学，既要符合地方发展战略部署，也要尊重市场规律。从那些最有发展前景、最具带动能力和最易促进共同富裕的产业开始创牌，成熟一个，打造一个，成功一个，再推出下一个。

品种第一、品质第二、品牌第三

我们在实践中认识到，农业品牌建设要遵循农业规律，并在关键点上做文章。"品种第一、品质第二、品牌第三"就是农业规律之一。

品种是起点，从源头决定竞争力

品种是农产品品质的"第一成因"，从源头上决定了一个产业的竞争力。

在产品同质化日益严重的今天，新品种往往能让一个产业"起死回生"。比如山西隰县，以前是"金梨之乡"，也种酥梨，后来改种玉露香梨，隰县梨产业的命运因此被改写。据悉，2021年隰县酥梨地头价每斤不到1元，而隰县玉露香梨地头价却高达每斤6元。这"天壤之别"的价差主要是品种不同造成的，玉露香梨显然更受市场欢迎。类似的例子很多，威县"秋月梨"、白水"三瑞苹果"（瑞阳、瑞雪、瑞香红）等受到市场热捧，都因为是新品种。

新品种不仅满足了人们追求"新奇特"的消费心理，更克服了老品种的一些缺点，具有老品种不可比拟的优势。我们常用"产业是赛道，品种是起点"表达品种的重要。在既定的产业里，新品种起点高，更易赢得比赛。

品质是基础，品质受多重因素影响

品质是品牌的基础，农产品品牌建设必须重视品质建设。

影响农产品品质的因素有很多，除了品种外，地理气候、管理技术等都是影响农产品品质的重要因素。另外，对于以初级农产品流通的产品而言，除了田间管理，采摘时机、加工工艺、储藏条件及流通设备等也是影响产品品质的重要环节。近年来全国不少果区开始重视"采后技改"，就是意识到采后处理技术的重要。对于一些无法在田间管控环节提升品质的产品而言，采后处理成为改善产品品质的重要手段，这也是最为现实的做法。从这种意义上说，商品化是农产品的"再生产"。

品牌是结果，品牌促进品种培优、品质提升

实践表明，品牌建设引领产业发展，促进品种培优和品质提升。

首先，品牌将产业资源和优势予以呈现并兑现其价值。品牌建设是系统集成工程，是品种优势、品质优势、劳动力成本、技术投入等诸多要素的"集大成者"。品牌实现"优质优价"，确保"投入有产出""付出有回报"。近年来，一些产业不断萎缩，走下坡路，主要原因就是投入和产出不平衡，因此不能持续发展。

其次，品牌建设引领产业发展，促进产业高质高效。品牌将市场的需要传递给生产者，引导产业朝着市场需要的方向发展。比如"无核""低糖"果品的出现，就是市场引导的结果，是为满足更好体验和特定人群需要的创新。因此，品牌促进品种培优，助推产业升级。同理，品牌建设促进生产要素聚集，倒逼生产工艺及流程的优化提升，促进品质提升。

"三品一标"相互作用，四位一体

2021年3月，农业农村部办公厅印发了《农业生产"三品一标"提升行动实施方案》，提出"品种培优、品质提升、品牌打造和标准化生产"。因为和常说

的"三品一标"（绿色、有机、无公害和地理标志）有所不同，人们将其称为"新'三品一标'"。

新"三品一标"是引领农业绿色发展和农业供给侧结构性改革的抓手，明确了现代农业的方向，也是新时期农业品牌建设的指导思想。

首先，"三品一标"彼此关联，互相作用。

品种是品质的起点，品质是品牌的保障，品牌促进品种培优、品质提升。"三品一标"提出"品种培优、品质提升、品牌打造和标准化生产"，明确"三品"发展方向，将标准化建设作为"三品"的支撑，使之更加体系化和完整，是新时期农业发展的指南。

其次，以品牌为引领，有利于推进"三品一标"建设。

虽然"三品一标"是四位一体，互为依托，但我们发现，以品牌为引领，更有利于"三品一标"建设。

品牌以市场为导向，以满足需求为目标。以品牌建设为引领，传递市场需求和发展趋势，明确了品种培优的方向。同时，品质提升和标准化生产，意味着更高投入，必须有更高的产出和效益，否则就失去了动力。品牌提升溢价，提高产业效益，为品质提升和标准化生产增添信心。因此，以品牌为引领，能更好推动"三品一标"建设。

农产品区域公用品牌
"姓'公'不姓'私'"

农产品区域公用品牌建设中，大家经常会为一些问题所困扰，比如品牌谁来建、经费谁来出、品牌怎么用……这些问题如果认识不清，就会给决策者带来困扰，甚至导致决策失误。

要回答这些问题，得从农产品区域公用品牌的定义说起。按照业内公认的定义，农产品区域公用品牌是指在一个具有特定自然生态环境、历史人文因素的区域内，由相关组织所有，由若干农业生产经营者共同使用的农产品品牌。该类品牌由"产地名+产品名"构成，原则上产地应为县级或地市级，并有明确的生产区域范围。作为农产品品牌的一种重要类型，农产品区域公用品牌由区域内相关机构、企业、农户等所共有，在生产地域范围、品种品质管理、品牌使用许可、品牌行销与传播等方面具有共同诉求与行动，旨在联合提升区域内外消费者的评价，使区域产品与区域形象共同发展。

从上述定义中我们不难看出，农产品区域公用品牌权益不属于某个企业、集团或个人拥有，而为区域内相关机构、企业、个人等共同所有。换句话说，农产品区域公用品牌"姓'公'不姓'私'"。

区域公用品牌建设由公共组织担当

作为新时期农业发展的配套与服务，农产品区域公用品牌"生而为公"的特点，决定了农产品区域公用品牌建设应该由政府、协会或国有公司等公共组织担当。

由公共组织担当，旨在确保农产品区域公用品牌建设成果为区域内相关组织和从业者共同享有。关于这一点，从证明商标、地标农产品、农产品地理标志等相关的注册、登记或认证要求中都得到体现。

比如证明商标就要求申请者是行业组织，且要经过政府或相关部门的同意才能作为商标的申请人。究其原因，就是因为农产品区域公用品牌是公共资源，应该为区域内所有人共同拥有。因为在某种程度上，农产品区域公用品牌的知名度和影响力，是数十年乃至数百年所在区域内所有人共同努力的结果。因此，为了确保农产品区域公用品牌的"公用性"，品牌建设应该由公共组织担当。

现实中，农产品区域公用品牌建设常由产业管理部门推动，甚至一些产业因为特别重要，当地成立品牌建设领导小组，由主要领导作为负责人，相关部门作为成员单位。由此一来，农产品区域公用品牌建设就不只是某个部门的事，成为各方共同参与的大事，这在很大程度上增加了创牌成功的概率。同时，协会或其他组织作为区域公用品牌商标持有者，是品牌建设重要成员单位，经常发挥着重要作用。这种模式多以协会的面目出现，因此被人称作"协会模式"，是目前多数地方采用的方式。

协会模式之所以广泛运用，首先，因为协会是从业者组织，代表最大多数从业者的意愿，参与品牌建设和运营管理，在最大程度上确保品牌建设成果为大家公平享有。其次，协会是从业者和政府对话的桥梁，上传下达，并且与产业管理部门联系密切，依靠部门支持，利用政策、项目、资金等引导或规范成员行为，确保品牌建设工作落地执行。另外，早期的协会负责人大多由政府或产业管理单位领导担任，做"政府想做却不方便做的事"。

客观说，协会模式适合我国国情，兼具公平性和公益性，因此被广泛认同。安吉白茶协会、赣南脐橙协会和苏州阳澄湖大闸蟹产业协会等，都是农产品区域公用牌建设"协会模式"的典范。

近年来，由国有公司承担农产品区域公用品牌运营，也开始在一些地方盛行。农产品区域公用品牌公司化运营，旨在破解品牌建设"政府有心无力"的难题。

品牌建设是系统工程，需要运营管理，需要专业团队和人才，而这往往不是政府部门的强项。在此背景下，采用机制相对灵活的公司化运营，能在一定程度上缓解品牌建设"缺人"的窘境。因此，不少地区依托国有公司或成立国资背景的农投公司，开展农产品区域公用品牌建设运营工作。

和协会模式一样，公司化模式能否成功，很多时候受"人"的因素影响。这里的"人"主要指负责人，他们要懂行政，也要通晓市场，要善协调，也要会沟通。只有这样，才能有效承接相关资源，确保品牌建设顺利进行。从这个意义上说，"人"是农产品区域公用品牌建设中不可或缺的资源，也是很多时候起作用的关键因素。关于这一点，我们后面还会谈到。

品牌建设中，牵头单位也很重要。我们通常建议由农业农村局等产业管理部门牵头，因为品牌建设必须和产业建设结合。现在也有一些地方以宣传部门作为牵头单位，这是出于加强品牌宣传的考虑。我们以为宣传固然重要，但农产品区域公用品牌建设仅有宣传是不够的。因此，由产业部门牵头，由相关部门配合参与，既能确保品牌建设落实到位，又能在具体环节发挥协同部门的作用，这样的做法更加切实可行，往往能取得较好成效。

值得警惕的是，现实中，由于对农产品区域公用品牌"公益性"的不理解，一些地方将品牌交由私营公司独家运营，使之沦为少数人获利的工具，挫败了从业者的积极性，影响了品牌建设的成效，严重者甚至导致品牌建设失败。

此外，在国家提倡发展产业化联合体的背景下，依托产业化联合体成立品牌建设联合体，使之成为农产品区域公用品牌运营主体，也是一些地方农产品区域公用品牌建设的新探索。但目前看来成效并不明显，还有待时间的检验。

总而言之，模式本身没有优劣之分，农产品区域公用品牌建设采用哪一种组织模式因地制宜，适合、实用就好，但前提是农产品区域公用品牌"公用"的性质不能变。

区域公用品牌建设经费由公共资金支出

农产品区域公用品牌建设经费从哪里来？这是困扰建设者的问题。

我们以为，农产品区域公用品牌是新时期农业发展的公共服务，品牌建设经费应由公共资金支付，这是由农产品区域公用品牌的性质和目的决定的。

在现实中，许多地方之所以不把农产品区域公用品牌建设经费列为公共支出，不是因为没经费，更多是不理解农产品区域公用品牌的价值和意义。

我在河北某县调研时，当地领导认为该县羊业区域公用品牌建设经费应该由当地羊企支出，因为打造羊业区域公用品牌是让羊企受益。可以看出，"谁受益谁投资"是该观点背后的逻辑。

现实中，持有这种观点的人不少。这种观点看似有道理，实质是不会"算账"，或是"没算清账"。羊企是区域公用品牌的使用者，也是区域公用品牌的受益者。在这里，企业带动老百姓养羊，区域公用品牌助力羊肉畅销卖高价，既提高产业效益，也增加百姓收入。从这个意义上说，企业是政府发展产业的帮手，区域公用品牌是助力产业发展的抓手，理应得到政府的帮扶支持。

这其实和政府在当地羊企建养殖场时给予扶持一样，扶持羊业区域公用品牌打造，也是政府优化产业环境的体现。从长远看，一旦羊业区域公用品牌叫响，会带动更多羊企成长，也会带动更多百姓养羊，进而形成当地的羊业经济，使之成为当地经济的支柱产业。

因此，我们建议，在品牌起步之初，尤其在品牌效益尚未彰显的情况下，政府更需支持品牌建设，特别是在品牌建设经费上，政府应给予大力支持。

区域公用品牌要"公用"，但不能"滥用"

"品牌怎么用"是农产品区域公用品牌建设的必答题，也是影响品牌建设成效的重要因素。农产品区域公用品牌"生而姓公"，"公用"是农产品区域公用品牌的特征，也是农产品区域公用品牌价值最大化的原因。

农本咨询认为，农产品区域公用品牌要"公用"，但不能"滥用"和"随便用"。如果谁都能用，那肯定没用。因此，农产品区域公用品牌建设要建立一套系统的品牌管理制度。

"授权使用"是目前农产品区域公用品牌管理的常用做法。就是说，品牌管理者建立一套授权使用制度，包括申请者资格、授权内容、使用规范要求、监管机制等。实践中，为强化管理，我们会建议建立"黑名单"制度，对于违反品牌使用规范的组织和个人，除财务处罚外，也会结合政策、项目、金融以及个人诚信等，予以惩处，旨在提高违约成本，减少违约事件的发生。

实践中，为加速品牌成长，品牌建设初期尤其是在品牌效应尚未体现时，为鼓励使用区域公用品牌，提高品牌知名度，扩大品牌影响力，我们也常建议管理部门适当"降低门槛"。比如隰县玉露香梨区域公用品牌推出的头一年，我们建议让隰县梨企和梨农尽可能多地使用品牌包装，隰县果业局鼓励梨企将优质玉露香梨装进"隰县玉露香梨包装盒"，以扩大隰县玉露香梨品牌影响力。经过几年发展，如今隰县玉露香梨成为市场上的抢手货、果商追捧的"香饽饽"，品牌有可观的溢价，这时我们建议管理部门开始严格管控产品包装使用，以保护隰县玉露香梨品牌价值。

农产品区域公用品牌
"扶'弱'不扶'强'"

农产品区域公用品牌建设过程中，管理部门该干什么、不该干什么，常常困扰管理者。农本咨询把农产品区域公用品牌的使命概括为一句话——"扶'弱'不扶'强'"，这是我国农业发展的现实需要，也是由农产品区域公用品牌的"初心"所决定的。

农产品区域公用品牌照顾"大多数"的利益

改革开放后，我国农业发展取得长足进步，但"小生产"依然是我国农业的基本特点。企业数量众多，但大多规模小，实力弱，普遍缺乏闯市创牌的资金和能力。在此背景下，扶持这些中小微企业成长，就成为产业管理部门工作的重点，农产品区域公用品牌正是破解这一难题的有效手段。

前文我们讲过，农产品区域公用品牌与生俱来的知名度和影响力，决定了它在帮扶企业闯市创牌方面，具有明显的优势。以区域公用品牌为背书，不仅降低了营销成本，也增强了消费者对企业产品的信心。

另一方面，作为连接生产和市场的平台，农产品区域公用品牌建设促进生产要素集中，倒逼标准化发展和产品品质提升，推动了中小微企业的快速成长。我们看到，借助农产品区域公用品牌红利，相当一批中小微企业成长为当地的龙头企业，乃至省级、国家级龙头企业。比如陕西眉县的"齐峰果业"、河北邱县的

"沐泽薯业"、山西隰县的"北纬三十六度"、海南三亚的"福返"和甘肃静宁县的"红六福"等，都是依靠区域公用品牌快速成长的代表企业。

区域公用品牌建设要做"中小企业做不了的事"

实践中，我们将农产品区域公用品牌建设需要做的事概括为"急产业之所急，做中小企业不能做"。就是说农产品区域公用品牌建设要做事关产业发展的大事和中小企业想做却没有能力做的事。

产业发展的大事，比如产业选择、新品种引进、生产标准制定等这些往往决定了产业发展的起点和水平，直接影响全体从业者的利益。以青冈玉米区域公用品牌建设为例，我们调研发现，青冈鲜食玉米众多品种中，"既糯又甜"的"万糯2000"更受市场欢迎，是青冈鲜食玉米中最有竞争力的产品。因此，我们建议政府制定扶持政策，鼓励扩大该品种的种植面积。"万糯2000"很快成为青冈鲜食玉米主力军，迅速推动当地鲜食玉米产业发展壮大、高质量发展。

在帮扶方式上，组织企业参展，推介企业产品品牌等，都是帮扶中小企业发展的方式。比如早些年"烟台苹果"区域公用品牌宣传推广时，推出"烟台苹果十佳品牌"，并在广告宣传上，给予企业产品品牌宣传经费支持。这就是利用区域公用品牌，帮扶企业打造产品品牌的生动实践。

很长一段时间以来，举行产销对接会或在产地举办以推介产业为主要目的的农事节庆，也是产业管理部门帮扶中小企业开拓市场的主要方式。我们认为，产销对接会或农事节庆，邀请产业下游销售企业到产地同供应链企业对接合作，通过感受产地环境，增强合作的信心，是非常有效的拓展市场的方式。除了产地办节，许多时候也在销地办节，产业管理部门带领中小企业开拓外埠市场。近年来，会展和节庆形式也不断创新，云展会、直播等各种新手段的运用，大大提高了节会的效果。

当然，这里说的农产品区域公用品牌"扶'弱'不扶'强'"，不是说区域公用品牌建设将大企业排除在外，而是说区域公用品牌建设的着眼点是中小微企业和小农户，帮助他们解决生产经营中的难题，推动小生产向集约化发展。现实中，龙头企业往往是农产品区域公用品牌建设的主力军，尤其是在区域公用品牌建设初期，当区域公用品牌知名度、影响力还不强大时，依托龙头企业快速打响区域公用品牌知名度，也是通常的做法。

关于农产品区域公用品牌建设现状的四点研判

目前，农产品区域公用品牌的作用被越来越多的人认识，农产品区域公用品牌建设也日益受到重视。作为政府尤其是农口工作的重点和热点，农产品区域公用品牌建设在产业发展中发挥的作用越来越明显。

但由于农产品区域公用品牌建设在我国兴起的时间不长，人们对农产品区域公用品牌的认识还不够深入，因此在工作中存在不少误区。

作为国内最早从事农产品区域公用品牌建设的专业团队之一，农本咨询对我国农产品区域公用品牌发展历程、发展机遇、建设模式和未来方向，有以下四点认识。

我国农产品区域公用品牌建设目前正处于"冲动期"

纵观农产品区域公用品牌在我国的兴起与发展，大致可分为四个阶段："蒙昧期""冲动期""理性期"和"成熟期"。我国农产品区域公用品牌建设目前正处于"冲动期"。

2015年以前属于"蒙昧期"。

这一时期，人们不太了解也不理解农产品区域公用品牌的作用。甚至受一些观念的影响，区域公用品牌的短板或某些个案的失误被放大，例如"公地悲剧"。

因此不少人认为农产品区域公用品牌是"大锅饭","弊大于利",不提倡农产品区域公用品牌建设。

2014年底,《中国农产品品牌发展研究报告》出炉,对农产品区域公用品牌的价值与作用进行说明,指出农产品区域公用品牌是我国农产品品牌的主要类型之一,是区域农产品品牌建设的重要平台。该《报告》由农业部发布,因此被视为农产品区域公用品牌的"官宣",标志着农产品区域公用品牌"蒙昧期"的结束。

2015年后,各地纷纷出台政策,引导推动农产品区域公用品牌建设。与此同时,从国家到地方轰轰烈烈地开展了不同形式的农产品区域公用品牌评选,其中2017年在"中国农业品牌推进大会"上发布的"中国农产品区域公用品牌百强"榜单影响最大。在多重因素推动下,农产品区域公用品牌建设成为一大"风口",进入了发展的"冲动期"。

"冲动期"的一个主要特征就是大家对农产品区域公用品牌建设的热情高涨,但由于缺少经验,没有成熟方法,品牌建设主要是模仿"先行区"的做法。那些媒体宣传较多的农产品区域公用品牌建设地区,一时间成为各地竞相模仿的对象。

这一时期,不少地区将农产品区域公用品牌建设作为施政"任务"或"工程",要求在规定的时间内完成。这在一定程度上加剧了"模仿"之风的泛滥。前文提到的"一牌多品"就是不加选择盲目模仿的产物。

除模仿外,品牌建设和产业建设结合不紧密,是这一时期农产品区域公用品牌建设的普遍特点。大家多停留在"穿衣戴帽"的层面,重视宣传推广,轻视产业建设。换言之,品牌引领产业发展的作用未被充分认识。这大大影响了农产品区域公用品牌建设成效的发挥。

我们相信,随着时间推移,受成功经验和失败教训的启发,各方对农产品区域公用品牌的认识也将越来越深入,品牌建设就会逐渐摆脱"模仿",进入"理性期"。

"理性期"内,大家对于农产品区域公用品牌建设"不盲目",开始辩证地学习借鉴。

这里的"理性",首先体现在模式方法上,"一牌一品"将成为主流。同时,

"理性"也体现在建设者对品牌建设目标的准确定义。农产品区域公用品牌建设是系统工程，包含不同层级，是多个作业内容的"组合"。届时，建设者会认清问题，明确任务，选择合适的伙伴。同样，服务组织也会细分市场，专业机构开始分化，不再有人搞"一揽子服务"，而是各自发挥所长，做出特色。换言之，"专业服务"也是理性期的特征，这也会在一定程度上促进品牌建设者的成熟。

最后，农产品区域公用品牌建设将会步入"成熟期"，品牌建设将成为产业发展不可或缺的一部分。到那时，品牌引领产业发展成为常态，"不为创牌而创牌"，品牌建设不只是为既有产业服务，也会成为培育产业的常用工具和手段。

未来5年是农产品领导品牌创建的"窗口期"

随着农产品区域公用品牌建设热潮的到来，一个显而易见的结果就是各品类"领导品牌"不断出现。

早些年，农业品牌就像一块处女地，许多品类没有代表，认知空白比比皆是。近几年，随着品牌意识的觉醒和创牌步伐的加快，品类代表空白迅速被填补，领导品牌不断出现。比如（五常）大米、（阳澄湖）大闸蟹、（赣南）脐橙、（眉县）猕猴桃、（库尔勒）香梨、（砀山）酥梨等，某种意义上，它们已成为这些品类的代名词，是消费者购买该类产品时首先想起的品牌。不仅是老产业，即便是一些新兴品类也有了代表，比如（隰县）玉露香梨、（武鸣）沃柑等。品类代表一旦产生，其他品牌想要取而代之，成本就会大大增加。

我们认为，未来5年是诸多农产品领导品牌创建的"窗口期"。一方面，随着品类领导品牌出现速度的加快，品类代表空白越来越少。另一方面，5年是一个农业产业"从无到有"的常见周期。以果树为例，"一年栽、两年花、三年果、四年产、五年丰"是规律。另外，按照我国政府现行的人事制度，5年一换届，区域发展通常是"五年计划"，产业规划也通常是5年计划。还有，消费者认识、接受一个品牌，也需要几年时间。因此，只要有决心，3～5年往往能培育出一个全新的产业。比如"武鸣沃柑"，从零起步，只用了5年时间，创造了"中国沃柑看武鸣"的产业奇迹。

大量实践证明，先机意味着胜利，速度比完美重要。现实中，一些地方因为追求"十全十美"，错失打响市场"第一枪"的时机，从而失去了产业发展的先机。因此，打造农产品区域公用品牌，要善决策、快决策，在运动中"完善"，切忌在静止中追求"完美"。

依托"一县一业"打造农产品区域公用品牌更易成功

目前，我国农产品区域公用品牌建设中，省市县层面打造的品牌都有。从结果看，依托"一县一业"打造农产品区域公用品牌，成功率更高。这是因为县域是地标农产品的聚集地，也是农产品区域公用品牌建设的主战场。

地标农产品是农产品区域公用品牌的基础。地标农产品的一个显著特征就是产品品质独特，这种独特性很大程度上由当地生态气候造就。产区范围越小，"小气候"越鲜明，产品品质越接近。这也是地标农产品集中在县域的原因。因此，相比省市，县域农产品品质更相近，更容易标准化，所以创牌更容易成功。

同时，地标农产品背后往往是一地的优势产业，甚至是"一县一业"。这些产业是当地老百姓生活的依靠和收入的来源。因此，地标农产品创牌是"民生工程""民心工程"，不仅领导重视，老百姓也关心。现实中，"一县一业"品牌建设往往是当地的"头号工程"，政策、项目、资金等资源都会向其聚拢倾斜，加上广大农民支持，"一县一业"创牌大部分都获得了成功。

从实践看，县域农产品区域公用品牌建设相对容易成功，还因为县级行政扁平化，容易决策和整合资源。乡镇能整合的资源有限，而地市或省级层面范围大，不仅产品品质不一，管理也很难落地。

郡县治，天下安。县是我国承上启下的重要行政单元，也是发展经济、保障民生的关键环节。从某种意义上说，做好县域农产品区域公用品牌建设，也就做好了全国农业品牌化建设。这是依托"一县一业"打造农产品区域公用品牌的重大意义所在。

农产品区域公用品牌建设事关乡村振兴和共同富裕

作为农业品牌化抓手，农产品区域公用品牌在深化农业供给侧结构性改革和引领产业高质量发展等方面，发挥着重大作用。我们认为，在全面推进乡村振兴和促进共同富裕时代背景下，农产品区域公用品牌建设意义更大。

农产品区域公用品牌建设助力乡村振兴、促进共同富裕

2021年党中央提出在高质量发展中促进共同富裕，这是时代的号召，也是社会主义的本质要求和重要目标，所有工作都要服从并服务于这一目标，农产品区域公用品牌建设也不例外。

实践表明，在脱贫攻坚阶段，农产品区域公用品牌建设在助力产业扶贫上发挥了重要作用。无产业乡村不振兴，无品牌产业不强盛，这已经成为大家的共识。在全面推进乡村振兴的新时期，农产品区域公用品牌建设在培育乡村产业、做大乡村经济、培育县域经济新动能等方面，必将发挥更加重大的作用。

我们以为，农产品区域公用品牌建设助推产业兴旺、助力乡村振兴、促进共同富裕，是新时期农产品区域公用品牌建设的重要目标。

乡村振兴战略背景下品牌建设的内容更丰富、路径更多元

在"助推产业兴旺、助力乡村振兴、促进共同富裕"的目标指引下，农产品区域公用品牌建设内容更加丰富。不仅要重视"品牌打造"，也要重视"产业建设"。不仅要铸就品牌开拓市场的能力，也要发挥品牌引领产业发展的功能。

同时，与乡村振兴结合，农产品区域公用品牌建设有了更多实施路径。比如品牌建设和乡村产业发展结合，品牌建设和美丽乡村建设结合。开展村容治理时，将品牌元素植入基础设施，不仅美化了环境，也让乡村成为传播品牌的媒体场。这样一来，乡村成了有文化、有灵魂的空间，品牌也有了更为灵动和真实的传播场，实现了生态、生活、生产的有机融合。

我们坚信，在全面实施乡村振兴和促进共同富裕伟大目标指引下，农产品区域公用品牌必将焕发出更强大的生命力。

实践论

眉县猕猴桃：猕猴桃故乡的"品牌升级"

过去这些年，各地政府来找农本咨询合作，往往是在产业遇到困难的时候。换句话说，产业发展顺风顺水时，很少有人想到打品牌。不过也有例外，陕西"眉县猕猴桃"就是一个"例外"。

中国是世界猕猴桃的故乡，陕西是猕猴桃的原产地。陕西猕猴桃有两个主产区——周至县和眉县。周至县是猕猴桃老产区，种植面积居陕西第一。眉县是猕猴桃新产区，国产猕猴桃的"后起之秀"。

近年来，眉县县委县政府坚持"一县一业"，把猕猴桃当成支柱产业发展，取得了令人瞩目的成绩："全国优质猕猴桃生产基地县""全国猕猴桃种植标准化优秀示范区""国家级猕猴桃地理标志示范样板""国家级出口猕猴桃质量安全示范区""生态原产地产品保护""消费者最喜爱的100个中国农产品区域公用品牌"……一系列光彩夺目的国家级荣誉都被眉县猕猴桃包揽，可谓"拿奖拿到手发软"。在业内人的眼里，眉县猕猴桃就像"别人家的孩子"，是个不折不扣的"模范生"。

但是，眉县人也有不为人所知的"烦恼"。一方面，作为眉县最重要的产业，眉县猕猴桃2016年种植面积近30万亩，占全县耕地面积的90%以上，是眉县老百姓经济收入的重要来源，产业发展不容出错。另一方面，猕猴桃是生鲜产品，容易受外部因素影响，市场波动大。因此，猕猴桃产业犹如"一颗随时会爆炸的地雷"，令眉县管理者神经紧张。用眉县原县长武勇超的话来说，就是"有时会让人吓出一身冷汗"。

另外，由于受早年不实新闻报道的影响，包括眉县在内的陕西猕猴桃产区在闯市创牌方面，有不少牵绊。这也在一定程度上加剧了眉县猕猴桃人的忧虑。

因此，"表面风光无限，内心如履薄冰"是当时眉县猕猴桃人的真实心情写照。2016年初，眉县农口领导经人介绍找到农本咨询，希望与农本咨询合作，帮助眉县破解猕猴桃产业发展中的"烦心事"。

猕猴桃创牌有机会

2016年5月，农本咨询和眉县农业局签约后不久，农本咨询项目组便着手研究猕猴桃产业和消费市场。2016年，中国猕猴桃种植面积约200万亩，除陕西外，贵州、四川、河南、浙江等地也有种植，另有一些地方刚刚开始种。全国猕猴桃虽说种植的区域不少，但产品体量在中国水果产业中仍是个"小喽啰"。另外，全国注册的猕猴桃商标虽不少，证明商标也有一些，但在全国叫得响的猕猴桃品牌却几乎没有。

与此同时，受全球知名猕猴桃品牌"佳沛"的影响，当时不少国产猕猴桃企业都在想方设法当"洋货"。比如，明明产品在国内销售，包装上却不用汉字，改用拼音，包装设计也模仿佳沛猕猴桃的样子。

另外，因为缺少市场教育与消费引导，消费者在购买猕猴桃时，几乎没有什么标准。

经过多方面分析研究，农本咨询项目组认为，猕猴桃创牌"有机会"。这给眉县吃下了一颗"定心丸"。

结合眉县实际，农本咨询系统设计了"眉县猕猴桃区域公用品牌发展战略规划"，其中包含"三大战略"。

"三大战略"引领品牌升级

第一，将产业目标"定高"

接手项目后，在与眉县各方的交流中，我们有一个明显的感受，就是"目标不明确"。一方面，眉县猕猴桃获奖无数，不少人认为眉县猕猴桃产业水平已经是"国内一流"，没必要"再折腾"。另一方面，有些人虽然想"再接再厉"，却不知道怎么干。

对于眉县人的困惑，我们并不感到意外。因为眉县猕猴桃产业经过数十年的发展，成绩斐然，并且拥有许多其他产区难以企及的资源。比如眉县地处世界猕猴桃原产地——秦岭北麓猕猴桃产业带"核心区"，建成了"农业部定点猕猴桃交易市场"，涌现出了以"齐峰果业"为代表的一批产销龙头；西北农林科技大学在眉县建立了国家级猕猴桃试验站等。另外，眉县猕猴桃是眉县的"头号工程"，政策、项目、资金等都向猕猴桃产业倾斜。这些是眉县猕猴桃产业发展的优势，也是眉县猕猴桃品牌战略升级的"本钱"。

基于此，农本咨询提出眉县猕猴桃品牌升级"三大目标"——夯实"眉县招牌"，打造"陕西名牌"，争创"国家品牌"。

夯实"眉县招牌"

猕猴桃产业是眉县首位产业，关乎全县民生，眉县猕猴桃品牌建设首先要维护产业秩序、保障产业安全。这就要求以品牌建设为契机，抓标准、提质量，为眉县"金字招牌"夯实根基。

打造"陕西名牌"

作为陕西知名农产品，眉县猕猴桃虽然有名气，但影响力主要局限在省内，和"洛川苹果"等全国知名的"陕字号"产品相比还有不小差距。因此，农本咨询提出，力争在五年内将眉县猕猴桃打造成为比肩洛川苹果的"陕西名片"，成为人们一想到陕西就必然提及的"陕西农产品第一梯队品牌"。

争创"国家品牌"

作为世界猕猴桃原产地和全球猕猴桃主产区，陕西猕猴桃面积占据全国猕猴桃的半壁江山。我们认为，成为"陕西第一"，就是"国家品牌"，就有望成为"世界一流"。因此，"争创'国家品牌'"是农本咨询为眉县猕猴桃确立的"第三个目标"。

"三牌战略"的提出，拓展了眉县猕猴桃的产业使命，激发了眉县猕猴桃人的斗志，也为眉县猕猴桃品牌建设增添了动力。不少人表示，有了"三牌目标"，眉县猕猴桃产业面貌焕然一新。

第二，将产品价值"做实"

现在大家一提起眉县猕猴桃，"酸甜刚刚好"这句话就会脱口而出。但在2016年前后，国产猕猴桃宣传多停留在"生态""绿色"等空洞的概念上。另外，受舆论影响，消费者购买猕猴桃时，更多是靠"土办法"。比如"用个头大小判断是否用了膨大剂""用手感判断成熟度"。由于经常被人用手捏，不少超市不得不张贴"警示牌"。总而言之，如何消费猕猴桃，人们没概念，也没有标准。

与此同时，农本咨询项目组发现，"口感好"是消费者选择水果时提及最多的一个关键词，也是消费者认为的"好水果"的主要特征。眉县猕猴桃主力品种是"徐香"，2016年眉县猕猴桃种植面积近30万亩，其中"徐香"约18万亩，眉县是全国"徐香"种植面积最大的县域。在市场上，"徐香猕猴桃"广受欢迎，消费者评价就是"口味好"，集中表现在"酸甜适中"。

经过头脑风暴，农本咨询项目组创意了"眉县猕猴桃 酸甜刚刚好"的广告语，迎合消费者偏好，填补了国内"猕猴桃消费标准"的空白。

在第一次方案沟通会上，参会者对这个广告语拿捏不准。最后，当时主持会议的赵烨副县长询问齐峰果业公司董事长齐峰的意见，齐峰极力推崇这条广告语，并表示这条广告语的最妙之处就是"刚刚"俩字。现在，"眉县猕猴桃 酸甜刚刚好"家喻户晓，成为眉县猕猴桃最重要的品牌资产。这既归功于眉县人的英明，也得益于眉县人的坚持！

第三，把品牌符号"做靓"

当初项目对接时，不少眉县人说"眉县猕猴桃没牌子"。意思是说眉县猕猴桃虽然注册了商标，但却没有一个识别度高的形象，销售中不易和其他产区的猕猴桃区别开。因此，农本咨询项目组在进行眉县猕猴桃品牌战略创意时，将眉县猕猴桃"超级符号"创作当成重点。

　　经过创意，农本咨询设计团队从眉县地名核心词"眉"字出发，把眉县猕猴桃符号与眉县地域推广结合——由一片"树叶"和一个"猕猴桃"构成"眉"字图案，让人一看就明白。

　　"眉"符号创意后，大家拍手叫好。因为"眉"字图案易识别，让人一看就能想到"眉县"，进而联想到"眉县猕猴桃"。如今，"眉"符号成了眉县猕猴桃的象征，也实现了当初我们提出的"吃好桃，找'眉'桃"的目标。

既要"脚踏实地"，也要"九天揽月"

　　战略创意时，我们思考的另一个重点问题，是如何实现眉县猕猴桃品牌的低成本传播。

　　当初和眉县签约时，我问眉县农业局局长魏立中计划拿多少钱打广告，他冲我笑了笑，我立刻明白当年没有多少经费预算。

众所周知，农业是"弱势"产业，很少有品牌专项资金，经常需要"东拼西凑"或"临时申请"。因此，农产品做品牌，要尽量少花钱，甚至"不花钱"。

构建自媒体，做好"常规传播"

农本咨询在实践中总结了一套实用性强的品牌传播方法，比如"用包装打广告""发挥群众做宣传"。

第一，我们将眉县猕猴桃产品包装设计成为"广告"，确保多个面都能看到眉县猕猴桃广告语。

第二，展会宣传确保"一个声音"。自2016年10月眉县猕猴桃品牌发布后，但凡参展，主题都是"眉县猕猴桃 酸甜刚刚好"的广告语。

第三，眉县猕猴桃品牌方案定稿后的第一时间，"眉县猕猴桃"微信公众号应用新符号，并且在每篇公众号文章的开头和文末，都插入眉县猕猴桃区域公用品牌形象广告。一年365天，公众号更新从不间断，这在农业媒体中着实不多见。

实践中，眉县除了做好包装传播和活动传播外，将"群众路线"发挥到了极致。

2017年，眉县开启"我和眉县猕猴桃的故事"征文大赛。一时间，上至白发苍苍的老人，下到稚气十足的小学生，从果农、果商到政府官员等，都用饱含深情的文字，讲述自己和眉县猕猴桃的情缘。眉县县长武勇超就写了一篇五千多字的文章，讲述自己和眉县猕猴桃的"不解之缘"。征文活动持续了三个月，收到上千篇来自全国各地的文章。后来，征文经由眉县猕猴桃公众号刊发，一时成为"眉县猕猴桃"的文化大秀。

征文大赛也成为眉县猕猴桃年度宣传工作的亮点。

举办"世界大会"，推介"眉桃"品牌

2017年10月13日，由农业部、中国工程院、中国人民对外友好协会、陕西省人民政府支持，国际园艺科学学会、中国园艺学会、西北农林科技大学、陕西省农业厅等单位联合主办的"世界猕猴桃大会"在眉县隆重开幕，来自新西兰、意大利、加拿大、法国等27个国家和地区的嘉宾，全国23个省（自治区、直辖市），86个高校、科研院所、技术推广机构的专家和技术人员以及全国28个猕猴桃主产市县区代表共计1 200余人齐聚眉县，共襄盛举。

大会期间，举办了"世界猕猴桃研讨会"等多个精彩纷呈的活动。作为本次盛会的东道主，眉县人民喊出了"让世界共享猕猴桃美味"的豪言壮语，为猕猴桃行业发声。眉县猕猴桃人的雄心壮志，一时间圈粉无数。

世界猕猴桃大会在眉县的成功举办，展现了"猕猴桃之乡"的风采和眉县猕猴桃产业发展的成就，向世界传达了眉县人争创"中国猕猴桃标志性品牌"的雄心。眉县猕猴桃在"国家品牌"的道路上迈出了坚实的一步！

四年品牌价值增长 30 亿元

从2016年底品牌战略发布起，眉县猕猴桃产业始终高举眉县猕猴桃区域公用品牌旗帜，眉县猕猴桃品牌知名度和影响力不断提升。

2016年，经中国品牌建设促进会评估，眉县猕猴桃区域公用品牌品牌价值为98.22亿元。2020年，眉县猕猴桃区域公用品牌价值增长至128.33亿元。四年时间增长了30亿元。

2021年5月9日，正值第五个"中国品牌日"之际，新华社联合相关单位在上海国际会议中心举行"2021中国品牌价值评价信息发布暨中国品牌建设高峰论坛"，眉县猕猴桃入选中国区域品牌（地理标志）100强名单。在入选的6个陕西品牌中，眉县猕猴桃排位第一，表明眉县猕猴桃已然成为"陕西名片"。

2021年10月9日，国际果蔬年（IYFV）中国猕猴桃峰会在眉县召开，全球猕猴桃人再聚眉县，共商产业发展大计，东道主眉县猕猴桃又交出了一份亮眼的答卷：眉县"徐香猕猴桃"优质果每斤3.5元起步，眉县果农每亩收入轻松过万元……

呼伦贝尔草原羊肉：命名就是战略

俗话说，名正则言顺。品牌打造也是如此。广告圈有个说法："只要能把价值写进名字里，就不要怕名字长。"品牌名称至关重要。

农产品区域公用品牌大多以"地名＋产品名"的方式出现。这样的好处是消费者一看就知道是什么地方的什么产品。但它也有缺点，就是名称雷同，只能区分地域而不能体现产品特征。因此，一旦有机会，我们往往选用体现个性或彰显价值的名称作为品牌名。

2018年，农本咨询协助打造的"呼伦贝尔草原羊肉"区域公用品牌，就是从品牌命名开始的。

在飞往内蒙古的航班上"做调研"

2018年8月3日，第六届内蒙古绿色农畜产品博览会在呼和浩特开幕，同期举办"首届内蒙古农畜产品区域公用品牌高峰论坛"，我应邀在论坛上演讲。在前往萧山机场的途中，我接到了内蒙古自治区农畜产品质量安全监督管理中心主任李岩的电话，他说呼伦贝尔市农牧局领导想约我在论坛间隙会面，商讨呼伦贝尔农畜产品区域公用品牌建设事宜。

此前，我对呼伦贝尔市农牧业情况并不了解，但一听是"呼伦贝尔"，立马有了兴趣，便让李岩主任通知呼伦贝尔农牧局把相关产业资料发给我。登机后不久，呼伦贝尔市农畜产品质量安全中心主任陈文贺给我打来电话，很快就将呼伦贝尔农牧业介绍资料发给了我。于是，在飞往呼和浩特的航班上，我便开始了呼伦贝尔农牧业"调研"。

读完材料，我才发现自己对呼伦贝尔存在"偏见"。呼伦贝尔不只有大草原，也有广袤的黑土地和浩瀚的兴安岭"林海"。同时，作为中国北方森林狩猎和草原游牧民族成长的摇篮，呼伦贝尔也是蒙古族、鄂伦春族、俄罗斯族等多个少数民族的汇聚地。原生态的自然环境和厚重的地域文化造就了众多富有特色的呼伦贝尔物产。这当中不仅有牛羊肉畜产品，也有黑木耳、蓝莓等林特产品，还有芥花油、大豆、马铃薯等农产品。

这么多呼伦贝尔产品，究竟选哪个打造品牌？在当时，全国不少地方流行将区域内所有的农产品"打包"，用一个品牌"统领"。我就想，如果呼伦贝尔也要"一锅端"，我宁愿不合作。因为，在我看来，虽然呼伦贝尔有农畜林产业，物产丰富，但是打造品牌还是得一个一个来。另外，呼伦贝尔打造农产品区域公用品牌，应该首先选择畜牧产品做突破，毕竟呼伦贝尔有举世闻名的"呼伦贝尔大草原"。

要做就做"呼伦贝尔草原羊肉"

抵达呼和浩特后，我在内蒙古"绿博会"上见到了陈文贺。他领我去了离展会不远的一个酒店，呼伦贝尔市农牧局局长肖明华正在那里等我。

肖明华长得很斯文，像个学者。一见面，他就问我怎么看呼伦贝尔农牧业品牌建设。因为已经做过思考，我便将自己的想法一五一十地讲了，并说呼伦贝尔创牌应该首选"畜产品"。

听完我的想法，肖明华便向我"摊牌"。他说呼伦贝尔打造农畜产品区域公用品牌的想法由来已久，经过长时间的考虑，他们计划从羊业入手，率先打造呼伦贝尔羊业区域公用品牌，并已经注册了"呼伦贝尔羊""呼伦贝尔羊肉"地理标志集体商标。在推进的过程中，也有人提出应该聚焦呼伦贝尔羊业中最具特色的"草原羊"，打造"呼伦贝尔草原羊肉"品牌。因为呼伦贝尔幅员辽阔，地形地貌、气候、人文、植被等复杂多样，加上养殖方式有散养和圈养之分，不同区域产出的羊肉品质差异很大。其中，产自呼伦贝尔大草原的羊肉是呼伦贝尔羊肉的"精华"，与呼伦贝尔林区、农区以及内蒙古其他盟市的羊肉相比，有明显的不同，堪称优质羊肉中的"王牌"。

听完这番话，我立马说"呼伦贝尔草原羊肉"是一个好创意。首先，虽说打造羊肉品牌的地区很多，但"草原羊肉"是一个空白，率先打造"呼伦贝尔草原羊肉"，抢占草原羊肉"品类空白"，有望成为领导品牌；其次，"草原羊肉"的名称，让人一看就产生绿色、生态的联想，能实现产品溢价；第三，"草原羊肉"符合人们对呼伦贝尔的印象，极好地诠释了呼伦贝尔天然草原环境和天人合一的传统游牧文化的价值。按照呼伦贝尔"以草定畜"的要求，大约15亩草场才养一只羊。因此，虽说2017年呼伦贝尔全市羊存栏1 700多万只，但出栏的"草原羊"却只有200万只左右。从这个层面上说，"呼伦贝尔草原羊肉"可以称得上"万里挑一"。可以预见，打造"呼伦贝尔草原羊肉"品牌，对提升呼伦贝尔羊业形象，提高呼伦贝尔羊肉溢价，必将产生重大的影响。

因此，要做就做"呼伦贝尔草原羊肉"！

借力"呼伦贝尔大草原"

三个月后，我们一行六人飞抵海拉尔，在呼伦贝尔市农牧局于长春副局长和陈文贺主任陪同下，开始了为期一周的调研。七天内，我们走访了呼伦贝尔"牧业四旗"，和当地牧民、羊肉加工企业相关人员交流。大家一听说要打造呼伦贝尔草原羊肉区域公用品牌，都非常兴奋。此行调研对我们而言就是一场"羊"主题的美食之旅。一路上，我们几乎每天都能品尝到用草原羊肉烹饪的各种美食。呼伦贝尔草原羊肉鲜嫩无膻味，仅用清水煮的原味羊肉就让人回味无穷。有了连日来的产品体验，我们愈发庆幸当初选择了"呼伦贝尔草原羊肉"打造品牌，也对呼伦贝尔草原羊肉区域公用品牌建设充满信心。

调研完回杭，我们便开始呼伦贝尔草原羊肉区域公用品牌战略创意。和别的项目一样，品牌口号创意是我们的一个重点。既要说清呼伦贝尔草原羊肉价值，也要能引发消费者共鸣，是我们对呼伦贝尔草原羊肉广告语创意的要求。

农本咨询认为，要打响呼伦贝尔草原羊肉品牌，首先得在消费者心智中扎根。虽说"呼伦贝尔草原羊肉"在命名上与大部分羊肉产品形成了区隔，但还不足以让人产生"最好羊肉"的联想，需要用广告创意再添"一把火"。

研究发现，由于《呼伦贝尔大草原》歌曲的广为传唱和呼伦贝尔旅游的持续推广，"大草原"已成为人们一提起"呼伦贝尔"就首先想到的事物。从这个层面讲，"大草原"是呼伦贝尔留在消费者脑海中最有价值的心智认知。同时，不少消费者认为"大草原是出产好羊肉的地方"。因此，只要能打通消费者"呼伦贝尔大草原是最好的草原""草原好，羊肉就好"的心智认知，就能产生"呼伦贝尔草原羊肉是'最好的羊肉'"的市场认知。

经过反复研究，我们确定了呼伦贝尔草原羊肉区域公用品牌的广告语——世界的大草原 中国的好羊肉。

同时，农本咨询设计团队利用呼伦贝尔大草原的文化元素创意了呼伦贝尔草原羊肉品牌形象，通过彰显草原风情，凸显品牌优势。为了强化品牌识别，我们特意选择了蓝色而不是市面上多数羊肉产品包装使用的绿色作为呼伦贝尔草原羊肉的品牌色，让呼伦贝尔草原羊肉品牌在一干羊肉品牌中脱颖而出。

在"钓鱼台国宾馆"开发布会

完成战略创意后，我们就着手策划呼伦贝尔草原羊肉品牌发布会。在哪儿办、怎么办、由谁办……这些成为我们思考的重点。

我们认为，呼伦贝尔草原羊肉定位高端，就应该选择与之匹配的场所。

呼伦贝尔草原羊肉是食材，因此活动场景要和餐饮有关。活动地点要引人关注，有话题性，易传播。

而且，这个地点最好在北京，因为北京是羊肉消费重点市场，是呼伦贝尔草原羊肉战略客户的聚集地，也是我们认为呼伦贝尔草原羊肉品牌应该抢占的"制高点"。

按照这样的思路，我们很快将目光锁定到了"钓鱼台国宾馆"。

众所周知，钓鱼台国宾馆是国家领导人进行外事活动的重要场所，接待过世界各国的总统、国王、总理等政要人员，是备受媒体瞩目的地方。另外，钓鱼台国宾馆的菜系博采国内八大菜系之长，也广纳世界各国美食精华，堪称国宴窗口。因此，在钓鱼台国宾馆举办呼伦贝尔草原羊肉品牌发布会，既能彰显呼伦贝尔草原羊肉高端食材的定位，同时也能借助钓鱼台国宾馆在人们心目中的印象，衬托呼伦贝尔草原羊肉的稀缺价值。

定完场地后，我们开始考虑活动议程。针对这次活动，我们提出"三会合一"的思路，即通过一次活动，实现"发布会""通报会""签约会"三个功能。

首先，在呼伦贝尔草原羊肉品牌发布会，亮相呼伦贝尔草原羊肉区域公用品牌新形象、新价值、新战略；其次，呼伦贝尔草原羊肉品牌战略是呼伦贝尔农牧业品牌化的"首发式"，因此活动也是呼伦贝尔农牧业品牌化战略的通报会；另外，此次活动也是呼伦贝尔草原羊肉产销合作签约会。作为进军北京市场的重要举措，此次活动的一个重要目的，就是向北京餐饮业推介呼伦贝尔草原羊肉品牌，为呼伦贝尔草原羊肉产品在京销售寻找战略伙伴。

为确保活动成功，农本咨询建议发布会由中国烹饪协会参与主办。

2019年8月6日，由中国烹饪协会、内蒙古餐饮与饭店协会和呼伦贝尔市人民政府共同主办的呼伦贝尔草原羊肉品牌战略发布会在钓鱼台国宾馆隆重举行。内蒙古自治区副主席李秉荣到场致辞，中央电视台、中新社、人民网、《中国烹饪杂志》等60多家权威主媒、行业媒体记者，东来顺、鸿宾楼等多家北京知名餐饮企业负责人和内蒙古籍在京企业家共200多人参会。

发布会在钓鱼台国宾馆"蓝色大厅"举行，会场的"蓝色穹顶"和呼伦贝尔草原羊肉区域公用品牌蓝色的品牌色交相辉映，让人仿佛置身一个巨大的蒙古包。会前，由内蒙古民族乐手演奏的《万马奔腾》，瞬间将现场气氛调动起来；随后登场的"呼伦贝尔草原羊肉"品牌形象，让大家眼前一亮，"世界的大草原 中国的好羊肉"广告语也不胫而走。

据会后统计，全国有130多家媒体参与报道了呼伦贝尔草原羊肉品牌战略发布会。一时间，"呼伦贝尔草原羊肉"声名鹊起，成为当年最受关注的内蒙古农畜产品品牌。

溯源体系为"草原羊肉"建"信任状"

在推广品牌的同时，呼伦贝尔牵手农本咨询战略伙伴"天演维真"，为呼伦贝尔草原羊肉建立全产业链追溯体系，实现了"从草原到餐桌"的全程监管，确保消费者吃到真正的"呼伦贝尔草原羊肉"。

首先，梳理制定《呼伦贝尔草原羊养殖标准》《呼伦贝尔草原羊生产加工标准》和《呼伦贝尔草原羊品质指标标准》，确保呼伦贝尔草原羊肉的高标准生产。

其次，制定产业监管制度。包括以呼伦贝尔农牧局为项目建设主体，协同农口、质检、工商等各部门联合执法的执法机制，对企业管控平台采集上来的信息进行准确性、真实性抽查监管的信息抽查机制，以及对问题产品的危机处置机制（包括产品下架、产品召回、问题发布与警示、问题追溯问责等）。

再次，新一代的信息技术与领先的数据采集设备相结合，建立从养殖到加工再到终端消费的追溯体系，严格控制影响羊肉质量的每一个关键点。在终端，每一块呼伦贝尔草原羊肉都有溯源码标签，消费者只需扫一下产品外包装上的二维码，就可以验证羊肉的真伪，产地、羊种、养殖、屠宰、加工、物流等信息一目了然。

2019年，伊赫塔拉等12家加工企业通过呼伦贝尔政府选拔，加入呼伦贝尔草原羊肉追溯平台，并获得呼伦贝尔草原羊肉品牌授权。

2020年，呼伦贝尔全市共出栏草原羊200余万头，其中，有溯源码的就占了

130多万头。追溯体系的应用，使得呼伦贝尔草原羊肉实现了"生产标准化""过程透明化""监管全程化"，可以让消费者深入了解呼伦贝尔草原羊肉的生产过程，从而增强信任，提高品牌溢价。

"美食节"为品牌走红"添火"

在战略创意初期，农本咨询项目组就提出"让呼伦贝尔旅游'带火'呼伦贝尔草原羊肉"的思路。

呼伦贝尔是国内高端旅游目的地。每年夏天，"呼伦贝尔草原游"是国内众多旅行社的王牌项目。8月也是呼伦贝尔草原羊的屠宰季。让来到呼伦贝尔的每个游客都能品尝地道的"呼伦贝尔草原羊肉美食"，是我们策划"呼伦贝尔草原羊肉美食节"的初衷。

2019年9月，首届呼伦贝尔草原羊肉美食节开幕。"呼伦贝尔草原羊肉人气菜品"评选，"最受欢迎品鉴点"打卡，"呼伦贝尔草原羊肉推荐官"短视频大赛，摄影大赛，"十佳牧户"评选，美食节餐饮消费券发放……活动精彩纷呈。活动不止在呼伦贝尔举办，还同时联合全国范围内的呼伦贝尔草原羊肉指定品鉴点，开展"网红探店"活动。一时间掀起了品尝呼伦贝尔草原羊肉美食的热潮。

2020年9月，第二届呼伦贝尔草原羊肉美食节继续举办。"呼伦贝尔草原羊肉美食节"已成为展示呼伦贝尔草原羊肉美食文化的窗口，也成为宣传呼伦贝尔草原羊肉品牌的舞台。

随着活动的持续开展，呼伦贝尔草原羊肉品牌也开启"走红之旅"：2019年12月，第四届中国农业家年会在郑州召开，呼伦贝尔草原羊肉荣获"2019中国农产品区域公用品牌·市场新锐品牌"奖；同月，"2019中国区域农业品牌发展论坛暨2019中国区域农业品牌年度盛典"系列活动在北京举行，呼伦贝尔草原羊肉品牌入选"2019中国区域农业品牌年度案例"，入围了"2019中国农产品百强标志性品牌"和"2019年中国区域农业品牌影响力排行榜畜牧产业十强"；2020年1月，在中国绿色农业发展年会暨《中国绿色农业发展报告2019》新书发布会上，呼伦贝尔草原羊肉荣获"2019全国绿色农业十佳畜牧地标品牌"；2021年1月，在中国绿色农业联盟、中国绿色农业发展报告编委会组织的"2020全国绿色农业十佳地标品牌宣传推介活动"中，"呼伦贝尔草原羊肉"荣获"2020全国绿色农业十大最具影响力地标品牌"称号……

此外，呼伦贝尔草原羊肉频频登陆荧幕，如《舌尖上的中国》《风味人间》《家乡菜中国味》等美食节目，受到全国人民的关注。

通过品牌的持续推广、综合监管技术的应用，呼伦贝尔草原羊肉品牌效益彰显。2020年9月，呼伦贝尔市畜牧科学研究所发布"呼伦贝尔羊肉指数"：呼伦贝尔草原羊肉胴体收购价格由2019年的39.92元／公斤上升到55元／公斤，羊肉卷出厂价格由2019年的52.71元／公斤上升到69.75元／公斤……

三亚芒果：旅游胜地的农产品创牌

2022年开年第一天，三亚芒果区域公用品牌亮相北京天安门广场《辉煌中国》主题展。广告中，活力四射的三亚芒果公仔，自豪地喊出："三亚芒果 爱上三亚的另一个理由！"人们纷纷驻足观看，不少人按照海报上的提示扫码购买三亚芒果。

"三亚芒果"何以成为"爱上三亚的另一个理由"？故事得从5年前三亚市打造三亚芒果区域公用品牌说起。

三亚市长的"命题作文"

2016年8月的一个周末，三亚市副市长李劲松邀请我去三亚商谈三亚芒果区域公用品牌建设。

我和李劲松相识于2016年5月在三亚举办的"海南省农业品牌建设培训班"，作为活动举办地的领导，李劲松宴请专家。宴席上人挺多，我俩没太多交流，只是简单交换了对农产品区域公用品牌建设的一些看法。再次见面我才知道，那时李劲松正在考虑三亚农产品品牌建设，正琢磨选择哪个产业打造品牌，我俩的交流解答了他的一些疑惑，坚定了三亚市打造农产品区域公用品牌的想法。事后经过研究，三亚市选择从芒果产业入手，打造三亚芒果区域公用品牌。

我与李劲松的第二次见面，三亚市芒果协会会长彭时顿和三亚市农业局副局长冯永杰也在场。那天恰逢办公楼停电，我们热得满头大汗。落座不久，李劲松就向我说起他们打造三亚芒果区域公用品牌的初衷和期待。

原来，作为国内最具知名度的海滨旅游城市和国人眼中的"东方夏威夷"，三亚不仅有着一流的海景资源，也有得天独厚的光热资源，是热带水果生长的天堂。

在三亚众多水果中，芒果是"带头大哥"。据三亚古籍《崖州志》记载，明代末年三亚已有芒果栽培。从20世纪90年代开始，第一代三亚芒果人开始在三亚开荒种芒果，1997年三亚被农业部授予"中国芒果之乡"称号。

由于充足的日照，生态环境无污染，加上种植技术成熟，三亚芒果不仅果形饱满，肉质结实润滑，而且甜度高、香味浓。同时，三亚芒果经过田间技术指导、田头检测和市场监测"三道关"，100%快速检测合格，100%凭证出岛，建立了良好的质量声誉。此外，三亚是我国上市最早、跨时最长的芒果产区，三亚芒果每年1月中旬开始上市，一般到6月份结束，刚好与广西、四川、云南等产区6—8月份上市的芒果形成错季销售。因此，在市场上，三亚芒果优势明显，效益较高。

经过多年发展，三亚芒果种植面积近40万亩，约占海南省芒果种植总面积的一半，产值约60亿元，占全市农业收入的半壁江山，是三亚农业的"首位产业"。

然而，三亚芒果虽然是三亚水果的头牌，知名度却长期局限在海南岛内，外埠市场知道的不多。如何让高颜值、高品质的三亚芒果走出海岛，实现更高价值，是三亚芒果产业管理者一直思考的问题。

此次选择打造三亚芒果区域公用品牌，通过品牌建设实现三亚芒果知名度和市场价值的提升，正是三亚农口部门深思熟虑后的决定。

"我知道农本咨询在农产品区域公用品牌打造方面有一套，但是三亚芒果创牌要和三亚旅游结合，做出三亚特色。"李劲松向我表明了他的期望。

爱上三亚的另一个理由

对于李劲松的期待，我一点都不觉得意外。相反，这位主管农业的副市长对三亚芒果品牌建设战略资源的理解以及品牌战略方向的把握，让我颇为佩服。

长期以来，农本咨询在实践中总结了不少农产品品牌建设的经验方法。比如，品牌建设不能只看到有形的产业，还得看到无形资源。对于三亚而言，旅游是三亚的特色，也是三亚芒果品牌建设可以利用的战略资源。

多年来，三亚稳居全国"跨省旅游目的地城市"榜首，是全球最佳旅游目的地之一。据统计，2015年，三亚接待过夜游客近1 500万人次。旅游业是三亚经济的支柱产业，也是三亚产业发展必须结合、利用的资源。

另外，我们了解到随着国内外旅游市场竞争加剧，三亚旅游业也受到了冲击，为此，三亚市作出了"升级三亚旅游"的战略部署，并于2016年8月审议通过了《三亚市全域旅游发展规划（2016—2020)》及《三亚市创建国家全域旅游示范区工作方案》，明确提出了三亚"产业＋旅游"主动无缝链接模式，深化产业融合，与农业、工业、服务业相关产业要素和资源进行交叉耦合，推动全产业转型升级、新业态创新，构建三亚全域旅游下"产业全融合"大格局。在此背景下，三亚芒果品牌建设必须服从并服务于三亚旅游这篇"大文章"。

2016年8月底，农本咨询项目组踏上"浪漫三亚之旅"。项目组走访了十多个芒果基地，在结结实实体验了一把"热带海滨游"的同时，对于三亚芒果"农旅融合"品牌战略的思路也逐渐成形。

首先，"旅游"是三亚芒果的"独门武器"。作为知名度最高的城市之一，有"三亚"背书，"三亚芒果"自带光环，这是国内其他芒果产区无法比拟的优势。

其次，做好"家门口的生意"是快速提升三亚芒果知名度和产业效益的捷径。三亚每年有上千万来自全国各地乃至全世界的游客，对三亚芒果而言，这是自动上门的"受众"和"消费者"。因此，只要做好对游客的宣传，开发出可以让游客参与的活动或消费的商品，便可以让三亚芒果品牌随着游客走向四面八方。

基于此，农本咨询项目组提出了"以旅带果，以果促旅"的战略方案，即借力旅游提升三亚芒果品牌知名度，推动三亚芒果农旅发展，丰富三亚旅游产品和服务，打造三亚旅游新亮点。

在"果旅融合"思想指导下，农本咨询项目组创意了三亚芒果区域公用品牌广告语——三亚芒果，爱上三亚的另一个理由！

为加强品牌识别、彰显品牌个性，项目组设计了热情奔放、人见人爱的"芒果公仔"，用热情绚丽的色彩表达出三亚的热带风情。

同时，农本咨询以芒果的英文"mango"为原型，结合三亚独特的旅游景观"椰树""沙滩""南海观音""芒果树"等元素，设计了一系列品牌辅助图形，应用于三亚芒果的包装及各类宣传场景。

2016年12月9日，三亚市人民政府和中国果品流通协会联合举办三亚芒果品牌战略发布会，三亚芒果新形象、新价值、新战略隆重亮相，三亚芒果区域公用品牌正式发布。

以农促旅，以旅带农

三亚芒果区域公用品牌发布后，一系列三亚芒果主题活动，有条不紊地开展起来。

2017年3月12日，"三亚芒果社区采摘节"在三亚芒果福返基地进行，来自上海、厦门等地游客和三亚市民参加……

2017年3月24日，"三亚芒果国际摄影大赛"启动，近百名艺术家和艺术爱好者走进芒果园，他们或用镜头捕捉自己眼中的"最美芒果园"，或现场挥毫泼墨抒发自己对三亚芒果的感情……

2017年4月29日，"三亚芒果女神节"在三亚蜈支洲岛旅游区举办，游客与三亚芒果亲密接触，或品尝不同品种的三亚芒果，或参与芒果热舞……

2018年，三亚芒果与文娱体育的跨界互动也精彩上演！当年3月24—28日，"三亚芒果"号参赛"2018中国第一离岸帆船赛——环海南岛国际大帆船赛"，成为大海上一道亮丽的风景；"三亚芒果杯2018三亚100公里骑行活动"隆重开幕，来自全国34家骑行协会和俱乐部车队的近千名骑行选手，同场竞技；紧接着，2018第二届博鳌国际美食文化论坛开幕，三亚芒果亮相食材食品展……

一系列活动的举办，迅速提高了三亚芒果知名度，还让人们在轻松愉快的旅游场景中体验到了三亚芒果健康活力的品牌文化。与此同时，三亚芒果也随着游客走向全国各地，成为三亚的一张靓丽名片！

借势造势，成就"海南王牌"

在对三亚游客宣传推广的同时，三亚芒果也借助行业平台，快速打响行业内外的知名度和影响力。

联姻新农人，打造"电商爆款"

2017年是中国农特微电商的"爆发年"。三亚芒果区域公用品牌推出后，三亚市芒果协会牵手微电商社群，迅速将三亚芒果打造成当年农特微电商界的"爆款"。

2017年2月18日，三亚市农业局、三亚市芒果协会联合国内最大的农特微商社群"农友会"，联合举办"三亚芒果·三亚首届农特微电商品牌联合盛典"。全国数百名微电商达人齐聚三亚，体验三亚芒果品牌文化，对接三亚芒果产销企业。三个月后，首届农特微商节暨农特品牌展览会在广州开幕，三亚芒果品牌参展，与全国微商对接，进一步扩大了三亚芒果在农特微商界的知名度。

2017年8月4—5日，第二届A20新农业盛典在杭州白马湖国际会展中心开幕，在三亚市芒果协会组织下，海南水果岛农业开发有限公司、三亚君福来事业有限公司等十多家三亚芒果企业参展，对接新零售渠道。三亚芒果品牌在展会上大放光彩，成为各大新零售商"新宠"。

通过频繁亮相各大新零售活动和展会，三亚芒果成为了当年新零售领域快速崛起的"黑马"。

借助行业平台，打造海南名牌

在新零售渠道声名鹊起的同时，三亚芒果也在行业产业大会中继续书写精彩。

2017年6月18日，中国（三亚）芒果产业发展大会在三亚市隆重开幕。此次大会以"引导产业健康发展，提振国芒品牌优势"为主题，研讨中国芒果产业发展的难点问题和热点现象。大会上，三亚市芒果协会、百色市芒果协会、攀枝花市芒果协会等芒果主产区的行业组织，与百果园等知名销售商代表一起，成立"中国芒果产业自律联盟"，就芒果生产、采摘、销售等多个领域达成共识。这是国内首个芒果产业联盟，由三亚市芒果协会倡导发起，三亚芒果借此有力提升了行业地位。

据悉，"中国芒果产业大会"至今已在三亚市连续举办四届，国内外知名水果采购商、中国芒果主产区代表、专家学者及媒体记者，年年齐聚三亚。此大会的连续举办，不仅帮助三亚芒果企业拓宽了销售渠道，而且为三亚芒果产业发展积聚了势能，大大提升了三亚芒果品牌的美誉度。

除举办芒果大会外，三亚芒果区域公用品牌坚持密集地出岛参展，成为"亚洲果蔬产业博览会""中国国际农产品交易会""中国（海南）国际热带农产品冬季交易会""海南国际旅游贸易博览会""香港果蔬展""德国柏林国际水果蔬菜展览会"等多个行业展会的常客。

与此同时，三亚芒果龙头企业福返合作社芒果基地连续6年被评为"博鳌亚洲论坛年会芒果供应基地"。另外，在诸多国事活动和重大赛事，如厦门"金砖会议""世界小姐大赛"中，也常常见到三亚芒果的身影。

在系列宣传活动的持续推进中，三亚芒果区域公用品牌知名度和影响力不断攀升：

2017年，在第十五届中国国际农产品交易会上，三亚芒果被授予"2017百强农产品区域公用品牌"称号；

2018年9月，首届"中国农民丰收节"评出"百佳农产品品牌"，三亚芒果名列其中；

2018年12月，三亚芒果入选"中国特色农产品优势区"；

2019年，三亚芒果入选"2019农产品区域公用品牌中国农业品牌目录"；

公开信息显示，在首届"海南农产品十佳区域公用品牌"评选活动中，三亚芒果位居榜首，成为名副其实的"海南省王牌农产品"。

福山大樱桃：
中国大樱桃发源地的"保卫战"

纵观农业发展，"起源地"往往意味着技术领先、知名度高，在行业占据优势地位。然而时过境迁，老产区逐渐衰退，被后来者赶超的也不少见。为了保持领先地位，不少老产区创新发展方式，或引进新品种，或改用新技术，还有一些地区选择打造品牌。2016年，中国大樱桃起源地烟台福山区和农本咨询合作，通过品牌建设重拾产业活力。

中国大樱桃发源地想"脱胎换骨"

2015年10月，我受邀参加第二届中国苹果产业论坛，并主持"区域公用品牌建设"对话专场。活动结束后，烟台福山区副区长李良找到我，表示非常认同我在论坛上的观点，希望有机会和我们合作。因为经常在类似的场合听到这样的话，我当时并没有放在心上。

大概一周后，我在云南大理调研，接到了李良的电话。他说自己经过思考，认为品牌建设是福山区大樱桃产业升级的"良方"，同时，经过多方了解，他认为农本咨询是值得信赖的团队，所以想确定合作。来电中李良态度真诚，于是我答应结束大理调研后，尽快去福山考察。一周后，我如约来到烟台考察福山大樱桃产业。

之前我来过烟台，也知道烟台大樱桃有名，却不知道福山是烟台大樱桃的核心产区、中国大樱桃的发源地。

据中国早期果树文献《满洲之果树》记载，1871年美国传教士倪维思从大洋彼岸携来大樱桃在福山栽培。福山地处北纬37°的"黄金纬度线"，全年日照时间长，属季风性大陆半湿润性气候，非常适合大樱桃生长。从最初的几棵幼苗开始，经过一百多年，如今福山漫山遍野都是大樱桃。截至2016年，福山大樱桃种植面积为10.7万亩，是名副其实的"大樱桃之乡"。

但由于福山是老果区，也存在"老问题"，如"小生产"和"标准化难"。福山有"福山大樱桃产业标准"，但"小生产"模式下难以落实。同时，虽然福山大樱桃技术成熟、果农水平高，但由于重视程度、经营方式不同，福山大樱桃良莠不齐，效益高低不一。有的经营户亩产值数万元，有的却只有几千元。

此外，福山虽是烟台大樱桃的主产区，但烟台大樱桃对外推广几乎不提"福山大樱桃"。因此，福山大樱桃虽在行业内有名气，可在消费者中几乎很少有人知道。

2014年福山大樱桃"试水电商"，引发了网上的大樱桃热。2015年，大樱桃成为全网爆款。福山是大产区，大樱桃品质好，加上供应链相对成熟，全国电商销售团队蜂拥而来。这些客商要么和当地果商合作，要么自己向果农收购大樱桃，但大都将福山大樱桃打上自己的品牌售卖，有些客商甚至以"车厘子"的名义高价销售。这种情况下，福山大樱桃表面上产销两旺，实则暗藏危机。福山人也切实感受到"为他人作嫁衣裳"的尴尬。

在考察完福山大樱桃产业后，我和李良进行了交流，双方一致认为福山大樱桃品牌建设势在必行。他希望通过福山大樱桃区域公用品牌建设，让福山大樱桃"脱胎换骨"。

为统一思想，李良请我给福山区农口干部、大樱桃主产乡镇领导、福山区相关部门负责人和大樱桃从业者做了一场专题讲座。或许因为针对性强、案例翔实生动，讲座结束后大家深受鼓舞，也坚定了福山大樱桃区域公用品牌建设的决心。

品牌建设是"药引子"

对品牌建设在产业发展中的作用，农本咨询有一个形象的说法：品牌是"药引子"。福山大樱桃区域公用品牌建设，旨在推动产业的两个"转变"。

一是推动电商从"卖樱桃"到"卖品牌"转变

大樱桃在每年四五月份成熟，此时正是大宗水果青黄不接的时候。同时，大樱桃果形精美，富含维生素，深受都市人群喜爱，加之售价高，是最佳农产品网货之一。因此，福山的大樱桃电商蓬勃发展。

2015年，在福山从事大樱桃电商的团体多达上百个，他们或给电商供货，或自己在平台上卖货。据说，2015年福山大樱桃电商销售额超亿元。不过，虽然销量大，却很少以"福山大樱桃"的名义进行销售。福山大樱桃只是给电商团队做了"原料"。

因此，福山大樱桃品牌建设的一个重要目标就是打响福山大樱桃品牌，扩大福山大樱桃知名度、影响力。在2016年福山大樱桃电商销售中，我们提出了"改头换面"计划，针对电商产品直达消费者的特点，实现卖"品牌"。一种是将电商产品内外包装全部更换，用专门设计的福山大樱桃品牌包装；另一种是在电商产品外包装张贴福山大樱桃不干胶广告。

二是引导"果商"向前端延伸，助推福山大樱桃产业标准化

熟悉农产品电商的人都知道，"产""销"分离是"行规"。也就是说，销售商不生产，生产者不销售。虽然这在一定程度上提高了效率，但也带来不少弊病。

比如，因为双方只是"临时合作"，每当产品畅销时，卖家往往拿不到货。同时由于卖家不介入生产，无法确保产品质量，常常导致消费者投诉或退货，给卖家带来惨痛损失。另一方面，生产者由于常年不接触市场，缺乏对市场的了解，较少应用新技术，生产效率低下。

在此背景下，福山大樱桃品牌建设的一个重要目标就是促进"产销合作"，即引导电商向生产端延伸，与当地樱桃种植的合作社、大户合作，发挥市场引领作用，倒逼生产技术改造或提升，推动福山大樱桃产业标准化。

以上两个转变是李良和我对福山大樱桃区域公用品牌建设的期待，也是我俩认为的品牌建设这个"药引子"理应发挥的作用。我们希望品牌建设助推福山大樱桃"提档升级"，让老产区重新焕发活力。

"第一"就是"唯一"

广告语创作是品牌战略规划的一个重点，为了做出有销售力的创意，我们对福山的产业从业者和消费者都进行了详尽的调研。

在福山大樱桃试验站调研时，烟台市农科院大樱桃所孙庆田所长向我们介绍了福山大樱桃的资源禀赋。在孙所长眼里，福山地理条件优越，堪称"大樱桃福地"。

除调研产业外，福山区也安排我们考察福山文化。福山是"书法之乡"，从古至今有不少大樱桃主题的诗词歌赋，也有不少名人字画。另外，当时福山农业局局长吕道飞刚从文体部门调过来，是个文化人。调研中，吕局长给我们讲了不少福山文化。我理解大家的用意。因为在福山人看来，福山大樱桃是百年品牌，应该富有文化。

不过，在调研消费者时，我们发现另外一番景象。尽管当时中国大樱桃种植的地方很多，但樱桃依然是小众水果；另外，大樱桃是时令水果，上市周期短，保鲜难度大，早中晚熟加起来，货架期就两个月左右。因此樱桃的价格贵，消费者购买时，生怕买到品质差的大樱桃。"精挑细选"是大樱桃消费者典型的消费习惯。而福山是大樱桃起源地，产业历史悠久，生产技术高超，加之地理条件好，福山大樱桃品质佳，经得起"挑"，因此深受消费者喜爱。

基于此，我们创意了"福山大樱桃，个个不用挑！"的广告语。

与此同时，结合大樱桃造型和中国书法，农本咨询团队创意了"good"符号，将其作为福山大樱桃品牌形象。

在方案汇报会上，当听到"福山大樱桃，个个不用挑！"的广告语，不少福山人颇感失望。一些人认为，这句话有些普通；还有人认为，这句话"谁都能用"。

在实践中，我们发现战略规划中最容易产生分歧的就是广告语。因为见仁见智，众口难调。通常，评价区域公用品牌的广告语，地方上容易走两个极端：要么"自恋"，要么"自卑"。这是说，一些地方要么对自己的产品或文化自鸣得意，不能客观评价其能对消费者产生的实际作用；要么对自己的产品或文化缺乏信心，生怕"夸大宣传"。

我们认为，创意"要立足实际，同时也要高于现实"。不管怎么创意，最主要是看能不能满足消费者需求，能不能触动消费者买单。至于地域文化，要看能否有机结合，不能一味强加。而且，广告语"先入为主"，谁第一个宣传，消费者就容易把它和谁挂钩，别的品牌想抢也抢不走。这个原理我们行内叫"'第一'就是'唯一'"。

见我们对广告语比较坚持，李良提出大家容后再议。

2016年3月底，福山大樱桃区域公用品牌战略规划方案评审会召开。为快速决策，李良邀请福山区区长李金涛参会。在听取了农本咨询项目组的汇报后，对于福山大樱桃广告语，李金涛说："既然我们没有充分理由否定这个方案，那还是听专业团队的。"关键时刻，福山选择了相信农本咨询。后来的事实证明，福山人的决策是英明的。

"双管齐下"成佳绩

福山大樱桃品牌方案通过已经是2016年4月，福山大樱桃早熟品种已陆续上市。在这种情况下，快速推出福山大樱桃品牌，为福山大樱桃电商造势成为当务之急。

农本咨询提出两个建议：第一，和行业组织联合办会，扩大福山大樱桃在业界的知名度；第二，策划"福山大樱桃网络博览会"，通过网络传播为福山大樱桃电商造势。

我向李良推荐了两个"国字号"行业协会，一个是国内影响力最大的果品行业组织——中国果品流通协会，另一个是当时在农业品牌化领域有话语权的中国优质农产品开发服务协会。和李良商议后，我第一时间致电中国果品流通协会鲁芳校会长和中国优质农产品开发服务协会黄竞仪会长，向两位会长介绍了福山项目背景，希望得到两家"国字号"协会的支持。

听完我的介绍，鲁会长和黄会长都一口答应，并承诺到场参会。后来，黄会长因为时间冲突未能到现场，她委托中国优质农产品开发服务协会秘书长张平参会，鲁会长参会并为发布会致辞。

除举办发布会外，另外一个重头戏是由专业团队策划"福山大樱桃网络博览会"。

2016年，在得知福山大樱桃区域公用品牌即将推出的消息后，福山大樱桃电商团队摩拳擦掌，大家都期待福山大樱桃电商销售精彩开局。为扩大福山大樱桃网络知名度，我们推荐了国内首家专注农产品品牌网络传播推广的"大农团队"策划了"福山大樱桃网络博览会"，并在品牌发布会上举办了网博会启动仪式，开展系列网络传播推广活动。

现在来看开展农产品网络推广不是什么新鲜事，但在2016年，这种宣传手段还很少见。因此，福山大樱桃网博会引发多方关注。福山大樱桃也因为农产品品牌建设方法的创新，成为媒体竞相报道的焦点。

　　尝到甜头后，福山区坚定了网络传播品牌的决心。从2016年到2018年，连续三年，福山区农业局与大农团队合作，进行福山大樱桃区域公用品牌网络传播。2017年，策划"网红直播"；2018年，策划"产地采风"……这些活动名噪一时，成为早期农产品网络推广的经典案例。

　　福山大樱桃网络知名度的提升，为福山大樱桃电商销售提供了强有力的支持。2016年8月，福山区农业局统计数据显示：2016年福山大樱桃总产值为101 600万元，较2015年增长近一倍，福山大樱桃电商销售量大幅提升。福山本地电商团队"蚁族电商"大樱桃销售量同比增长8倍，供货价最高达每斤40元；福山春早果蔬专业合作社线上线下销售齐增长，销售额近 5 000 万元，同比增长 20% 以上……

福山大樱桃创下多项"第一"

作为国内首个创牌的大樱桃区域公用品牌，福山大樱桃品牌的推出，成为行业竞相模仿的榜样。

2017 年烟台市推出"烟台大樱桃"，2018 年"大连大樱桃""山海关大樱桃""秦州大樱桃等"等多个大樱桃区域公用品牌诞生。因此有人说，福山大樱桃开创了国产大樱桃品牌化的先河。

这些年来，福山大樱桃区域公用品牌建设一路领跑。

2017 年 4 月，由农本咨询创意，中国果品流通协会樱桃分会主办的"中国大樱桃'金樱奖'"在福山颁发，全国樱企、樱商齐聚福山；同年 12 月，"中国福山大樱桃博士科学试验站"成立，这是全国第一家大樱桃前沿科技课题攻关、孵化、推广的科研中心，为福山大樱桃产业发展笼络了业内顶尖团队。

2018 年 3 月，"福山大樱桃"区域公用品牌建设成为"中国樱商大会"交流典型。同年，福山大樱桃成功入选"中国特色农产品优势区"。

2019 年 5 月，在"首届中国十大好吃樱桃"评比中，福山大樱桃以绝对优势获得"第一名"，兑现了"福山大樱桃，个个不用挑！"的品牌承诺……

青冈玉米：农产品"好吃"是王道

知名企业家、百果园创始人余惠勇常说"好吃是检验水果的首要标准"。其实，对大多数农产品来说，"好吃"都是"王道"。在农本咨询历年合作的项目中，我们发现农产品但凡口感好，打造品牌就容易成功。

2018年，农本咨询参与打造的青冈玉米就因"好吃"闻名。

青冈县长两次来访

2018年9月的一天，黑龙江青冈县副县长李伟胜来到我在杭州的办公室，商谈青冈县特色农产品品牌建设。这其实已是青冈县领导的"第二次拜访"。

2017年，青冈县主管农业的副县长就曾来杭拜访我，商谈青冈县农产品区域公用品牌建设，双方将合作内容甚至连调研计划都定下来了，但他返回青冈后，就杳无音讯。因为那次"爽约"，我对青冈印象不佳。

因此，当李伟胜来商谈合作时，我显得有些冷淡，并明确表示，如果达不到农本咨询的合作条件，这事就免谈。由于心存芥蒂，李伟胜离去后，我就没把青冈的事放在心上。

然而，李伟胜返回绥化还不到一周，就给我来电说县里同意合作，县里决定打造鲜食玉米区域公用品牌，希望我尽快带团队去调研。

"保准好吃"的青冈玉米

2018年12月7日，我带团队飞抵哈尔滨，当天夜里赶到青冈县。

第二天早上用餐时，我才知道青冈县委书记杨勇和县长王磊都是"熟人"。2017年在"阿里巴巴绥化农村电商研修班"上，杨书记和王县长听过我讲课，课后他俩都加了我的微信，只是一直在朋友圈"潜水"。这时我才明白，当时青冈两位副县长去杭州拜访我，都是他们的安排。只不过头一次交流后，因为经费没有落实，经办人不好意思向我解释。得知这是一场误会，我心中的不快彻底烟消云散。

因为是熟人，我便向王磊抛出心中的疑惑：青冈县农产品不少，为什么选择鲜食玉米打造品牌？

王磊告诉我青冈是玉米种植大县，全县种植玉米百万亩以上，青冈玉米产业链完整，有全国最大的玉米深加工企业"龙凤公司"。近年，受吉林及周边地区种植鲜食玉米影响，青冈农民引种了品质优良、口味独特的鲜食玉米品种。因为青冈土地肥沃，生态良好，青冈产的鲜食玉米口感佳，深受市场欢迎。

看到鲜食玉米效益好，加之农民有积极性，青冈政府因势利导，加大扶持力度，短短几年，从事鲜食玉米种植的合作社就有二十多个，还出现了几家大型的鲜食玉米加工销售企业。因此，青冈领导认为鲜食玉米市场需求旺盛，产业有前景。

但另一方面，由于市场拉动，绥化市及周边地区鲜食玉米种植面积急剧扩大，未来很可能陷入激烈竞争。王磊认为青冈鲜食玉米要持续赢得市场，必须打造品牌，而现在种植鲜食玉米的地方虽多，但打造品牌的还没有，青冈正好可以抢占先机。

听了这番话，我不由得暗暗佩服青冈县领导的智慧。不过，我知道打造鲜食玉米品牌，产品口感很重要，由于没吃过青冈玉米，我有些不放心。看出了我的疑虑，王磊给我"保证"，说"吃了青冈玉米，你保准说好吃"。

当天，在王磊县长的陪同下，我们考察了青冈鲜食玉米产业链。在万德福合作社，我吃到了"保准好吃"的青冈玉米。

青冈农民引种的鲜食玉米品种很多，"万糯2000"最受市场欢迎。"万糯2000"的特点是"香甜软糯"，客商反映喜欢吃甜玉米的南方人和喜欢吃糯玉米的北方人都喜欢。按合作社负责人的说法是"这种又糯又甜的口感，吃过的人都说好吃"。

在品尝过多家企业、合作社的产品后，我们坚信"万糯2000"是青冈鲜食玉米中最有竞争力的品种，也是青冈鲜食玉米应该主打的产品。因此，调研中，我们在心里就已创意了"青冈玉米糯又甜"的广告口号。

因为对产品有信心，农本咨询项目组认为青冈鲜食玉米打造品牌一定会成功，为此我和王磊都很开心。调研途中我们愉快地站在黑黝黝的黑土地上合影留念，"立此存照"。

为"消费者"做设计

确定了青冈玉米广告语后，我们创意的重点转向形象设计。在创意策略会上，农本咨询合伙人胡王君说"要设计一个让消费者过目不忘的超级符号"。

胡王君曾负责"脑白金""黄金搭档"品牌管理近十年，有着非常丰富的市场实战经验。加入农本咨询前，他担任中粮"福临门"营销顾问。由于操盘过很多大品牌，胡王君对于品牌创意有着不同于一般人的理解，比如"为消费者做设计"。

因为胸有成竹，胡王君开口就说青冈玉米的品牌符号是"玉米粒"，并让设计团队按照要求设计青冈玉米"玉米粒"。

等设计师拿出方案后，我们一看，全乐了。因为设计后的"青冈玉米糯又甜"广告语，是七个"玉米粒"。与此同时，用玉米粒延伸的辅助图案，给人强烈的视觉冲击，就像施了魔法一样，令人过目不忘。

2019年2月，我们再次来到青冈，汇报青冈玉米区域公用品牌战略规划方案。

这次汇报会在青冈县行政中心召开，青冈县级职能部门负责人、青冈玉米产销企业代表及技术人员40多人参会。果然不出我所料，当胡王君讲解到"青冈玉米糯又甜"广告语创意和青冈玉米符号创意时，不少人感到诧异。大家的反应早在我意料之中，因为形象创意见仁见智，大家由于认知不同往往产生"分歧"。

果不其然，讨论时，许多人提到"品牌形象太简单了"，其中说得最多的是，"设计没有体现东北文化，只记得了'玉米粒'和青冈玉米"。

等大家发言结束，我代表项目组答疑。我告诉大家我们创意的初衷和目的就是要让大家"记住'玉米粒'和青冈玉米"。"糯"和"甜"是青冈鲜食玉米主力产品的卖点，"青冈玉米糯又甜"向消费者清楚地传达了这一卖点，能够打动消费者购买，"玉米粒"符号则让消费者过目不忘，从此记住这么好吃的玉米是青冈玉米，购买的时候也能一眼找到产品。

"借船出海"一举成名

怎么花小钱办大事，让青冈玉米一举成名，这是我和青冈县领导一直琢磨的事儿。

方案过会的一个月后，我接到王磊县长的电话，他兴奋地告诉我，"第31届中国鲜食玉米大会"将在绥化举办。我一听高兴得差点跳起来，这就是一个让青冈玉米一举成名的机会啊！

"中国鲜食玉米大会"由全国鲜食玉米产业联盟、玉米深加工国家工程研究中心等多家行业组织和机构联合主办，已成功举办了30届，是鲜食玉米新品发布、产销对接和技术交流的舞台，也是全国鲜食玉米行业最具影响力的活动。制订品牌战略规划方案时我们就想联系他们，没想到大会竟然要在"家门口"举办，真可谓"踏破铁鞋无觅处，得来全不费工夫"。

商议后我们决定，一定要将大会争取到青冈举办！王磊第一时间和绥化市政府联系，并和大会主办方沟通，经过努力，最终将大会争取到了青冈办。我深知青冈县做出这个决定的艰难。因为青冈县是国家级贫困县，县城没有几家像样的宾馆，接待这么多全国来宾显然不乏难度。

好在前期工作中，我对青冈领导的能力已有了解，同时活动执行人李伟胜副县长是军人出身，办事雷厉风行。因此对于青冈能否办好这个会，我虽有些担心，但还是信心满满。结果证明，经过一个月的精心筹备，青冈县克服种种困难，确保了活动的圆满成功。

2019年8月28日，第31届中国鲜食玉米大会暨第3届绥化（青冈）鲜食玉米大会在青冈县隆重开幕，国家鲜食玉米专家，行业协会负责人，全国鲜食玉米育种、生产加工、机械设备生产、经销商代表，黑龙江省农业农村厅、商务厅、农科院等有关单位领导，绥化市领导、市直部门和相关县区领导及数十家媒体记者共计600余人参加会议。开幕式上，青冈玉米区域公用品牌发布，"青冈玉米糯又甜"品牌形象亮相。

　　由于前期精心谋划，加上青冈执行到位，此次大会成了青冈玉米区域公用品牌的秀场。大会现场，青冈玉米"玉米粒"符号大量应用，从导向牌、签到台、活动展板、舞台背景、会议手册，甚至连餐厅的矿泉水、餐巾纸，以及嘉宾乘坐的大巴车，都是青冈玉米品牌广告语和"玉米粒"符号，让参会者"无处可逃"。会后，大会组委会负责人、全国鲜食玉米产业联盟秘书长赵玉敏赞叹道："在青冈举办的中国鲜食玉米大会，是真正的品牌大会！"

考虑到客商最关心供应链，除了举办青冈玉米区域公用品牌发布会，大会的另一个重头戏就是青冈玉米供应链展示。发布会后，400多个客商考察了青冈鲜食玉米种植基地和生产线。在参观的过程中，我听到不少参观者在看到青冈鲜食玉米标准化种植基地、先进的生产线和现代化冷链物流后，发出"啧啧"的赞叹声。事后王磊县长告诉我，活动还没结束，他就预感到青冈玉米"要火了"。因为在发布会现场和第二天的活动中，他听到不少客商开口就说"青冈玉米糯又甜"。据统计，在这次活动上，青冈鲜食玉米企业订单签约2.6亿元，销售玉米逾1.9亿穗！

在举办中国鲜食玉米大会的同时，青冈县人民政府和阿里巴巴联合举办的"青冈玉米天猫正宗原产地"全网发布，"鲜为人知，玉米为上"淘宝青冈原产地网络直播活动也搞得如火如荼，"青冈玉米糯又甜"网络声誉达到峰值。

青冈玉米"火了"，青冈企业"服了"

从2019年9月开始，青冈玉米销售价格一路上涨。李伟胜告诉我，就在青冈玉米区域公用品牌发布会后的几天，每穗青冈玉米销售价上涨1元左右。随着青冈玉米销售价的上涨，青冈鲜食玉米企业对青冈玉米区域公用品牌建设这件事的态度，也发生了转变。

最初开展青冈玉米区域公用品牌建设时，不少企业不明白这件事的意义，还有一些企业误以为青冈玉米区域公用品牌要替代企业品牌，因此对青冈玉米品牌建设心存抵触。青冈玉米区域公用品牌推出后，青冈鲜食玉米成为客商竞相角逐的香饽饽，青冈企业这才意识到青冈玉米区域公用品牌的威力，也才开始认识到政府打造青冈玉米品牌的意义。

2020年9月6日，第35届中国鲜食玉米速冻果蔬大会再次在青冈举办，200多名鲜食玉米经销商参会，大会为青冈鲜食玉米企业产销对接再次提供了舞台，有力地促进了青冈鲜食玉米销售。

2020年，青冈县鲜食玉米种植面积扩大到15万亩，万亩标准化鲜食玉米生产基地从无到有，各类鲜食玉米生产经营主体发展到47家，年加工鲜食玉米从2.5亿穗增加到3.3亿穗，冷储量达到12万吨，万糯2000、京科糯2000逐渐成为青冈种植的主力品种，青冈玉米打入北京、上海、天津、江苏、福建等地大超市，全县鲜食玉米销售额突破5亿元。

青冈玉米区域公用品牌的叫响，为青冈企业闯市创牌提供了平台和靠山。用青冈鲜食玉米龙头企业"大董农业"负责人的话说："以前是我们找客户，青冈玉米区域公用品牌打响后，现在是客户找我们。"

我们欣喜地看到，由于率先打造品牌，青冈玉米已成为黑龙江鲜食玉米中风头最劲的"头牌"！

隰县玉露香梨："走对路"就是"走快路"

人人都希望事半功倍，农业人也是如此。农业周期长，一旦走错路，不仅浪费人力物力，而且延误时机。因此，做农业，每个人都不希望走弯路，甚至很多人想走捷径，但农业没有捷径，只有尊重规律，一步一个脚印，能不走弯路就是走快路。这是被广泛实践印证的道理，也是农业品牌建设应该遵循的经验。

2016年牵手农本咨询的山西隰县，就是这样一个因为"走对路"所以"走快路"的地区。

千年梨乡的"品种新生"

隰县地处吕梁山区，是"千年梨乡"。据史志记载，隰县种梨有3 000多年历史。历史上，隰县梨以金梨为主，还有铁梨、香水梨和木瓜梨。

1999年8月，中国特产之乡推荐暨宣传委员会将隰县命名为"中国金梨之乡"；2001年8月，国家林业局授予隰县"中国酥梨之乡"称号。

作为隰县农业的特色产业，梨果种植增加了农民收入，也成为隰县农民收入的重要来源。

20世纪末，"换品种"在全国范围内成为一种"新风向"，这让敏锐的隰县梨农意识到，想要在未来的竞争中立于不败之地，就必须进行品种更新。2003年，经山西省农科院果树研究所专家郭黄萍力荐，隰县开始试种"梨中新贵"——玉露香梨。

"玉露香梨"是山西省农科院果树研究所专家邹乐敏以新疆库尔勒香梨为母本、河北赵县雪花梨为父本杂交，于1974年培育出来的一个新品种。2003年，经山西省农作物评审委员会评议申明，将其命名为"玉露香"。

1984年，在玉露香梨培育出来10年后，邹乐敏将包括玉露香梨在内的8个新品种梨，栽在隰县城南乡牛家沟张天生梨园，进行实验观察。此后的10多年间，玉露香梨一直"养在深闺"，其品种价值并没有被市场发现和认识。

2000年，在山西省果品展销会上，隰县领导遇到山西省农科院果树研究所专家郭黄萍，郭黄萍询问隰县玉露香梨栽培情况，并向隰县领导推荐玉露香梨品种。后来，郭黄萍去隰县实地调研，再次建议隰县栽种玉露香梨。

由于郭黄萍的极力推荐，隰县人开始留意玉露香梨，在经过不同场合的多种"测试"后，隰县人开始相信玉露香梨是未来的"梨中之王"。

2003—2005年，隰县先后推动习礼等37个村的391户酥梨换接玉露香梨，完成了2 084亩223万个接芽，并在坪城等10多个村新栽玉露香梨1 000亩共计5万多株。隰县由此进入了玉露香梨多村多户大面积示范的发展阶段。

2009年，隰县新一届领导班子审时度势，提出"种好玉露香，率先奔小康"的产业目标，从2009年到2014年，通过大宣传、大动员、大培训，大栽、大接玉露香梨，将玉露香梨发展到了10万亩。隰县一跃成为全国玉露香梨种植面积最大的县区。

此后几年，玉露香梨以其出众的品质，在市场上大受欢迎，隰县因种梨而致富的农民比比皆是。这进一步激发了隰县农民种玉露香梨的积极性。

这一时期，隰县宣传推广玉露香梨取得一定的效果，但由于没有系统规划，宣传推广也不得法，隰县玉露香梨品牌始终没有在全国叫响。

隰县县长来"敲门"

2016年，隰县开始发展农村电商，积极筹备"电子商务进农村示范县"建设，经知名农村电商专家、浙江讯唯电商公司董事长王军龙（2021年病故）引荐，我和隰县县长王晓斌互加微信，成了网友。

实际上，我对隰县玉露香梨并不陌生，甚至可以说和这颗梨缘分匪浅。我从陕西蒲城县梨企老板杨建平那里听说过玉露香梨，后来在杭州举办的"中国果品交易博览会"上，为了品尝，我特意花200元买了一箱隰县玉露香梨。

再后来，在一次果业活动上，临汾市果桑站站长吉东发邀请我去隰县考察，当时隰县果业局、科技局局长都在场，后来吉东发几次试图促成我和隰县领导见面，但因种种原因，我和隰县主要领导始终没见上面。

虽然我打心眼儿里认可玉露香梨产品品质，也相信隰县玉露香梨打造品牌一定会成功，但在长期的实践中，我深知"一把手"之于农产品区域公用品牌建设的重要性，尤其对那些产业效益还不错的地区而言更是如此，除非"一把手"下决心，否则创牌很难有大成就。

我和王晓斌县长虽加了微信，但除了偶尔打招呼寒暄，我俩没有深入交流。当时我想，如果隰县真想打造品牌，隰县领导就会主动来"敲门"。

2016年10月27日，王晓斌带队来浙江学习农村电商，抽空到农本咨询拜访。一见面，王晓斌就向我发出合作邀请，并对我说："隰县玉露香梨不愁卖，打造品牌是为了卖得更好，持续大卖。"

"夜品"隰县玉露香梨

2016年11月3日，农本咨询项目组一行5人从杭州飞抵太原，再乘坐高铁到霍州，隰县县长助理、果业局局长段兰虎来接站。

一路上，段兰虎给我们讲述玉露香梨带给隰县人生活的改变。晚上十点左右，我们终于抵达隰县县城，当时四周乌漆麻黑，但入城公路两旁的灯箱广告特别醒目，都是玉露香梨的宣传。这让我立即意识到，隰县人对玉露香梨产业是"真重视"，这是一个能干成事的地方。

入住隰州大酒店后，我们发现果业局工作人员在每个房间都特意摆放了一盘玉露香梨。我迫不及待地咬了一口，"哇，真甜！"趁着兴奋劲，我拿起房间书桌上一本介绍隰县玉露香梨产业发展的书籍《隰县玉露香》，一口气读完了它。

这本书对隰县人民发展玉露香梨产业的历程进行了详尽描述，许多人和事让我印象深刻，玉露香梨带给隰县的改变更让我深受感动。这也愈发坚定了我打造好隰县玉露香梨品牌的决心。

隰县玉露香梨 稀有好梨

之后两天，在隰县县委副书记赵松强和段兰虎陪同下，我们考察玉露香梨基地，走访种植大户、冷库业主，并和隰县玉露香梨销售商交流。虽然每个人从事的工作和看待问题的角度不同，但大家对隰县玉露香梨产业的看法却高度一致。归纳起来，大致有三点。

第一，品种稀有。作为由中国农业科学家自主培育的新品种，玉露香梨是地地道道的"中国造"。玉露香梨兼备了母本"库尔勒香梨"和父本"赵县雪花梨"的特点，皮薄肉细、脆甜可口。果树泰斗、中国工程院院士、山东农大教授束怀瑞品尝隰县玉露香梨后评价，"隰县玉露香梨是中国第一梨"。不少梨果专家说"玉露香梨品种至少30年不落后"。

第二，产地稀有。玉露香梨虽然好吃，但对产地的气温、海拔、土壤结构等要求极高，不是什么地方都适合栽种玉露香梨。隰县周边地区也栽种玉露香梨，但其品质、口感与隰县玉露香梨没法比。隰县是"玉露香梨"最佳生长地。

第三，品质稀有。隰县地理气候条件独特，加上隰县有梨果种植传统，农民有经验、会管理，尤其是栽种"玉露香梨"得到了实惠，隰县果农栽植"玉露香"的积极性很高，对"玉露香"精心伺候。因此，隰县玉露香梨品质更胜一筹，是业内梨果专家公认的"中国大美梨"。

调研结束回杭后，经过认真考虑，我们为隰县玉露香梨确立了"稀有好梨"的价值定位。这主要是基于两个方面的考虑：一是"玉露香梨"的确是"绝世好梨"；二是我们发现隰县的"隰"字读 xí，但许多人不认识，"隰县玉露香梨 稀有好梨"有助人们掌握"隰"字的读音。

与此同时，我们要求设计团队拿隰县地名核心词"隰"字做文章，创意"隰梨"符号。

一个月后，农本咨询项目组再赴隰县，隰县县委书记李亚丽、县长王晓斌等领导听取"隰县玉露香梨区域公用品牌战略规划"，大家交口称赞。就这样，"隰县玉露香梨 稀有好梨"品牌形象问世。

众人拾柴火焰高

被隰县人发展梨产业的精神所感动，也因为感受到隰县领导的真诚，在和隰县合作中，农本咨询除了交付双方约定的"隰县玉露香梨区域公用品牌战略规划"成果外，还给隰县提供了许多"额外帮助"。

为了尽快打响隰县玉露香梨品牌知名度，我们为隰县人民政府对接了中国果品流通协会、iFresh亚果会等果品行业平台，引荐了全国最大的香梨销售市场——长沙红星农副产品大市场。同时，为拓展隰县玉露香梨电商销售，我们还牵线新兴电商"每日优鲜"、天猫生鲜类目资深团队"云彩智农"和隰县合作。由于多方支持，隰县玉露香梨品牌一经亮相，便引发关注。

2017年4月，隰县玉露香梨区域公用品牌战略发布会在太原国际会展中心举办。会上发布《隰县玉露香梨品牌建设白皮书》，隰县人民政府与多个行业组织签约，拉开了2017年隰县玉露香梨区域公用品牌营销推广的序幕。

2017年9月，中国果品流通协会与隰县人民政府联合发布"隰县玉露香梨流通标准"，确立了隰县玉露香梨的行业地位。

利用电商打响品牌，也是隰县玉露香梨品牌建设的重要策略。

2017年，隰县利用"电商县"建设的契机，在浙江讯唯电商公司团队的帮助下，与多个电商平台建立合作。除了阿里巴巴、京东等大平台外，隰县还与"乐村淘"等众多区域性电商广泛合作。同时，依托"电商县"项目，隰县大力培养电商人才，鼓励梨农学电商、搞销售。因为电商人才培养工作卓有成效，山西省农村电商人才培训中心落户隰县，有力地推动了隰县农产品电商的发展，培养出了隰县玉露香梨电商销售的"千军万马"，让隰县成为山西农村电商的明星。

历经五年发展，时至今日，隰县玉露香梨电商销售蔚然成风。电商销售不仅增加了梨农收入，其强大的品牌推广力，也让隰县玉露香梨品牌迅速在全国走红。

整合传播的模范生

因为资源匮乏，隰县是一个不折不扣的"财政小县"。因此，在合作之初，我向隰县领导建议，要想低成本打响隰县玉露香梨品牌，无论任何时候，都必须保证"一个形象，一个声音"。

第一是用好包装

实践中，农本咨询形成了一套实效的品牌传播方法，比如"包装是大广告"。为了在市场上迅速形成影响力，我们建议果业局统一印制"隰县玉露香梨"包装箱，发放给经营良好、诚实守信的合作社和种梨大户使用，允许将优质玉露香梨装进印有"隰"符号的包装盒。这么做就是想利用"零成本"的包装宣传品牌，提高隰县玉露香梨品牌知名度。

随着隰县玉露香梨品牌在市场上叫响，以及分选设备建成，果业局开始严格按照包装使用办法进行管理。慢慢地，看包装购买隰县玉露香梨成为消费者习惯，许多隰县梨企、合作社都会自觉维护隰县玉露香梨品牌，珍惜隰县玉露香梨产品包装。用隰县人的话说，品牌是隰县玉露香梨的"护身符"，包装成了隰县玉露香梨最有效的广告。

第二，打造产区媒体场

隰县玉露香梨区域公用品牌推出后，隰县按照规划，在县内将"品牌媒体场"做到了极致：从办公用品，到梨博园、玉露香梨示范基地宣传栏，甚至接待用雨伞，都按照隰县玉露香梨品牌视觉形象系统规范应用。

第三，对外传播，形象统一

过去这些年，隰县玉露香梨是展会上的常客。不管是哪个部门牵头，或哪家单位参展，但凡隰县玉露香梨区域公用品牌出现，始终是"同一个形象"。因为执行到位，隰县玉露香梨展台永远是展会上的焦点。与此同时，每年一度的梨花节，品牌永远是主角。公关传播中，隰县玉露香梨包装始终牢牢占据"C位"……

系统规范的品牌传播，让隰县玉露香梨品牌在很短时间内深入人心，成为中国梨果市场的一颗新星。

山西典范 中国样板

在隰县县委县政府的领导下，在隰县梨企梨农的努力下，在各界的大力支持下，乘着电商的东风，隰县玉露香梨区域公用品牌一跃成为中国果市的一匹黑马，在行业中形成了"隰县玉露香梨现象"。

2021年梨上市季，隰县玉露香梨地头收购价达到每斤6元左右，市场零售价高达每斤20元左右，成为当季"最贵的梨"。

除了市场大卖，隰县玉露香梨产业发展和品牌建设也成为山西省特色农业的标兵，成为全国产业扶贫的典范。

2018年7月，国务院扶贫办在隰县举办"全国电商精准扶贫示范培训班"；

2019年11月19日，山西省省长楼阳生调研隰县梨果产业发展，对隰县发展玉露香梨产业扶贫和隰县玉露香梨品牌建设给予高度肯定；

2020年7月2日，山西省巩固脱贫成果现场推进会召开，山西省委、省政府、省人大、省政协主要领导，山西省脱贫攻坚领导小组相关成员单位负责人，省直相关部门领导，11市脱贫攻坚领导小组组长、扶贫办主任，103个有扶贫任务的县（市、区）委书记，参观学习隰县玉露香梨产业发展与品牌建设经验；

2020年2月26日，隰县玉露香梨入选"第三批中国特色农产品优势区"；

2020年11月13日，中国农产品区域公用品牌价值评估发布，隰县玉露香梨品牌价值达87.14亿元……

隰县玉露香梨品牌建设带来的经济、社会效益"双丰收"，不仅为隰县赢得了声誉和发展机遇，也实现了农本咨询当初设定的目标——成为中国农产品区域公用品牌建设样板！

洋县黑米：
从地理标志产品到区域公用品牌

一方水土养一方人，一方水土孕育一方物产。中国幅员辽阔，物产丰富。其中，地理标志产品堪称诸多物产中的瑰宝。

作为一个地方的物产名片和地理象征，地理标志产品背后往往是当地特色产业，直接关系当地老百姓的收入来源。

然而，我们也看到，虽然地理标志产品品质独特，价值非凡，但在现实中，地理标志产品价值未被发现或被埋没的现象时有发生。这些地理标志产品被当成普通商品去卖，销路不畅或价格低廉，甚至面临被遗忘、被淘汰的命运。

2018年找到农本咨询合作的洋县黑米，当时就处于这样一种尴尬境地。

"粉丝"黄局长力促合作

2018年5月的一天，我接到陕西洋县农业农村局局长黄新建的电话，他说洋县计划打造洋县黑米区域公用品牌，想找农本咨询合作。

黄新建和我算是"半个熟人"。2016年初，我俩在陕西武功召开的农村电子商务论坛上认识。他听过我的演讲，很受触动，成为了我的粉丝，他一直关注农本咨询的动态，还时不时地在朋友圈和我互动，但我俩一直没正式见过面。在此期间，黄新建也试图推动洋县和农本咨询合作，但因种种原因，始终没有实现。

用黄新建的话说，就是洋县"暗恋"了农本咨询三年，最终有机会和农本咨询"结婚"。黄新建催得很紧，也非常真诚，于是，我趁着一次在西安机场转机的间隙，和从洋县特意赶到西安的黄新建及洋县主管农业的副县长张峰见了一面。

洋县振兴黑米产业有决心，也有"担心"

一见面，张峰就"开门见山"，说洋县想和农本咨询合作。

原来，作为洋县最具特色的农产品，洋县黑米由于受市场冲击，近年销售不畅，产业效益不断下滑，几乎快到濒危的边缘。

2017年，洋县黑稻种植面积从以前的3万～4万亩一下子缩减到1万多亩。由于效益不好，农民都不愿意种，米企也不愿意销售。因此，2017年，洋县黑稻加工量占比不到40%，大部分做原料批发，批发价每斤不到两元。

为了挽救洋县黑米产业，2018年初，洋县县委县政府通过研究，决定把洋县黑米列为五大脱贫产业之首，出台了《黑米产业发展实施方案》，计划每年拿出3 000万元资金支持黑米产业发展。2018年春耕时，财政补贴大量资金给农民，鼓励种植黑稻，洋县黑稻一下子播种了3.8万亩。

完成春播后，2018年秋季黑稻收获后咋办？还是继续"白菜价"卖原粮？洋县上上下下无不担心。于是，在听了黄新建对农本咨询的介绍后，洋县人民政府决意邀请农本咨询合作，联手打造洋县黑米区域公用品牌。

听完张峰一番介绍，我意识到，洋县黑米是一个"价值被低估"的产品。因为在我们读书那会儿，中学地理教科书上就有"洋县"的内容。洋县是"朱鹮之乡"，洋县保护七只朱鹮的故事，在不少读本上都有记载。另外，作为一名土生土长的陕西人，我从小就听说过洋县黑米，知道黑米是洋县特产。虽然我从未吃过洋县黑米，但我相信，"朱鹮故里"洋县出产的黑米，一定有不同寻常的价值。

出于对"家乡人"的感情，我答应尽快带领团队去洋县实地调研。

走进秦巴山区，走近洋县黑米

2018年7月，农本咨询项目组走进秦巴山区，来到朱鹮之乡——洋县。

洋县位于陕西省西南部，汉中盆地东缘，是秦巴山区的一个农业大县。洋县因朱鹮闻名于世。

1981年，洋县境内发现了世界上仅存的7只野生朱鹮。在此之后，为保护国宝朱鹮的生存环境，洋县人民付出了巨大"代价"——杜绝引进重污染的工业项目，严格控制化肥农药使用。在洋县人民数十年的不懈努力下，洋县生态环境不断改善，朱鹮从最早的7只增加到3 000多只。同时，因为生态良好，洋县也成为"秦岭四宝"——朱鹮、金丝猴、大熊猫、羚牛的栖息地。

洋县为保护朱鹮所做的努力，很少被外界知道。与此同时，洋县许多生态好产品藏在深闺人不识，黑米就是其中之一。

洋县是世界黑米发祥地，洋县黑米有3 700多年的历史。据洋县溢水河畔出土的文物印证，3 700多年前，先民就在汉江川道种植黑稻。洋县黑米是历代帝王的"贡米"。据《洋县志》记载，公元前140年，西汉博望侯张骞将洋县黑米奉于武帝，帝大悦，遂列为"贡品"。

近年来，洋县研发出了新品种"洋黑3号"，克服了老品种不易煮烂、口感不够细腻的缺点，食用方便，口感更佳，营养价值更高。

洋县黑稻种植在海拔650米以下的汉江河与溢水河冲积平原。秦岭汉水冲积形成的沙质土壤、秦岭山的纯净水，加上"国宝朱鹮之乡"的生态环境，才造就出品质不一般的黑米。

这么好的洋县黑米，却卖不上价？当我们走访了经销洋县黑米的企业，通过市场调研，我们终于解开洋县黑米"价不高"的原因。

原来，洋县黑米的不畅销，主要是受产量更大、成本更低、价格更优惠的"东北黑米"的冲击。

东北是国内黑米的主要产区。由于采用机械化、规模化生产，东北黑米体量大、成本低，更具有市场竞争力。以销量较大的京东商城为例，排在销售首页的黑米，产地几乎都是东北。

受地形影响，洋县黑米大多种植在丘陵地带或山脚狭小地带。由于地形狭小，不易机械化。同时，为保护朱鹮的生存环境，洋县严格控制化肥使用，因此，洋县黑米亩产量低。同时，由于采用传统农耕方式种植，人工插秧、人工筛选等，洋县黑米品质虽然高，但生产成本也高，在市场上缺乏竞争力。

了解洋县黑米"卖难"的原因后，项目组心里沉甸甸的。一方面，我们为洋县黑米这么好的品质而低价销售感到心痛。另一方面，我们为洋县人民保护朱鹮生存环境付出的巨大努力而感动。这次到洋县，我们亲身体会到了洋县黑米绝佳的生态环境。因为在调研中，我们看到了稻田里随处可见，或悠闲散步，或翩翩起舞的朱鹮。国宝朱鹮守护稻田的绝美画面，在我们头脑挥之不去。我们暗自下决心，一定要让洋县黑米的价值"重见天日"！

食补国宝 洋县黑米

洋县黑米的确不是普通的黑米，更不是普通的米。如何让洋县黑米的价值一目了然，成了农本咨询项目组每个人很长一段时间之内，一直在思考的问题。

后来经过反复思考和多次讨论，我们将洋县黑米产品价值表述为八个字——"食补国宝 洋县黑米"。

之所以说洋县黑米是"食补国宝"，主要是出于两个层面的考虑。首先，食补作为中国传统养生的一种方式，在民间很流行。尤其是近年来，人们为了追求健康，通常用"食补"而非吃保健品。在某种意义上，食补在很多人心目中是更为健康的养生方法。

作为食补食材，洋县黑米是国医宝典《本草纲目》中记载的"药米"，在民间有上千年的历史传承。因此，洋县黑米作为食补用上等食材，在民间尤其在消费者心智认知上，有广泛的基础。

其次，我们认为洋县黑米是"食补国宝"，还因为洋县是"国宝朱鹮"的故乡。洋县生态条件绝佳，洋县黑稻受国宝朱鹮常年守护，自带"国宝"气质。

因此，"食补国宝 洋县黑米"，既能彰显洋县黑米产品价值，同时也和人们对洋县黑米的认知高度契合。更为重要的是，"食补国宝 洋县黑米"回答了消费者的两个问题，洋县黑米是什么、洋县黑米和普通黑米有什么区别。

换句话说，"食补国宝 洋县黑米"是"消费者语言"，这样的表达更容易被消费者理解，能帮助洋县黑米一下子走进消费者脑海，起到鼓动消费者尝试的作用，有很强的动销力。

与此同时，为了更直观地表达洋县黑米的"食补国宝"价值，让消费者对洋县黑米过目不忘，农本咨询设计团队选择了朱鹮为洋县黑米"代言"。我们设计了一只极具美感的朱鹮，朱鹮口衔黑稻，并将此作为洋县黑米的品牌形象。当朱鹮为洋县黑米代言的品牌形象出现在洋县人面前的时候，大家一致认为这个创意是"神来之作"。

"三会"叫响洋县黑米品牌

为了快速打响洋县黑米品牌，在与洋县领导沟通后，农本咨询项目组提出2018年洋县黑米区域公用品牌营销推广"三会战"。

第一会：召开洋县黑米区域公用品牌战略发布会

2018年9月29日，"洋县黑米区域公用品牌战略发布会暨2018黑米文化节媒体见面会"在古城西安举行。为彰显洋县黑米"食补国宝"品牌价值，发布会特意选择在西安新地标——曲江国际会展中心举办。陕西省农业农村厅、汉中市、洋县人民政府领导，经销商、电商平台、洋县黑米品牌建设合作单位代表等300多人齐聚一堂，共同见证洋县黑米区域公用品牌亮相。

发布会上，当人们看到焕然一新的"食补国宝 洋县黑米"系列产品包装时，无不为之点赞。陕西省农业农村厅农产品质量安全中心主任程晓东兴奋地说："'食补国宝 洋县黑米'这8个字，让洋县黑米身价倍增。"

洋县黑米区域公用品牌战略发布会，打响了洋县黑米品牌建设的第一枪，也拉开了洋县黑米区域公用品牌宣传推广的序幕。

第二会：参展"A20"，开拓新零售

为快速打响洋县黑米在新零售渠道的知名度，开拓洋县黑米新零售市场，洋县人民政府组织企业参加2018年10月在杭州举办的第五届A20新农展，举办洋县

黑米区域公用品牌专场推介会，洋县县长杜家才向参展的各大电商平台和新零售渠道，介绍洋县黑米历史文化及产品特点。

洋县黑米价值鲜明、形象独特，成了本次活动上的明星，前来展厅问讯的客商络绎不绝。据了解，在本次展会上，洋县黑米企业签订合作意向订单 1 000 多万元，成为本届新农展上的"黑马"。

第三会：参加"万商大会"，进行"跨界招商"

2018 年 12 月 6 日，洋县人民政府组团参加郑州 2018 华堂万商领袖大会，举办"洋县黑米区域公用品牌万商推介会"，对接食品经销渠道商和平台，实现跨界招商。

会上，洋县品牌建设领导小组副组长、洋县有机产业协会会长李天刚对洋县黑米的品质特点、地域特色、历史文化和产业情况进行介绍，"双亚""永辉""乐康""康原""朱鹮湖"等五家洋县黑米生产企业进行推介。

随着洋县黑米品牌在市场上的叫响，洋县黑米品牌效益立刻彰显出来：据洋县农业农村局提供的数据，在2018年9月洋县黑米区域公用品牌发布会后，洋县黑稻收购价不断上涨，2018年价格同比增长30%以上。与此同时，洋县黑米市场零售价开始攀升，洋县黑米零售价每斤8元左右，有机黑米高达每斤20元左右。

2018年11月，《陕西日报》以"洋县黑米产业鼓起农民钱袋子"为题，报道了洋县黑米产业品牌建设前后的变化，指出"2.1万余户农户搭上黑米产业致富车"……

如今，昔日的"难卖"现象不再，洋县黑米成为继"国宝朱鹮"之后，洋县又一块靓丽的金字招牌，成为陕西地理标志产品品牌化的一个成功范例。

静宁苹果：
中国苹果"第一县"的品牌蝶变

我国是世界上苹果种植面积最大的国家，有近3 000万亩的苹果园。不少县域因为盛产苹果，被称为"苹果县"。全国大大小小的苹果县有数十个，甘肃静宁是其中备受关注的"明星"。

静宁苹果产业起源于20世纪80年代。经过30多年的发展，如今静宁全县苹果种植面积突破100万亩，是"中国苹果规模化种植第一县"。因为规模大，又地处甘肃苹果大产区，每年九十月份，果商云集静宁，静宁成为甘肃乃至西北苹果产地集散中心。同时，因为生态条件独特，静宁苹果口感出众，被不少业内人称赞为"最好吃的苹果"。因为售价高，静宁苹果也被人称为"苹果中的爱马仕"。

然而，就是这样一个"香饽饽"，产业管理者也有自己的苦恼。因此，有了静宁县和农本咨询的合作。

和"苹果书记"一见如故

2017年9月，我担任第三届中国果业品牌大会"县长对话"的主持人，认识了对话嘉宾静宁县委书记王晓军。王晓军在静宁工作时，因为关心苹果产业发展，被人们誉为"苹果书记"。我俩都是西北人，加之都热爱"三农"，所以一见如故。交流中，王晓军给我看了他写的《静宁苹果赋》，文章饱含对静宁苹果产业的感情，这让我对这位儒雅的"西北老乡"又多了几分好感。

三个月后的一天，我接到王晓军电话，他说想请农本咨询帮助提升静宁苹果品牌。没过多久，他安排静宁苹果产业协会鲍彦鹏会长等一行人来到杭州，同我当面交流。

因为认同静宁苹果产业发展模式，知道静宁苹果产业对静宁老百姓的重要，加之对静宁领导的好感，我欣然接受了静宁的合作邀约，并计划2018年春天启动项目。没想到，2018年开春后一场突如其来的"倒春寒"让不少果区损失严重，静宁也没能幸免。因此，我和王晓军商议暂缓项目开展。直到2019年2月，静宁苹果品牌升级项目才拉开序幕。

大雪天开"千人大会"

前期交流时，我向王晓军建议项目启动前召开静宁苹果品牌建设动员大会，一来统一认识，二来营造创牌氛围。

2019年2月25日，春节后上班不久，我从杭州飞西安，在西安换乘高铁到天水，静宁苹果产业协会鲍彦鹏会长来天水高铁站接我。我俩一见面就开始聊苹果。沿途经过静宁苹果主产区，随处可见苹果产业的痕迹，比如储藏库、农资店、苹果客栈等，鲍会长指着静宁苹果起源地仁大镇被大卡车压坏的马路开玩笑说："这是静宁苹果产业发展的见证。"

一路上的所见所闻，让我对静宁苹果产业成就深信不疑。

我抵达静宁的当天晚上，天空飘起了雪花。晚饭时，大家说这是静宁春节后的第一场雪，是我给静宁带来的"礼物"。鲍会长告诉我第二天的大会在静宁剧院召开，全县干部和产业从业者代表近千人参加。第二天，大雪覆盖了静宁县城，"静宁苹果产业发展报告会"就在白茫茫的静宁县城隆重地召开。

我以"品牌缔造价值"为题，讲述了农业品牌化的意义、农业品牌建设方法以及静宁苹果品牌升级的必要性。虽然当天天气很冷，参加大会的人很多，但会场却出奇的安静。大家专心听报告，很少有人走动。报告结束后，许多人涌到主席台索要我的联系方式。后来我听大家说，因为我讲授的案例生动，加之我对静宁苹果产业存在的问题看得准，谈的是大家关心的事，因此大家都听得很认真。

经过千人大会，静宁干部群众对静宁苹果品牌升级充满期待，热情高涨，这为后来品牌建设顺利进行奠定了基础。

苹果"尖子生"的尴尬

2019 年 7 月，我带领农本咨询项目组走进静宁县。在老朋友鲍会长和静宁苹果研究所李建明所长的陪同下，深入调研静宁苹果产业。虽说我去过的果区不少，但当在静宁看到漫山遍野的苹果树，才真正体会到了什么是"苹果的海洋"。直到今天，静宁苹果园依然清晰地浮现在我脑海。

按照《农业部苹果优势区域发展规划》中的"苹果生态适宜指标"，静宁年均温、年降雨量、1 月中旬均温、年极端最低温、夏季均温、> 35℃天数、夏季平均最低气温等 7 项生态指标，均符合优势苹果区域布局规划和生态指标，静宁县堪称"优质苹果的黄金产区"。

得天独厚的地理气候，孕育了品质绝佳的静宁苹果。静宁苹果硬度高、颜色艳、肉质细腻、香气浓郁，是行业公认的好苹果。

另外，静宁县苹果企业有 160 多家，苹果贮藏能力达到 50 多万吨，能实现产品的全年供应。同时，苹果种植业带动了关联产业的发展。比如静宁年生产纸箱 3 亿多平方米，占甘肃全省的三分之一。同时，储藏货运、餐饮住宿等产业也因苹果产业而兴起。苹果产业成为静宁经济的龙头，静宁苹果产业集群雏形初显。

虽然有众多优势，但调研中的一些发现，也着实让我们颇感意外。

首先，早些年为了保护静宁苹果品牌，静宁苹果产业协会注册了不同样式的"静宁苹果"商标，光是文字标就有七八个。因此在企业调研时，我们看见花花绿绿、样式不同的"静宁苹果"包装，不知哪个才是正宗的"静宁苹果"。当被问及时，静宁苹果企业负责人也是一脸茫然。

其次，静宁苹果虽然在行业内名气很大，消费者知道的却不多。消费者调研时，不少人表示从来没听说过静宁苹果，也不知道静宁县。也就是说，虽然静宁苹果是行业人心目中的"明星",但还没有走进消费者心里。

另外,由于历史原因,静宁苹果的一些"约定俗成",非常不利于静宁苹果产业升级,比如,商品果不剪果柄。究其原因,原来是最早静宁苹果销售时"带柄",久而久之,在静宁苹果主销区成都、重庆等地,消费者认为"带柄的苹果才是'静宁苹果'"。果柄容易造成果皮损伤,导致即使有现代化分选设备也不能用。既不能确保静宁苹果品质,也增加了静宁苹果生产成本。

还有就是虽说当地重视宣传,但静宁苹果却连一句叫得响的广告语也没有,也没有一个让人记得住的品牌形象……这些问题是静宁苹果这个"苹果尖子生"的尴尬,也是农本咨询项目组需要破解的难题。

经过研究,我们提出了静宁苹果的"三大转变"战略:变"行业知名"为"市场知名",变"产地优势"为"产业优势",变"产品经济"为"品牌经济"。以"三个转变"为主线,系统规划了静宁苹果区域公用品牌战略升级路径。

一句话的"头脑风暴"

合作期间,静宁县领导多次强调要给静宁苹果创作一句"叫得响"的广告语。因为见仁见智,静宁苹果广告语也一度成为双方分歧的焦点。

静宁生态条件优越,静宁苹果品质上乘,售价高,被誉为"苹果中的爱马仕"。静宁是"中国苹果第一县",静宁苹果不只是甘肃苹果的代表,也是甘肃最重要的特色农产品之一。因为意义重大,静宁苹果在静宁人民心目中拥有至高无上的地位。

静宁苹果广告语创作,表达"静宁苹果是'最好的苹果'"是必须遵守的原则,也是静宁人希望我们达成的目标。另外,静宁苹果广告语还要体现静宁人的自信。这些是摆在我们面前"无形"但却"明确"的要求。

了解广告创作的人都知道,目前广告创作的"禁忌""束缚"越来越多。让人一看就懂,且又"不违规",成为考验广告高手的难题,也是我们创作的目标。

农本咨询合伙人胡王君加入农本咨询前,在本土知名企业巨人集团工作,是巨人集团的策划总监。后来也在中粮集团负责"中粮粮谷"市场营销工作。因为实战多，加上爱学习，他对广告语创作有一套方法，比如"先做定位，后做创意""广告语创作就是将'定位'翻译成'大白话'"。这些是胡王君总结的经验，也是农本咨询团队广告语创作的方法。

为确保静宁苹果广告语创作质量，我特意安排胡王君参与静宁项目。除了实地调研，胡王君还做了消费者研究，包括静宁苹果消费者品鉴。后来，在静宁苹果创意会议上，当胡王君抛出"吃遍天下苹果 还想静宁苹果"这句广告语，我一下就断定，这就是我们需要的静宁苹果广告语！

首先，"吃遍天下苹果 还想静宁苹果"是大白话，朗朗上口。其次，从修辞学上讲，这句话"以退为进"，让人印象更加深刻。另外，不管是看文字，还是听话语，这句话说的就是"静宁苹果是'天下最好的苹果'"。

另外，为了方便消费者识别，我们将原先注册的"静宁苹果"繁体字，在风格不变、笔法一致前提下修改成简化字。与此同时，我们把静宁苹果原来注册的"爱心"标志进行优化，将其变成了"心"形图案，让原来识别性不强的图案，变成了一目了然的"爱心"，赋予静宁苹果"爱"的内涵，让"爱心"为静宁苹果代言。经过这些调整，静宁苹果能让人"说得清""道得明"。

2019年7月27日，静宁苹果品牌战略方案沟通会召开，我和胡王君、刘进三人特意从杭州赶到静宁。会上，胡王君讲解了静宁苹果品牌升级战略方案，王晓军及静宁县四大班子领导、静宁县级部门负责人和静宁苹果企业代表等五十多人

参会。听完了农本方案，大家关注的焦点放到了静宁苹果广告语上。一时间，大家七嘴八舌，会场上炸开了锅。

对于"吃遍天下苹果 还想静宁苹果"这句广告语，主要意见分为三类：一些人认为这句话太简单，没有什么创意；另外一部分人认为，应该用富有文化气息的语句来表达；当然，也有一些人认为，这句话接地气，朗朗上口，在市场上能叫响。总之，对于是否采用这句话，各方各执一词，一时相持不下。在这种情况下，王晓军提出暂缓定夺，让大家分头再考虑一下。

广告语没有确定，大家的思考也没有停。就在沟通会开过的一周后，王晓军书记给我发来他在出差途中想到的静宁苹果广告语，供我选择参考。看得出，对于静宁苹果广告语，静宁人都很关心，也都一直在思考。

直到2019年8月30日，静宁苹果区域公用品牌战略规划方案汇报会召开，在事前广泛征集静宁果企意见，并结合参会人员意见的基础上，"吃遍天下苹果 还想静宁苹果"广告语尘埃落定，最终被确定下来。

三大行动，助推静宁苹果"变身"

品牌方案确定后，如何在最短的时间里将静宁苹果区域公用品牌新形象、新价值传播出去，是静宁苹果品牌战略升级的"第一战"，也是我们提出的从"行业知名"到"市场知名"转变的关键。

结合静宁实际，农本咨询项目组提出2019年静宁苹果宣传推广"三大行动"——"换包装""刷果库""搞活动"。

首先是"换包装"

农本咨询认为，包装不是艺术创作，包装设计的本质就是广告设计。对于果品而言，产品包装是成本最低的广告，也是最有效的广告。就静宁而言，每年有数十万吨的苹果在全国各地销售，每一箱苹果都是静宁苹果广告。因此，用静宁苹果品牌新形象替代原有的静宁苹果包装，成为了2019年静宁苹果上市季的工作重点，也是我们给静宁县的重点建议。

其次是"刷冷库"

在调研时，我们发现静宁苹果主产区有许多储藏库。据统计，静宁县有大小储藏库上百个，每个乡镇都有，几乎随处可见。到了每年苹果收购时期，这些储藏库是静宁最热闹的地方，也是果农和客商们去得最多的地方。因此，农本咨询项目组认为储藏库是静宁苹果区域公用品牌绝佳的传播阵地。

在与静宁苹果产业协会商议后，我们提出"刷库行动"，即将较大规模的静宁苹果储藏库统一编号，将静宁苹果广告喷绘上去，使之成为一个个硕大无比的静宁苹果户外广告。

再者是"搞活动"

结合静宁实际，我们提出2019年重点搞好三个推广活动——"静宁苹果品牌发布会""静宁苹果文化节"和"中国果业品牌大会静宁苹果推介会"。针对三个活动，实现"三个亮相"，即静宁苹果的"销地亮相""产地亮相"和"行业亮相"。

2019年10月15日，中共静宁县委、静宁县人民政府联合京东集团在京东集团总部举行"静宁苹果品牌发布会暨京东·静宁苹果电商节"。静宁苹果霸气的广告语和独树一帜的品牌形象一经亮相，便吸引了众多与会者的目光。发布会上，静宁县委书记王晓军发布了静宁苹果新零售战略，向全国各类新零售渠道发出合作邀请，拉开了静宁苹果开拓新零售渠道的序幕。

事后证明，静宁县与京东电商的合作，为静宁苹果拓展新零售渠道发挥了巨大作用。目前，在京东电商的苹果类目中，静宁苹果销量始终名列前茅。

在静宁苹果品牌发布会后的第二天，第五届静宁苹果文化节在静宁成纪广场隆重开幕。不同于以往历届活动，第五届静宁苹果文化节上，全新的静宁苹果品牌惊艳亮相。我作为嘉宾参与了开幕式活动。从主席台上望下去，活动现场都是静宁苹果品牌形象。这是静宁苹果品牌新形象、新价值在静宁人民面前的首次亮相。经此一役，"吃遍天下苹果 还想静宁苹果"为静宁人所熟知，也成为静宁人推介静宁苹果的口头禅。

2019年11月22日，第五届中国果业品牌大会在长沙红星国际会展中心隆重开幕。作为国内水果人一年一度的盛会，中国果业品牌大会也是推介果品品牌的绝佳时机。因此，农本咨询项目组将中国果业品牌大会作为2019年度静宁苹果品牌推广的第三站，旨在向行业传达静宁苹果的新形象、新价值、新战略。

三个活动的成功举办，扩大了静宁苹果在新零售渠道的影响力，提高了市场知名度，也让静宁苹果品牌新形象在静宁人民心中扎下了根。与此同时，换包装、刷冷库、换店招的"组合拳"，传播了静宁苹果的"超级符号"和"超级口号"，共同推动了静宁苹果从"行业知名"到"市场知名"的转变。

品牌溢价效应明显

随着静宁苹果品牌在市场上的叫响，品牌效应在静宁苹果销售中的作用逐渐显现。2019—2020年苹果销售季，在全国苹果产量上升、供过于求、个别地区苹果滞销的情况下，静宁苹果产地价格稳定在3.5～5元/斤，远高于其他苹果主产区。2020—2021年苹果销售季，静宁苹果产地价格继续平稳上升，11月下旬仁大镇等主产区商品果起步价达4.3元/斤，果农入库价普遍在4.3～4.5元/斤，客商入库价达到7.2元/斤，继续遥遥领先全国其他苹果产区。

静宁苹果市场售价的一路攀升，给静宁果农和果企增添了信心，也为静宁苹果产业升级增加了动力。随着静宁苹果在全网和全国更多地区的销售，"吃遍天下苹果 还想静宁苹果"日益深入人心。

鸡泽辣椒：市场细分创造价值

在农产品区域公用品牌建设中，我们观察到一个现象：有些品牌看似进入了市场空间广阔的"赛道"，却往往陷入同质化竞争中，无法凸显自身的产品优势，甚至丧失自己的"领地"；而有些品牌则善于市场细分，全力以赴抢占某个细分市场，最终成为整个行业的"赢家"。

2018年和农本咨询合作的"鸡泽辣椒"，就是中国辣椒行业的一个"细分冠军"。

市长给农本咨询"保媒"

2018年的一天，我接到邯郸市人民政府副市长徐付军（现任河北省援疆工作前方指挥部指挥长）的电话，他告诉我邯郸市鸡泽县计划打造鸡泽辣椒区域公用品牌，正在寻找专业团队。由于农本咨询在河北多地打造的农产品区域公用品牌都比较成功，作为邯郸市主管农业的领导，他希望借助农本咨询的专业力量，帮助鸡泽辣椒品牌升级，因此，他向鸡泽县举荐了农本咨询。

在此之前，我对鸡泽辣椒有所耳闻。鸡泽辣椒是2017年第十五届中国国际农交会"家乡的味道——我为品牌农产品代言"活动的"河北代表"，由知名体育解说员韩乔生推介，加上农业部副部长屈冬玉（现任联合国粮农组织总干事）的"捧场"，成为红极一时的"网红"和河北特色农产品的"王牌"。作为一名资深的"食辣人士"，我吃过全国不少地方的辣椒，却没吃过鸡泽辣椒。因此，我对鸡泽辣椒充满好奇，也想一探究竟。

"王牌产业"也有难题

一个月后,我带队前往鸡泽县。

鸡泽县位于河北南部,是战国名士毛遂的故里。这个仅有337平方公里的平原小县,面积远远小于一般农业县,却拥有一个产值巨大的辣椒产业。

据统计,当时鸡泽县内种植辣椒8万亩,辐射带动周边种植辣椒30多万亩;鸡泽县内从事辣椒加工的企业有130多家,其中国家级高新技术企业3家、国家级农业产业化龙头企业1家、省级重点龙头企业6家、市级重点龙头企业35家,年加工鲜椒达60万吨,年产值近46亿元,是中国调味品原辅料(辣椒)制种基地和北方最大的辣椒生产加工中心。由于辐射带动作用明显,鸡泽辣椒产业被河北省委省政府确定为"省级龙型经济",并在2017年入选"首批中国特色农产品优势区"。

鸡泽县早些年就注册了"鸡泽辣椒"商标,近年也频频出台品牌建设扶持政策。历经多年发展,鸡泽辣椒早已成为鸡泽特色农产品的"金字招牌"和鸡泽县域经济的重要支柱产业。

到达鸡泽后,在县农牧局局长申保林陪同下,我们走访了辣椒种植大户,并和辣椒加工企业负责人交流,比较完整地考察了鸡泽辣椒产业链。我们发现,鸡泽辣椒的确是个大产业,但同时也存在"隐患"。

鸡泽辣椒产品杂,质量安全有隐患

调研发现,"鸡泽辣椒"以鲜椒为原料,加工成辣椒酱、剁辣椒、盐渍辣椒、调味粉、油辣椒等200多种产品。其中,辣椒酱用鸡泽本地产的"羊角椒"为原料加工,是鸡泽辣椒"明星产品";剁椒以鲜椒为原料,主要用于烹饪"剁椒鱼头"等湘菜,在行业中市场占有率较高;盐渍辣椒产量大,主要作为辣椒食品原料;调味粉、油辣椒等虽有生产,但产量少。如此众多的"鸡泽辣椒"产品,标准化是个大难题。

同时,我们发现,鸡泽辣椒企业虽多,但小企业、小作坊占比不小,它们的质量意识、成本控制方式以及生产过程中质量控制的投入,参差不齐。另外,鸡泽辣椒产品在存储及流通中，容易发生食品安全事件。

因此，"质量安全"是鸡泽辣椒产业发展的一大隐患。

鸡泽辣椒名气大，产品姓"湘"不姓"冀"

在鸡泽调研时，我们发现了一个奇怪的现象：不少鸡泽辣椒企业和产品，看起来更像"湖南造"，比如"湘君府""三湘妹""湘厨""湘辣缘"等十余个鸡泽辣椒龙头企业的公司名称和产品品牌都有湖南简称"湘"字。乍一看，我们还以为是湖南企业。

看出我们的疑惑，申保林连忙解释，原来这是鸡泽辣椒"打市场"的需要。以鸡泽辣椒产业"带头大哥"鸡泽县湘君府味业有限责任公司为例，"湘君府"创始人侯如亮早年在湖南从事辣椒酱生产销售，后来回到鸡泽办厂。为避免同质化竞争，侯如亮开发"剁椒鱼头复合型调料"，采用机械化生产，首开"剁椒商品化"先河。因为主要面向湖南和全国湘菜餐饮店销售，取名"湘君府"更利于开拓市场。受"湘君府"的影响，鸡泽企业纷纷变身"湘字号"，同时也尽量让自己的产品更像"湖南货"。

听了申保林的这番话，我们一方面感叹鸡泽企业家的精明，同时也哭笑不得。鸡泽辣椒是河北特产，却穿着"湖南衣裳"。我们以为，这种"讨巧"做法虽然在前期帮产品打开了市场，但鸡泽辣椒产品姓"湘"不姓"冀"，长此以往，必将导致消费者对"鸡泽辣椒"产生"认知黑洞"，既不利于鸡泽辣椒对鸡泽经济的带动，也不利于鸡泽辣椒产业高质量发展和鸡泽辣椒品牌"长治久安"。

因此，我们认为，鸡泽辣椒区域公用品牌建设势在必行。一方面，通过品牌建设规范生产，夯实鸡泽辣椒产业发展基石。另一方面，打响鸡泽辣椒"冀字号"品牌，还原"鸡泽辣椒河北造"的本来面目。

"卖天下"还是"卖餐饮"

我国是世界第一大辣椒生产消费国，辣椒在全国各地都有种植，其中，以川、湘、贵、渝最为知名。这些产区的鲜椒和干椒原料销售量大，产品同质化严重。

鸡泽的鲜椒几乎全部用于加工，从本质上说，"鸡泽辣椒"属于"加工食品"，与其他辣椒产区有显著差异，鸡泽辣椒市场定位与其他产区自然不能一概而论。因此，鸡泽辣椒应该选择哪条"赛道"，成为我们思考的重点。

调研发现，鸡泽本地种植的"羊角椒"，皮薄、肉厚、色鲜、味香，经传统盐渍工艺发酵后，能够产生特殊的酱香。用鸡泽辣椒生产的辣椒酱，与市面上常见的辣椒酱不同，因含大量辣椒油，能保持颜色深红、味香，久放不沉淀、不分层，因而深受餐饮客户欢迎。另外，鸡泽辣椒企业生产的剁椒、盐渍辣椒等也因品质优良深受餐饮客户欢迎。在湘君府、天下红等龙头企业带动下，鸡泽辣椒产品在全国辣食餐饮界举足轻重，具备成为行业龙头的基础和条件。

同时，"吃辣"已经成为潮流。全国各地的香辣菜馆人潮涌动，剁椒鱼头、水煮鱼等辣味菜品成为"国民菜"。随着消费者对辣味菜品口味要求的提高，餐饮企业对辣食食材的需求量不断扩大，对辣食调味品品质的要求也越来越高。而在这个急剧扩张的行业中，还没有一个"头部品牌"出现。因此，基于对市场需求、行业现状和鸡泽辣椒产业的分析研究，农本咨询项目组将"鸡泽辣椒"定位为"专业辣食调味品"，意图抢占尚有"空白"的餐饮市场。

让大厨为鸡泽辣椒代言

确立鸡泽辣椒市场定位后，我们便开始鸡泽辣椒品牌形象和广告语创意。

实践中，我们意识到"符号"不仅可以提高品牌识别度，也有助于消费者理解品牌定位，并强化品牌在目标消费者心目中的地位。

既然鸡泽辣椒定位为"专业辣食调味品"，什么符号才能代表专业？一个形象映入我们脑海中，没错，就是"大厨"！

众所周知，"大厨"是餐饮业的"灵魂人物"。某种程度上，一个"大厨"甚至决定一家餐饮店的兴衰存亡。因为大厨是菜品质量的把关人，决定了菜品的口味和品质。大厨未必是餐饮店的老板，但在很多时候"一言九鼎"，尤其对于食材的选择，老板也往往听从大厨的意见。因此，要在餐饮行业快速打响鸡泽辣椒品牌，塑造鸡泽辣椒的专业形象，大厨是最佳代言人！最后我们将鸡泽辣椒的广告语确定为：鸡泽辣椒 大厨的秘密武器。

为了配合广告语，用形象演绎鸡泽辣椒的品牌定位，农本咨询设计团队创意了身穿"鸡泽"字样厨师服、掌间舞动鸡泽辣椒的"功夫大厨"，使之成为"鸡泽辣椒"的品牌代言人。

与此同时，我们根据鸡泽羊角椒"光滑细长、尖上带勾"的特点设计了鸡泽辣椒品牌专用字体，让鸡泽辣椒品牌更加深入人心。

鸡泽辣椒高调亮相廊坊农交会

在进行品牌战略创意的同时，我们也考虑如何快速推出鸡泽辣椒品牌。2019年9月底，"2019鸡泽辣椒丰收节"开幕，来自全国各地30家餐饮机构的创意美食家来到鸡泽，用鸡泽辣椒为食材，现场烹饪各具特色的剁椒鱼头，让人体验"无辣不欢"的舌尖快感。大厨们的精彩表现，让鸡泽辣椒从辣食配角转身成为主角，完美地诠释了"鸡泽辣椒 大厨的秘密武器"。

2019年10月31日，在第23届中国（廊坊）农产品交易会开幕当天，鸡泽辣椒区域公用品牌战略发布会隆重举办。廊坊农交会是河北规格最高的农产品展会，也是每年河北农业成就"阅兵"的大舞台。在省市县领导，行业协会、客商代表、产销企业代表和全国数十家媒体共同见证下，"鸡泽辣椒 大厨的秘密武器"品牌口号和形象隆重亮相。

展会现场，鸡泽辣椒区域公用品牌展厅栩栩如生的"大厨"广告牌和琳琅满目的鸡泽辣椒产品，引得参会领导和客商纷纷驻足。据了解，仅发布会当天，鸡泽县参展的辣椒企业就签订了意向订单200多万元。

品牌发布会后，鸡泽县持续加大宣传力度：2020年12月起，鸡泽辣椒宣传片在CCTV-1综合频道《新闻联播》前和CCTV-17农业农村频道《中国三农报道》《我的美丽乡村》《我爱发明》《乡村剧场》等节目前后与全国观众见面。

随着品牌建设不断深入，在全国辣椒产区中，鸡泽走出了一条别具一格的突围之路。对鸡泽而言，鸡泽辣椒不仅是"大厨的秘密武器"，也是推动鸡泽椒企快速成长、椒农持续增收的"秘密武器"。

回顾鸡泽辣椒的发展历程，我们不难看出，鸡泽辣椒的成功关键在于聚焦细分市场精耕细作。事实上，农产品因独特的品种或独特的生长环境，往往具有独特的价值，这是地标产品的特点，也是地标产品创牌的基础。因此，农产品创牌时，与其想着把产品卖向全国、卖给所有人，不如客观分析行业格局和自身优势，找准一个适合自身的细分市场做实做透，反而更易成功。

澄城樱桃：从"特产"到"王牌"

"产业是赛道"是农本咨询过去这些年在实践中总结的经验。现实中，因为选错产业导致创牌无果的例子很多。与此同时，因选对产业，让品牌建设大获全胜，让产业走上健康发展"快车道"的例子也不少。

2020年和农本咨询合作的澄城樱桃，就是一个"因为选择而成功"的典型。

澄城农产品创牌，我力荐"澄城樱桃"

2019年9月，履新不久的陕西澄城县委书记王万庆经人介绍，率领澄城招商团来到农本咨询。依照惯例，我向王书记一行介绍了农本咨询和我们的核心业务——农产品区域公用品牌战略规划。听完我的介绍，王书记便向我介绍澄城特色农业，并问我哪个产业最值得打造品牌。

澄城是农业大县，有种植业，也有养殖业。果业是澄城特色产业，全县40多万亩果园，其中种植面积最大的是苹果，有二三十万亩，另外还有七八万亩的樱桃。鉴于对陕西农业、全国果业比较了解，我便直言不讳地告诉王书记："我更倾向选择澄城樱桃。"

之所以这么说，主要是因为陕西苹果种植面积大，且已形成不少品牌，比如洛川苹果、白水苹果等。在这样的情况下，打造澄城苹果品牌，很难成为"老大"。相反，樱桃是小众水果，陕西种植的区域较少，并且澄城当年7万亩的面积，堪称全省"老大"。因此，选择澄城樱桃打造品牌，竞争相对少，创牌更容易成功。

听了我的这番话，王书记表示希望农本咨询协助澄城县打造品牌，并邀请我们去澄城实地考察。

澄城之行让我吃了"定心丸"

2019年底，在元旦放假前，我和胡王君到了澄城。在澄城县农业农村局局长贺宏安和县果业中心主任刘英俊的陪同下，我们走访了澄城樱桃产业。

第一站我们来到了澄城樱桃的起源地郭家庄。在郭家庄村委会，我们见到了澄城樱桃产业发展的引路人——郭家庄村原村支书李忠贤，他向我们讲述了澄城发展樱桃产业的历程。

澄城樱桃是"选择的结果"。郭家庄村早年栽种苹果，后来因为苹果效益不好，大家开始考虑改种其他水果。为此，李忠贤带领村民到全国许多地方考察，经人介绍去了山东烟台和辽宁大连，考察了当地的樱桃产业。回来后，李书记找了许多专家论证，认为澄城适合栽种樱桃。因此，李书记便劝说村民种樱桃。起初大家不愿意种，李忠贤就带头种。见到李忠贤种樱桃赚了钱，村民就纷纷跟着种。现在，郭家庄4 000多亩土地几乎种满了大樱桃，成为了远近闻名的樱桃村，是全国"一村一品"的典型。如今，村里成立了樱桃专业合作社，也建成了澄城樱桃交易市场，是全县樱桃的集散地和交易中心。因此，郭家庄被称为"一个因樱桃而改变的地方"。

由于种植樱桃效益好，加之澄城县气候条件适合樱桃生长，大樱桃种植以郭家庄为起点迅速在澄城蔓延开来。几年下来，澄城县种植樱桃数万亩，澄城樱桃成了澄城果农的新宠儿和果商的抢手货。因势利导，澄城政府持续加大产业扶持力度，澄城樱桃发展走上快车道。

听完老支书的这番话，我原本悬着的心放了下来。多年实践告诉我，一个产业好不好得农民说了算。产业效益好，老百姓有干劲，围绕这个产业打造品牌就一定能成功！

为让我们全面了解澄城樱桃产业，贺宏安又带我们参观了澄城樱桃试验站，走访澄城樱桃经营主体。一圈下来，我们发现，澄城发展樱桃时间虽不长，但起点高，已然有"王者气质"。澄城樱桃种植以大户和合作社为主，小户种植少，而且有全国樱桃种植面积最大的合作社和龙头企业。另外，澄城县和中国樱桃产业技术权威专家、北京市农林科学院张开春研究员合作创建了澄城樱桃试验站，这是陕西省唯一的国家级樱桃试验站。同时，渭北黄土高原独特的地理气候造就了澄城樱桃"甜度高""成熟早"的特点，产品深受果商欢迎，是不少客商赚钱的"绝招"。

考察完澄城樱桃产业链后，我对贺宏安说，澄城樱桃打造品牌肯定会成功。

当天晚上，我和王书记通电话，向他阐述了我对澄城樱桃产业的看法以及对澄城樱桃创牌的看好。王书记提出，在第二天的县委中心组学习会议上，请我给澄城干部讲一讲农本咨询的看法，统一认识。

在澄城县委中心组学习会上，我用半小时讲了"澄城农业什么要打造品牌""为什么选择澄城樱桃打造品牌"和"澄城樱桃打造品牌为什么能成功"三个问题。

讲座结束后，看得出大家都很兴奋。在会上，王书记和高成文县长明确表态，澄城樱桃必须打造品牌！

借助"超级文化"创意"超级符号"

时间过得很快，一眨眼就到了2020年春节。年后，受新冠肺炎疫情影响，我们不得不居家办公。在此期间，我接到贺宏安的电话。他说澄城樱桃早熟品种开始上市，必须考虑当年的澄城樱桃推广计划。另外，随着挂果果园面积增多，澄城樱桃产量增加，加上疫情影响，澄城樱桃销售可能会面临挑战。因此，澄城樱桃创牌工作不能拖。在他看来，澄城樱桃不仅要尽快推出品牌，还必须加大推广力度。

2020年3月底，我带着团队开车到澄城，开启了澄城樱桃品牌规划调研。

在澄城樱桃企业润强公司的温室大棚，我们吃到了传说中很甜的澄城樱桃。一入口，我们就被"甜到了"。应该说，我吃过不少地方的樱桃，但像澄城樱桃这么甜的还不多见，调研组其他人也发出了同样的感叹。陪我们调研的澄城县农业农村局副局长杨红霞告诉我们，露天栽种的澄城樱桃比温室大棚里的樱桃还要甜！听到这个话，我们心里乐开了花。水果只要甜，就会受欢迎。

和企业座谈时我们了解到，虽然澄城樱桃品质好，但因为澄城是新产区，行业知名度不高，知道澄城樱桃的客商较少。另外，不少客商出于"垄断货源"的目的，产品售卖时尽可能"雪藏"产地澄城。因此，对大多数消费者而言，澄城樱桃是个不折不扣的"零认知品牌"。

显然，快速提升知名度是本次澄城樱桃品牌战略规划的重点。

回杭后，我们便组织召开澄城樱桃品牌创意会。创意会的目的很明确，就是要打响澄城樱桃品牌。同时，创意也要表达澄城樱桃"甜"的特点。我们相信，只要一句话叫响澄城樱桃，澄城樱桃就可以凭产品品质征服消费者。

那么究竟如何让澄城樱桃的"甜"顺利进入消费者脑海，产生强烈印象呢？经过头脑风暴，我们创意了"澄城樱桃甜蜜蜜"，将澄城樱桃"寄生"到"甜蜜蜜"流行文化中。

众所周知，一代歌后邓丽君演唱的《甜蜜蜜》风靡华人圈，加上电影《甜蜜蜜》的推波助澜，"甜蜜蜜"堪称全球华人中认知度最高的流行元素之一。"澄城樱桃甜蜜蜜"这句话，大家一看就懂，一听就明白。

确定了品牌口号后，在澄城樱桃品牌形象设计中，我们引入另一个"超级符号"——"丘比特之箭"，一根箭形樱桃树枝穿过两个抽象的心形樱桃，让澄城樱桃与甜蜜的爱情产生关联，成为甜蜜爱情的化身。

为增强视觉冲击，我们选择"黄色"作为澄城樱桃品牌色，红配黄，格外醒目。"甜蜜蜜""一箭穿心""红黄色"强强联合，成为消费者对澄城樱桃的记忆点。

"借船出海" 做推广

时间过了一个月，2020年4月，疫情形势虽有所好转，但仍不明朗。受疫情影响，计划中的线下"澄城樱桃文化节"能否举办也变得不确定。要办好"澄城樱桃文化节"，让澄城樱桃"一举成名"，就得另辟蹊径。

就在我们为澄城樱桃宣传苦苦思索的时候，我得知了陕西省果业中心策划"陕西水果网络特色季"活动的消息，立马意识到这对澄城樱桃是个机遇。作为一年中最早上市的水果，如果能将"陕西水果网络特色季"活动开幕式争取到澄城举办，就能为澄城樱桃品牌曝光带来机会。

我第一时间将这个消息告诉澄城，同时给陕西省果业中心主任魏延安去电话，向他说了澄城樱桃打造品牌的事，提出能否借助"陕西水果网络特色季"活动宣传澄城樱桃品牌。随后，王万庆书记带人去西安，和魏延安沟通。经过不懈努力，最后将"陕西水果网络特色季·樱桃季"开幕式争取到了在澄城举办，并同期启动"澄城樱桃云营销季"。另外，为扩大影响，澄城邀请中国园艺学会樱桃分会、中国果品流通协会作为活动支持单位。就这样，"澄城樱桃文化节"从之前的"县级活动"，变成了规格更高和影响力更大的"行业活动"。

2020年4月28日，"陕西水果网络特色季·樱桃季暨首届澄城樱桃云营销季开幕式"在澄城樱桃交易市场隆重举办。陕西省农业农村厅、渭南市人民政府及澄城县"四大班子"领导，以及果业专家、果商代表、媒体记者共计200多人参会，见证了"澄城樱桃甜蜜蜜"战略创意的首次公开亮相。

开幕式当天，iFresh亚果会举办"澄城樱桃大家谈"，邀请中国大樱桃权威专家张开春、知名电商专家魏延安、客商代表和澄城县领导走进直播间，推介澄城樱桃。另外，由云说团队策划的"澄城樱桃甜蜜蜜抖音K歌挑战赛"上线，为澄城樱桃网络传播掀起高潮。"澄城樱桃甜蜜蜜"登上媒体头条，一时成为热点话题。

澄城活动大获成功后，我们又将精力转向了"首届中国樱桃展"。

首届中国樱桃展是由中国园艺学会樱桃分会指导、iFresh亚果会承办的中国樱桃行业年度活动，定位为"中国樱桃界的奥斯卡"。首届展会定于2020年5月12

日在南京溧水白马国际会展中心开幕。

为确保澄城樱桃"C位出道",我们与iFresh亚果会沟通,让澄城拿下黄金展位,并且赞助重要广告位。除了在会场入口、人行通道布置"澄城樱桃"广告,会场手提袋、座椅靠背都成了澄城樱桃广告位。另外,我们将澄城樱桃展厅设计成"开放音乐趴",请乐队现场演唱经由《甜蜜蜜》改编成的《澄城樱桃甜蜜蜜》;组织模特手持澄城樱桃广告牌巡馆,制造移动的广告。此外,在同期举办的中国樱桃产业论坛上,在澄城樱桃推介环节中,我们别出心裁地设计了先由模特手持包装走秀,乐队演唱《澄城樱桃甜蜜蜜》作为伴奏;论坛上澄城领导发言的PPT也都经过设计,每一张都是精美的澄城樱桃广告;论坛主屏幕播放会议内容时,两个侧屏固定播放澄城樱桃广告,增加澄城樱桃品牌暴露频次。

因为创意出挑,展会组织的媒体采访和网红直播,纷纷将澄城樱桃展位作为背景,将澄城樱桃产品作为主角,形成了各种形式的宣传。两天时间里,澄城樱桃展位前人头攒动,参观者络绎不绝,澄城樱桃成为首届中国樱桃展上抢尽风头的"流量之王"。

两年成为"樱市黑马"

随着知名度的扩大，澄城樱桃开始走红。2020年5月底，澄城樱桃产地价格达到行业内最高。

澄城樱桃的一炮走红和市场热销，坚定了澄城县"打造中国樱桃第一县"的决心。2020年冬，澄城县新栽樱桃1.5万亩。2020年12月，第四批中国特色农产品优势区名单发布，澄城樱桃入选"全国特优区"，成为唯一入选的"西北樱桃"。

2021年5月，第二届澄城樱桃云营销季暨陕西水果网络特色季樱桃季在澄城再次开幕。中国园艺学会、中国果品流通协会、北京新发地等一大批行业组织走进澄城，共同为澄城樱桃"打call"。

2021年5月，第二届中国樱桃展在南京开幕，澄城樱桃再次参展，并再次成为第二届中国樱桃展上的主角。

开展展会宣传的同时，澄城樱桃走进果市的行动也如火如荼地进行。2021年6月，由澄城县领导带队，澄城樱桃企业、合作社走进广州江南市场、河北新发地市场，与客商开展产销对接。

经过两年的努力，澄城樱桃知名度、影响力不断扩大，迅速成长为陕西水果的一颗新星和中国樱市的黑马。作为澄城农业品牌化的排头兵，澄城樱桃逐渐成为澄城特色农产品金字招牌，在澄城实施乡村振兴和促进共同富裕中发挥越来越大的作用。

永修香米：创牌要会"傍大款"

农产品创牌，有一种情况我们会遇到，就是在创牌的时候，这个品类已经有了领导品牌，这时候应该怎么办？比较好的办法就是"傍大款"，站在领导品牌的"肩膀"上创牌。农本咨询和江西省永修县合作打造"永修香米"品牌，就用了这种方法。

江西稻米七个"幸运儿"之一

2019年1月20日，江西九江永修县一行六人匆匆来到杭州，他们此行的任务是请农本咨询为县里的"永修香米"品牌进行战略规划。

这件事情的原委得从半年前说起。

2018年7月，江西省从农业支持保护补贴资金中安排2.55亿元，在全省范围内组织实施稻米区域公用品牌创建，专项支持全省7个稻米区域公用品牌和2个绿色特色品牌建设，力争通过3年时间培育出几个全国知名、销售额超50亿元、加工能力超50万吨、基地规模超60万亩的区域公用品牌。永修香米是省里选出的七个稻米区域公用品牌之一，获得连续三年、平均每年4000万元的品牌建设专项资金补助。

然而5个月过去了，永修香米品牌建设迟迟没有行动。

2018年12月28日，江西省农业农村厅在南昌召开"全省稻米区域公用品牌建设推进会"，会上指出自第二年开始，7个品牌将采用末位淘汰制，被淘汰的品牌将不再获得后续补助。这时，永修县着急了，领导拍板永修香米品牌建设必须"迎头赶上""后来居上"，遂在全国范围内寻找品牌咨询公司。经多方打听，永修县农业农村局戴熙良局长一行找来了农本咨询。

双方交流中，我得知永修香米已于2018年2月14日获得国家地理标志证明商标，而且江西省支持打造的7个稻米区域公用品牌中，只有永修香米名称中有"香米"。在国人心目中，"香米"是一种比普通大米更高档的米。我国虽已出现了"五常大米""盘锦大米"等知名区域公用品牌，但到目前为止还没有一个知名的香米品牌。我和团队判断永修香米创牌有机会。2019年初，农本咨询和永修县建立了合作。

市场上"泰国香米"一枝独秀

永修县位于"稻作摇篮"鄱阳湖区，水稻种植历史悠久，自古被誉为"鱼米之乡""赣北粮仓"，粮食产量长年稳居江西省第一方阵，荣获全国商品粮基地县、全国三高农业示范县、国家农产品质量安全县、全国农村一二三产业融合发展先导区等众多国字号荣誉。

永修境内的吴城是历史上"江南四大米市之一"九江的主要港口，有"装不尽的吴城，卸不尽的汉口"之称。当地记载，永修历史上盛产香稻，当地俗称"观音稻"，又名"永红香米"，后随县名改为"永修香米"。20世纪八九十年代，永修稻米是南昌、九江等市场的"香饽饽"，并且畅销广东、福建等沿海地区。

然而近年来永修大米市场份额不断下降，永修也成为其他大米品牌的"原料产地"。这正是永修香米品牌建设滞后的体现。

2018年国内知名市场研究机构在全国25个城市的抽样调查显示，说到"香米"，全国55%的消费者第一提及是"泰国香米"，在广东、湖南等香米重点市场这个比例更是高达68%。这意味着在我国大多数地区，香米被等同于泰国香米。

市场上，我们看到一方面是泰国香米供不应求，另一方面是国产香米无人问津、卖不上价。从新闻中我们也看到，国产香米冒充泰国香米销售的乱象频频出现。可以说，国产香米的品质和价值普遍得不到市场认可。

显然，永修香米创牌必须打破这种局面。

"永修香米赛泰国"借力打力

消费者认同是产品销售的关键，新品牌要赢得消费者认同必须顺应消费者的认知。农本咨询以为，既然一提到香米，大多数消费者首先想到泰国香米，那么永修香米要得到消费者认同，可以利用这种认知，即关联泰国香米进行品牌定位。

2019年1月26日，农本咨询团队抵达永修实地调研。我们发现永修县的水土特征与泰国香米核心产区乌汶府相似。鄱阳湖冲积平原的红土层有机质含量丰富，有利于稻谷芳香类物质的生成。修河和潦河贯穿永修县境，给稻田带来了纯净的水源。永修还有一点和泰国非常相似，就是两地都有源远流长的佛教文化，永修境内的云居山是世界禅宗圣地，农禅文化影响深远。可以说，永修发展香米产业有得天独厚的资源禀赋。

同时，我们观察到，随着中国的经济崛起和文化自信，年轻一代消费者对国货的印象正在改观，一些高品质的国货受到市场欢迎。顺应消费趋势，利用消费者对泰国香米的心智认知，"永修香米赛泰国"的创意脱口而出！

"永修香米赛泰国"既是永修香米的价值表达，也是中国香米的奋斗宣言。这句话给了消费者购买永修香米的理由，也增强了永修香米从业者的自信心，提高了当地政府的创牌决心。

　　永修是候鸟王国、白鹤之乡，鹤是永修的象征。为了快速打响永修香米品牌，我们创意了"鹤携米腾飞"的超级符号，并以中国书法史上著名的"永字八法"为原型，设计了"永修香米"专用字体。在中国神话中，鹤是老寿星的爱宠，一个具有高识别度的象征符号。永修香米"借鹤出道"，不仅让消费者过目不忘，而且产生美好的遐想。

　　"永修香米"包装设计则导入"货架思维"。农本咨询团队实地走访了销售大米的各类终端货架，最终选择现有大米包装较少使用的"白色＋蓝色"设计，目的是让永修香米从五颜六色的货架中"跳出来"。这也是对农本咨询秉持的"包装是媒体，产品是广告"设计理念的一次很好诠释。

2019年6月18日，永修县人民政府、九江市农业农村局在江西省会南昌联合举办"永修香米区域公用品牌战略发布会"。江西省农业农村厅厅长胡汉平，江西省农业农村厅副厅长刘光华，九江市委常委、副市长蹇侠，江西农业大学副校长贺浩华，江西省农科院副院长余传源，国家水稻产业技术体系首席专家程式华等省市领导和专家参会，与永修县稻米企业代表、全国知名大米经销商代表、新闻媒体记者等共计400余人，见证了"永修香米"区域公用品牌的诞生。

发布会上，九江市委常委、副市长蹇侠和江西省农业农村厅副厅长刘光华致辞；永修县县长郑绍介绍了永修稻米产业及"永修香米"区域公用品牌建设情况；我代表团队解读了"永修香米"区域公用品牌发展战略。

会上，《中国永修香米标准》制定启动仪式、首批"永修香米"品牌使用单位授权仪式、《中国香米高质量发展（永修）宣言》、"永修香米"品牌建设种业合作伙伴签约仪式、"永修香米"产业顾问团专家聘任仪式及永修香米区域公用品牌战略启动仪式等活动——举行。至此,"永修香米"区域公用品牌建设的帷幕正式拉开。

"永修香米赛泰国"引发了永修稻米产业从业者自豪感,激发了永修人民的自信心。发布会现场,永修人喊出"永修香米赛泰国"时,都是满满的笑容与自豪。

将"傍大款"进行到底

我们意识到,永修香米要进入消费者的"购买名单",除了品牌定位上"借力打力";还必须在品牌传播上大胆创新,借力"高站位""高势能"媒体"高调"传播。

2019年6月17日,永修香米品牌战略发布会前一天,永修香米广告登上了

《人民日报》。这是中国农产品首次以整版形式出现在这一主流党媒。当即引发凤凰网、新浪等数十家媒体"热议"。

2019年6月25日，永修香米品牌战略发布会仅仅一周后，纽约时代广场大屏出现展翅高飞的中国鹤，永修香米广告现身世界潮流地标。这是中国大米广告首次亮相这一具有风向标意义的"高地"。《经济日报》等国内主流媒体连呼"骄傲"。

一个多月后，2019年8月20日，乘着国家推进粤港澳大湾区建设的东风，"永修香米粤港澳大湾区品牌推介会"在深圳举办，来自粤港澳大湾区的200多位客商和行业协会代表参会，当场签订永修香米采购订单4亿多元。

2019年9月29日，崭新的永修香米号高铁从南昌西站出发，驶向粤港澳大湾区。

2019年11月15—18日，第17届中国国际农交会在江西南昌举办。借助这一农业盛会，11月17日永修县委县政府举办"永修香米TVC首播仪式"，这是中国农产品第一次在农交会上举办此类活动。

2020年1月26日，春节期间，永修香米广告登陆中央电视台，进入千家万户视野。

2020年5月21日，全国两会开幕，永修香米广告走进中央电视台《新闻30分》栏目。2020年5月25日，永修香米广告又登上了新华社《瞭望》周刊，这期周刊送至两会代表房间，让永修香米与代表们亲密接触。

永修香米做这些宣传，不仅仅看中主流媒体带来的消费者传播价值，更主要的是要借助这些媒体的权威性确立"中国香米领导品牌"地位。

产业建设对标"泰国香米"

不同于企业品牌，区域公用品牌是区域产业主体依照约定"共同持有"的品牌。因此，规范行业秩序，夯实产业建设是区域公用品牌战略的重要内容。与此同时，我们发现，永修是稻米"老产区"，但"永修香米"却是近几年才复苏的"新品牌"。如何利用老产区的生产优势为品牌成长保驾护航，把"新品牌"做成功，同时提升"老产区"产业发展水平，是永修香米品牌战略规划的一个重点。

因此，围绕品种、品质、供应链等产业发展关键环节，农本咨询为永修规划了一系列项目工程，并明确提出"学习泰国香米，超越泰国香米"的发展目标。

农产品区域公用品牌建设过程也是区域产业培育的过程。对永修而言，"永修香米"区域公用品牌建设，就是依托种植业、提升稻米加工、繁荣商贸流通、深化乡村旅游、弘扬永修农耕文化的"一业催生多业"的系统工程。

因此，以创牌为机遇，做"大"永修稻米经济，是我们为永修确定的第三个战略任务。

"傍大款"是一种智慧

农产品区域公用品牌建设要求产业管理者不自卑、不自傲，理性看待自己的产品和产业，在同类产品已经有领导品牌的情况下，"傍大款"常常是创牌的明智之选。

永修香米战略创意站在"泰国香米"这个巨人的肩膀上，品牌传播先后攀上《人民日报》、纽约时代广场、中央电视台、《瞭望》周刊等权威媒体，以及"农交会""全国两会"等重磅平台，取得了事半功倍的效果。

2019年10月，"永修香米"和"盘锦大米""山西小米"等老名牌一起荣获"2019年中国粮油影响力公共品牌"，并在年底的江西省稻米品牌建设工程考核上名列前茅。这些成绩，与前面提到的系列"傍大款"行为可谓息息相关。

实际上，在农本咨询的实践中，这样的例子还有很多。

比如，农本咨询和山西省长治市合作打造"上党党参"品牌，为了体现党参的滋补价值，主动关联补品之王"人参"，喊出了"大补千年人参 小补上党党参"，顺利实现上党党参从道地药材到滋补上品的飞跃。农本咨询和陕西省澄城县合作打造"澄城樱桃"品牌，借力一代歌后邓丽君名曲《甜蜜蜜》，创意了"澄城樱桃甜蜜蜜"广告语和广告歌，让澄城樱桃一夜间唱响全国。

农本咨询以为，"傍大款"是战略之道，是战术技巧，也是决策智慧。

承德国光苹果：老品种开出第二春

    农业生产，品种是关键。新品种具有老品种所没有的特点和优势，更受消费者青睐，因此更有竞争力。现实中，一些地区由于采用新品种，让产业焕发活力，"咸鱼翻身"，进一步激发了大家对新品种的崇拜。因此，不少地区发展产业时，一味追求新品种，唯"新"至上。

    但是我们知道，随着时间的推移，新品种也会成为老品种。如此一来，我们永远赶不上品种迭代更新的速度。是选择新品种，还是坚守老品种，这似乎成为不少老产区无法回避的两难选择。农本咨询以为，要辩证看待品种的优势，并非所有的老品种都必须淘汰。有时候，老品种也可以开出"第二春"。

    2016年，农本咨询协力打造的"承德国光苹果"区域公用品牌，就是一个"老树开新花"的案例。

承德"农业县长"的苦恼

    2016年5月的一天，我接到河北省承德县分管农业的副县长李文水的电话。李县长告诉我，承德县苹果种植21万亩，其中15万亩是"国光"。由于受"红富士"的冲击，承德苹果效益连年下滑，因此有人提出将"国光"换成"红富士"。虽然大家都说"国光"是承德苹果的特色，但却不知道咋办，"改头换面"还是"坚守阵地"，大家众说纷纭。在电话里，李文水把他的苦恼一股脑儿倒给我。

    我老家在"苹果大省"陕西，小时候也有亲戚种苹果。作为一个在苹果产区长大的农村娃，我知道国光是20世纪国产苹果的主力军，也是个很有特色的老品种。因此，我在潜意识里认为，承德苹果产业不应放弃国光品种，尤其是在红富士"一果独大"的中国果市，老品种"国光"有特点，也有卖点。但由于我对业内情况还不太确定，因此我答应李文水第二天答复他。

撂下电话后，我第一时间给老朋友陕西白水县果业局局长王杨军打电话。王杨军是一个"老果业"，也是一个对全国市场很懂行的专家。听说承德县有15万亩国光苹果，他吃惊地说："这可是宝贝，绝对不敢丢。"王杨军告诉我，据他了解，当时全国国光苹果最多不超过50万亩。因为国光苹果有特色，不少果商进货时，总会搭配着进些货。

王杨军的这番话，让我吃了定心丸。第二天，我便给李文水去电话，告诉他如果有兴趣，可以来杭州面谈。

一周后，李文水一行三人飞到杭州见我。在我的办公室，我把自己对国光苹果差异化的认识，差异化对于农产品品牌建设的重要性，以及果品区域公用品牌建设方法，一五一十讲给他们听。听完我讲的话，李文水非常激动，他向我发出邀请，希望农本咨询帮助打造承德国光苹果区域公用品牌。

承德国光苹果"身世不凡"

2016年7月，农本咨询项目组一行五人来到承德调研。

承德县地处河北省东北部，是河北省林业重点县和十大果品特色县。因为独特的冷凉气候和果实成熟期的大温差，承德县被认定为国光苹果的优质产区，是全国唯一的"中国国光苹果之乡"，也是国光苹果保有面积最大的县。

调研中，承德县领导详细介绍了承德国光苹果的"光辉历史"。

承德栽种国光苹果的历史可追溯到20世纪40年代承德县的乌龙矶村，当时就栽有20余株国光苹果树，现在还保存了树龄最大的两株，虽然历经70多年的风雨寒暑，但仍然生机盎然，被当地人尊称为"国光王"。50年代，承德县开始大面积种植国光苹果，也是国内较早规模化栽种这一品种的地区之一。

1989年承德国光苹果荣获农业部认定的"1989年度优质农产品"称号。1990—1992年，承德县成功举办了三届苹果节。商务部副部长、全国供销总社主任潘尧，省政协副主席王树森等领导出席首届苹果节开幕式，全国政协副主席杨成武、省人大副主任洪毅为苹果节题词；河北省委副书记吕传赞为第二届苹果节题写了"果香飘万里，宾客如潮来"的条幅；时任西藏自治区党委书记的胡锦涛同志应邀参加了第三届苹果节，并实地视察下板城镇东窑村果园，对承德县生产的苹果给予了"酸甜适口，风味特别"的高度评价。2001年承德县被河北省林业局认定为"河北省优质苹果生产基地县"；2007年，承德国光苹果荣获"奥运推荐果品"和"中国优质苹果金奖"称号；2010年承德国光苹果荣获国家地理标志保护产品……

三位一体，铸就"承德国光"价值

经过深入调研，项目组确立承德国光苹果"差异化竞争""精准营销""品牌重塑"三大战略。

重塑承德国光苹果价值形象

我们认为，在同质化严重、竞争日益激烈的行业现状下，"国光"的品种优势显而易见。从某种意义上说，"国光"在"红富士独霸天下"的中国苹果市场，是不可多得的"宝贝"。因此，我们提出坚持"差异"，发掘"国光"价值。

"放大差异化缔造价值"，这是农本咨询的方法论。在承德国光苹果价值发掘中，我们着实花费了不少功夫。

因为在许多人看来，个头大是优质苹果的标准。但是对于国光苹果而言，大多都是"个头小"。另外，不同于红富士苹果的甜，国光苹果口味相对更酸一些。因此，如何表达承德国光苹果的价值，项目组一时间唇枪舌战，相持不下。

后来，经过多轮头脑风暴，依据国光苹果"个头小"及其"酸甜味"的特点，结合消费者对"国光"这一苹果"老品种"的情感，我们将"承德国光苹果"的核心价值提炼为"个头小，经典老味道"。

与此同时，在承德国光苹果形象设计中，我们以"怀旧"策略，采用了斑驳的大字报字体，设计了承德国光苹果品牌名，体现出强烈的年代感。

在广告语字体设计时，设计团队用了"经典符号"——"毛体"，在彰显"老经典"风采的同时，又赋予承德国光苹果权威、自信的"领袖气质"。

此外，从价值支撑符号、插画到整体包装，都保持了"复古"的调性，将"怀旧"做到极致，让承德国光苹果的"经典价值"跃然纸上。

生产升级，确保承德国光苹果品质

承德县是老果区，不少果农的生产技术还延续着以前的经验做法，不利于承德国光苹果品质提升。为此，我们规划了承德国光苹果生产技术提升工程。

首先，建立"承德国光苹果标准"，包括从生产、采摘到商品化标准在内，形成"承德国光苹果综合标准"。同时，利用质量溯源体系，确保承德国光苹果产品质量安全。

其次，出台政策，培育承德国光苹果产销龙头。按照"龙头＋合作社＋果农"的模式，扶持重点企业，促进承德国光苹果集约化经营。

第三，完善基础建设。加强水利灌溉、分选线、冷库等配套设施建设，政府出资，切实提高承德国光苹果生产条件和供应链水平。

另外，我们建议承德县加强与国内顶尖科研院校或机构合作，建立国光苹果的试验基地，提高承德国光苹果生产技术水平。

锁定"小众"，实施"精准营销"

承德国光苹果不是要卖给所有消费者，而是要瞄准目标消费者。

农本咨询项目组将承德国光苹果目标消费者界定为这样一群人：对"国光"有"美好记忆"的"50后""60后"，"怀念童年"的"70后""80后"，以及对20世纪和上辈人的"过去"心存好奇的"90后""00后"……

另外，在重点市场选择上，我们建议借助承德县毗邻"首都经济圈"的优势，重点对京津市场销售。

与此同时，为了扩大承德国光苹果在全国苹果采购商中的知名度，项目组建议在苹果重点产区山东烟台、陕西洛川等地，在苹果成熟季强势推出承德国光苹果广告。

针对当时兴起的果品电商，我们建议利用承德国光苹果"差异化"的特点，由承德果品协会与京东商城、本来生活网等知名电商合作，扩大承德国光苹果在电商圈的影响力。同时，借助大电商平台强势的品牌推广力，快速提升承德国光苹果品牌知名度。

斩获"河北省十佳农产品区域公用品牌"

基于首先要在北京市场打响承德国光苹果品牌知名度的考虑，我们提议2016年苹果上市季，在北京举办承德国光苹果品牌战略发布会。

2016年9月24日，承德国光苹果品牌战略发布会在北京国家会议中心举办。河北省农业厅、林业厅、承德市相关领导出席发布会。发布会特别邀请了中国流通协会会长鲁芳校、中国优质农产品开发服务协会常务副会长黄竞仪作为嘉宾，与河北省领导一起，共同推介承德国光苹果区域公用品牌。

"承德国光苹果，个头小，经典老味道"的品牌形象一经亮相，便引起轰动。发布会上，"寻味承德国光苹果"品牌宣传片播放后，许多人为之动情甚至落泪……

在农本咨询推动下，承德县果品协会与本来生活网、苏宁易购、iFresh亚果会等平台公司，签订战略合作协议，共同开展承德国光苹果销售和推广。

同月 26 日，第二十届中国（廊坊）农产品交易会召开，承德国光苹果以全新形象参展，成为展会上的一道亮丽风景线。在此次展会上，"承德国光苹果"荣获"河北省十佳农产品区域公用品牌"殊荣！

品牌建设、产业建设两手抓

随着承德国光苹果在市场上的叫响，承德县坚定了"国光之路"。与此同时，承德苹果产业发展坚持产业建设与品牌建设同步走。

2017 年，承德国光苹果产业技术科技创新联盟成立；

2018 年，中国农业科学院果树研究所建立承德苹果试验站；

2019 年，河北省承德县省级农业科技园区建成；

2020 年，河北省国光苹果标准化示范区成立；

……

与此同时，承德县成立承德国光苹果品牌中心，出台《承德县国光苹果产业发展中长期规划》等。

近年来，承德县依托"电子商务进农村示范县"项目，将承德国光苹果品牌建设与农村电商结合，以承德国光苹果区域公用品牌为背书，联结政府、电商运营公司与第三方平台，推动承德国光苹果企业产品品牌建设。通过佳沃农业、双承生物等 10 余家扶贫企业，开展承德国光苹果企业品牌培育、包装设计、溯源系统搭建、电商咨询、销售平台对接、展销产品推介等工作，不断提高承德国光苹果品牌影响力，拓宽产品销售渠道。

　　2020年1月，"承德国光苹果"折桂"2019河北省农业品牌创新创意设计大赛"。品牌知名度和影响力的提升也带来丰硕的经济效益，承德国光苹果的批发价格从过去的每斤1元多，稳定在现在的每斤2.5～3元，成为国产苹果市场上耀眼的常青树。

漾濞核桃：
发掘农产品与生俱来的"戏剧性"

"寻找与生俱来的戏剧性"是全球著名广告大师李奥·贝纳的创意理念，说的是广告人要善于发现产品与生俱来的吸引人之处。农产品看似普通，但因生长环境各不相同，往往个性鲜明，富有"戏剧性"。

2015年，农本咨询帮助打造品牌的漾濞核桃就是这样一个典型。

一颗与众不同的"丑核桃"

和漾濞结缘源于我在中国传媒大学的一次讲座。

2015年初，漾濞彝族自治县（简称漾濞县）对口帮扶单位中国传媒大学在北京为漾濞县干部提供培训，活动方请我给漾濞干部讲一堂农产品品牌营销课。讲座结束后，为了表示感谢，漾濞县领导送给我两篮子漾濞核桃，这是我第一次见到"漾濞核桃"。

核桃是常见的干果，一个好核桃长什么样，人们大致都有印象，但是不同地方的核桃有什么特色，却很少有人说得上来。正因如此，当我第一次看见漾濞核桃时，不禁大吃一惊！因为这些核桃表面坑坑洼洼、布满"黑斑"，这怎么也没法和我想象中的"好核桃"画等号。

我在想漾濞核桃怎么是这个样子，这些核桃是不是"坏掉"啦？但当我剥开漾濞核桃外壳，核桃仁却异常的"白净"，并且口感极为细腻，有一种说不上来的润滑和清香。这"外'黑'内'白'"的反差，让我对漾濞核桃印象深刻，一下子就记住了这颗不寻常的核桃。

一个多月后，我接到了漾濞县政府常务副县长李庚昌的电话，他邀请我去漾濞考察。

漾濞县位于云南西部，地处大理州中部、点苍山之西，因为生态优美，距离大理近，也被称为"大理后花园"。

2014年，漾濞全县核桃栽种面积为107万亩，年产量近4.15万吨，产值10.38亿元，核桃产业在漾濞经济社会发展中具有举足轻重的地位。资料显示，核桃产值占全县农业总产值近60%，漾濞农民人均收入一半以上和核桃有关。可以说，核桃是漾濞县的"王牌产业"。

为进一步提升漾濞核桃产业发展水平，助推漾濞核桃产业高质量发展，经过交流，漾濞县委托农本咨询为漾濞核桃区域公用品牌建设进行战略规划。

漾濞：中国南方核桃的发源地

签约后，我们成立了项目组，深入研究漾濞核桃的前世今生，发现漾濞核桃确实不简单。

漾濞是中国南方核桃的起源地，种植核桃已有1 000多年历史。1980年，在漾漾濞县平坡镇高发村的核桃林中发现了埋藏在地下的一段核桃古木，证实早在3 500多年前，漾濞就有核桃分布，比张骞第一次出使西域还早1 400多年。

漾濞是全国最大的核桃苗木输出地。漾濞特有的大泡核桃品种，也就是我在北京见到的漾濞核桃，在全国尤其是南方影响很大。在食用油匮乏的20世纪60年代，在毛泽东主席"每户种一升核桃"批示的鼓舞下，全国各地开始大力发展核桃产业，到漾濞、新疆等地调取种子。1991年后，核桃嫁接技术取得突破，漾濞大泡核桃苗木大规模销往各地，年输出苗木最多时达到3 000万株，占全国40%之多。

漾濞也是最早命名的"中国核桃之乡"。1995年，漾濞即被国务院发展研究中心评定为"中国核桃之乡"，并载入《中华之最荣誉大典》。2000年，漾濞县与其他九县市被国家林业局授予"中国名特优经济林核桃之乡"的称号，成为全国第一批核桃之乡。

漾濞拥有全国唯一的核桃研究院。始建于1963年的"云南省林业科学院漾濞核桃研究院"，是国内唯一专门从事核桃科研推广的机构。研究院主要研究云南核桃和美国山核桃良种选育、丰产栽培及病虫害防治，并对研究成果进行推广。在种植管理技术上，研究院成功探索出"六个一"的栽植标准和"四个一"的抚育管理措施，以及"核桃＋绿肥＋饲料作物＋生态猪＋沼气"的绿色循环发展模式。

漾濞核桃质量很好，曾获"全国第一"。以"大泡核桃"为代表的"漾濞核桃"，以果大、壳薄、仁白、味香、营养丰富而驰名中外，在1979年全国核桃技术协作会上荣获"全国质量第一"。此后几十年间，漾濞核桃多个品种陆续通过了云南省林木良种认定。

漾濞核桃是大理州最早注册的证明商标。2011年，漾濞就成功注册漾濞核桃地理标志证明商标。

漾濞在全国核桃技术协作会上荣获"全国县级人均占有量第一"荣誉。漾濞农民人均拥有核桃树100余株，远超其他核桃种植县。

不过，虽说漾濞核桃拥有多个"行业第一"或"全国唯一"，但受限于当时条件，漾濞核桃产业化程度较低，以初加工和大流通为主，在市场上并不占优势。与此同时，由于地处偏远，漾濞县不为人所熟知，甚至一些人不认识"漾濞"这两字，全国知道漾濞核桃的消费者更是寥寥无几。

另外，我们研究发现，2014年全国核桃总面积达到7800万亩，其中新栽核桃林超过30%，全国核桃产量已超过240万吨，且依旧呈现出上升趋势。云南省2011年核桃产量仅30万吨，2014年则已达到77万吨。

这一切表明，在供大于求的背景下，对于漾濞这样一个知名度不高的核桃产区而言，必须快速打响品牌，而且要找到捷径。

创意：漾濞核桃仁好

在充分了解漾濞核桃产业发展历史，并考察漾濞核桃产业发展整体情况后，我们将目光聚焦到了漾濞核桃产品本身。

调研中，我们向漾濞核桃研究院习学良院长询问了漾濞核桃表面"黑斑"的原因。经介绍，这"黑斑"并非漾濞核桃病变或变质的表现，相反，它是漾濞核桃为生态产品的"证据"。

因为漾濞是山区，核桃树多长在山坡或地势陡峭的地方，采核桃用竹竿敲打，核桃掉到地上，青皮砸进凹陷的部分氧化后变黑，因此外壳带斑。当然，要除去这些果壳的黑斑也并非难事，只要用水冲洗或经过一些工艺处理，便可干干净净。这样来看，我第一次看到的"黑斑核桃"是未经处理的"原生态"漾濞核桃。

为进一步了解漾濞核桃的品性特征，我们特意赶去大理州，请教漾濞县老县长、长期研究漾濞核桃产业发展的杨源老先生。

交流中，我们猛然意识到，"外表"不是漾濞核桃的核心特点，果仁品质才是漾濞核桃的真正优势。也就是说，漾濞核桃看似平常，甚至有几分"丑陋"，但"漾濞核桃仁"却胜人一筹。

因此，重新定义"好核桃"的标准，是漾濞核桃品牌创意的切入口。

经过消费者调研后我们发现，消费者眼中的"好核桃"一般具有这些特征：

壳薄、仁白、出仁率高、味香、含油率高、口感好、个头大……但行业中很多地标核桃宣传没有聚焦点，消费者印象不深。如石门核桃宣传"个大、仁丰、皮薄、易取仁、脂肪和蛋白质含量高、风味香甜"；大姚核桃宣传"壳薄、形美、仁白、饱满味香甜、含油率高达73.4%、出仁率52%"；洛南核桃宣传"个大、仁饱、皮薄、质优"；和田核桃宣传"壳薄、果大、含油量高"等，宣传点都大同小异，没有差异化。

另外，虽然消费者在描述他们心目中的好核桃时，都提及"果个大、果壳滑"等外观特征，但若问及他们最关心的，大家几乎不约而同地选择了"好吃""安全"等和核桃仁有关的产品特征。

因此，经过反复研究，我们创意了"漾濞核桃 仁好"的价值主张。

让苍山、洱海为漾濞核桃"代言"

确定了漾濞核桃广告语后，我们便着手创意漾濞核桃品牌形象。如前文所说漾濞知名度不高，但漾濞所在的大理州是旅游胜地和历史文化名城，大理的地理坐标——苍山、洱海家喻户晓。

基于此，我们提出让大理地标"苍山"和"洱海"为漾濞核桃"代言"的创

漾濞核桃 仁好
YANGBI WALNUT

意思路。一个以"山""海"抽象图形组合的"漾濞核桃"形象跃然纸上。

好创意不需要解释，因为一看就懂了，一说就记住了。很多人看到漾濞核桃这个图案，都会问这是不是"苍山"和"洱海"。确实如此，这就是我们创意的初衷。

与此同时，我们将漾濞传统"打核桃"的场景演绎成版画，描绘出一个生态、自然却又极具民族特色的文化图腾，将它作为辅助图案在漾濞核桃产品包装和广告宣传中应用，强化了漾濞核桃的生态特征。

2016年3月，漾濞核桃品牌战略启动仪式在昆明举办，漾濞县委书记杨瑜手捧漾濞核桃包装和工作人员合影，媒体记者记录下了这个瞬间。

为持续传播漾濞核桃品牌，从2016年开始，漾濞每年九月份都举办漾濞核桃文化节。核桃节坚持以品牌为主角，同时不断创新宣传推广方式。

2016年，漾濞县以"开启漾濞核桃e时代，助推漾濞大发展"为主题，在杭州、上海、广州三座城市同时开展推介活动，远程同步直播，与漾濞县主场互动，四城联动推介漾濞核桃；2017年，漾濞核桃节以"世界'核'心，中国'桃'源"为主题，继续深化品牌内涵；2018年，为期一个月的漾濞核桃节陆续举行了漾濞核桃特色小吃品鉴暨名特优产品展销活动、融媒体平台启动仪式、"云南省核桃产品质量检验中心"挂牌仪式等活动；2019年，在被誉为"云上村庄"的漾濞县光明村，开展了核桃祭、开竿仪式、文艺演出、商品展销和美食大赛等活动；2020年，漾濞县采取线上线下同步举办核桃节，持续做大节庆品牌，围绕"把核桃产业确定为高原特色现代农业重点产业"的目标，强力推进漾濞核桃产业提质增效，

有效提升了节庆活动影响力和"漾濞核桃"品牌引领力。

随着品牌知名度和影响力的提升，漾濞核桃区域公用品牌屡获殊荣：2017年，漾濞核桃荣登中国果业品牌百强榜；2018年，漾濞核桃荣获"果业扶贫政府贡献奖"；2019年，漾濞核桃入选"年度农产品区域公用品牌新锐品牌"。

与此同时，漾濞核桃产业建设也渐入佳境：2018年，漾濞核桃成功入选"第二批中国特色农产品优势区"；2019年，漾濞核桃区域公用品牌发展服务中心成立，核桃质量普查工作深入推进，质量检测服务、品牌管理运营再上一层楼；2021年，漾濞核桃加工机械一体化生产线投入使用。

目前，漾濞核桃已成为云南省高原农业代表和大理州最知名的特色农产品之一，为漾濞推进乡村振兴和促进共同富裕做出重要贡献。

仙居杨梅：
"三品一标"典范的品牌打造

因为中央的倡导和农业农村部的推动，新"三品一标"（品种培优、品质提升、品牌打造和标准化生产）成为新时期农业工作的指导思想。其实，早在相关文件出台前，不少地区已经按照"三品一标"的思路在发展产业，并且取得了巨大成就。2021年和农本咨询合作的浙江仙居县就是典型代表之一。

仙居杨梅是我国杨梅行业种植面积、产量、产值和品牌价值的"四冠王"，面对这么多的"全国第一"，仙居杨梅品牌该如何升级？ 2020年7月，仙居县农业农村局领导来到农本咨询，一见面就向我提出了这个问题。

黄岩的"东魁"成就了仙居

"五月杨梅已满林，初凝一颗值千金。"

每年农历五月走进浙江仙居县，群山翠岭间一派醉人的景象，沉甸甸的杨梅挂满树梢，凝翠流丹，闪红烁紫，满山遍野飘溢着馨香。

中国杨梅之乡仙居地处北纬28度，西南北三面环山，为大陆性气候向海洋性气候过渡的区域，昼夜、四季温差大，是杨梅生长的绝佳之地。早在东晋时期仙居就大规模种植杨梅了，县内至今生长着28棵千年以上的杨梅树。然而，今天的人们不知道的是，20世纪80年代仙居种植的多是"水梅"等传统品种，果味偏酸，并不受市场待见，当地老百姓主要用来酿酒。如今让仙居杨梅名扬天下的品种——"东魁杨梅"并非仙居原产。

"东魁杨梅"由我国现代园艺学奠基人之一吴耕民命名，寓意"东方之魁"，平均单果重20～25克，最大可达40多克，是现在世界上"最大果形、最大果重"的特大型杨梅品种，有"乒乓杨梅""杨梅之皇"的美誉。1984年，仙居林业局干部沈青山从黄岩东岙村背回了200株嫁接的东魁杨梅树苗，在横溪镇桥亭村、南峰街道赵岙村两地小范围试种，由此拉开了仙居杨梅的新时代。

沈青山是土生土长的仙居人，1978年，沈青山从台州农校果树专修班毕业，进入仙居林业局从事水果技术推广。1979年12月，"东魁杨梅"首次出现在《果树栽培学各论》一书中，引起了他的注意。东魁杨梅源头是仙居隔壁黄岩县江口乡东岙村大虫坑山脚下的一株野生杨梅树，与其他杨梅树明显不同的是，这棵树结的杨梅具有大叶大果、核小味甜、肉柱饱满等特点，相比仙居原生种植的"水梅"品质优势十分明显。

出乎沈青山意料的是，东魁杨梅引进仙居之初并没有受到热烈欢迎，毕竟是外来品种，农户不熟悉，加上杨梅树生长周期长、初挂果产量低，收益并不高。几年下来，很多梅农都没了信心。

1987年，中国农科院水稻研究所专家到仙居推广一种水稻种植新技术。听完课的沈青山开始琢磨：能否将这种技术应用到杨梅树上？经过5年多的不间断试验，仙居林业局和课题组终于总结出了一套完整的新技术，使幼龄东魁杨梅的投产期提前两到三年，并有效地避免了杨梅结果"大小年"现象。东魁杨梅产量因此增加一倍多，品质也明显提升。

东魁杨梅速生优质丰产栽培技术在仙居步路乡西炉村进行了大面积试验，效果显著。该村杨梅产量一下子达到1 000多吨，成为远近闻名的"仙梅"村。西炉村的成功吸引周边村民纷纷效仿。仙居县委县政府也开始将东魁杨梅作为全县特色主导产业大力发展，陆续实施了"百里杨梅长廊""万亩杨梅上高山"等工程，制定相应奖励政策，鼓励农户种植东魁杨梅。

品种原产地在哪里不重要，能"为我所用"是关键。有了东魁的引种经验，1986年，仙居又从余姚慈溪引进和东魁错峰上市的荸荠种杨梅，实施"杨梅梯度栽培"工程，即在平原种植早熟的荸荠种杨梅，在中高山区种植晚熟的东魁杨梅，利用海拔高度差硬生生将仙居杨梅的采收期从不到20天延长到近两个月。

一任接着一任干，如今仙居是浙江省最大的连片杨梅栽植区，也是全国"东魁杨梅规模种植第一县"，赢得了"中国杨梅看浙江，浙江杨梅看仙居"的美誉。

从仙居杨梅产业发展历程来看，显然仙居杨梅是品种调优的赢家。种植东魁品种，实现产品领先；种植荸荠种杨梅，延长产品供应期。品种结构调整为仙居杨梅产业发展奠定了坚实基础。

"一颗打药，全山摇光"

为了保障仙居杨梅产品质量，仙居杨梅管理部门想尽了办法。

2012年，仙居颁布《仙居杨梅质量安全监管工作实施方案》。县里专门建立一支"竹竿队"，一旦发现杨梅违规用药或检测不合格的，就将该种植户的杨梅敲落。当时，仙居杨梅基地随处可见"一颗打药，全山摇光"的标语。

与此同时，仙居县农业、市场监管等部门联合组建了一支质量监管员队伍，在全县5个大型杨梅批发市场、5个杨梅专业合作社以及各乡镇街道，建立了28个质量安全检测站，让质量检测覆盖全县投产杨梅园和杨梅市场。

2017年5月27日，在全县杨梅质量安全监管工作会议上，仙居县委副书记、县长颜海荣说："让每一颗杨梅都经得起检验，绝不让一颗不合格的杨梅流入市场。"这是仙居人对杨梅品质的郑重承诺。从2018年以来，仙居全县梅农质量安全培训覆盖面达100%，质量安全承诺书签订率也一直维持在90%以上。

为了改变重施化肥的传统做法，仙居多次推行重施有机肥、套种绿肥、生态复合栽培等专项行动，直接补贴梅农，并联合肥料公司开发杨梅专用肥料，专肥专用。

为了推行生态防治，仙居政府购买物资免费发放，基本将杀虫灯、黄板粘卡、种植波斯菊等物理防治方式覆盖全县投产杨梅园。

对品质的坚守和持续提升，让仙居杨梅赢得了市场的口碑，成为仙居人致富的"金字招牌"。2020年，仙居杨梅鲜果产值达8.5亿元，全产业链产值达20亿元，带动梅农户均增收2.6万余元。

供应链标准化体系领先全国

为了守护好这颗"致富果"，仙居全县实行杨梅标准化生产。全县统防统施统检，全域推行绿色标准化生产，建成了13.25万亩全国杨梅绿色食品原料标准化生产基地，建有25个高标准仙居杨梅示范园区和65个绿色标准化示范基地。

与此同时，当地还建立起了技术标准推广网络体系，以杨梅产业首席专家为指导、农技责任员和300多个村级技术辅导员为支撑，在全县进行标准化生产普及。最初背回东魁树苗的沈青山也是其中之一，后来沈青山因全身心投身杨梅事业被评为"全国劳模"。

对于杨梅这种"娇贵"的果品来说，除了生产技术，后端保鲜也很重要。仙居根据不同的运输地点，采用冰袋保鲜、微孔气调保鲜、真空包装、氮气包装、泡沫箱防震、全程冷链运输等多种手段延长鲜果保鲜期，形成了一整套较为成熟的杨梅储运技术。

随着电商的发展，仙居杨梅还开启了线上线下同步营销模式，与顺丰速运、邮政公司等物流企业签订战略合作协议，同时建立21个大型产地批发市场，300多套冷藏包装设备，1个仙居杨梅顺丰独立中转站，实现全程"锁鲜"运输。

今天，人们在全国各大城市都可以吃到新鲜的仙居杨梅，并且这些杨梅品质如一。从果实生产到商品交付，仙居杨梅的供应链标准化体系建设已然成为全国果业学习的榜样。

"人间仙果 仙居杨梅"

2021年6月3日，中国杨梅发展大会暨第24届仙居杨梅节在仙居聚仙庄隆重开幕，农本咨询为仙居杨梅创意的"杨梅仙子"品牌形象和"人间仙果 仙居杨梅"广告语一经亮相，就得到与会领导和嘉宾广泛好评。

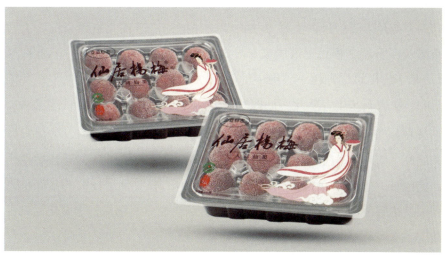

　　凭借得天独厚的自然优势，仙居选对品种、追求品质，生产出了深受市场欢迎的优质杨梅，但仙居杨梅之所以名扬天下，产生良好的产业效益，还是因为仙居人长期不懈地打造品牌。

　　仙居人对品牌的重视，在产业发展之初就已经种下"基因"。

　　20世纪90年代初期，步路乡西炉村村委会主任郑胜华就想出"办节庆卖杨梅"的法子。1993年6月12日，西炉村首届杨梅节开幕了。在那个年代，农产品节庆还是稀罕事，杨梅节引发媒体广泛报道，仙居杨梅一时间变成了抢手货，价格从每斤一元左右跃到三四元。这一年，西炉村的果农收入最高的达到5 000多元。

　　1994年6月，西炉村再次举办杨梅节，并把杨梅送到北京请全国人大常委会原副委员长严济慈、程思远等国家领导人品尝。严济慈在品尝后，欣然挥笔题下"仙梅"两字。程思远则题下"梅中仙品"。后来，西炉村将"仙梅"二字刻在村后山上的一块大石头上，从此"仙梅"成了仙居杨梅的金字招牌，妇孺皆知。

　　后续杨梅节从村活动变为镇活动，又变为县级节庆。28年来，仙居举办杨梅节从未间断。每年杨梅上市季节，全国各地媒体记者齐聚仙居，对仙居杨梅进行报道。据统计，近年来在央视、卫视等媒体播出的有关仙居杨梅的新闻信息、专题片视频就达到5个多小时。各种"唱杨梅、画杨梅、写杨梅"等文化活动更是持续不断。

2007年，"仙居杨梅"证明商标正式获批并投入使用，先后获得原产地保护认证、地理标志认证和国家农产品地理标志登记，仙居杨梅品牌价值在农产品区域公用品牌杨梅类中排名全国第一，并成功在美国、日本等13个国家和地区注册。

从2012年起，仙居连续8年到销区开展仙居杨梅推介会。2016年在深圳举办推介会后，当年仅顺丰速运的深圳流向件量同比提升了4倍；从2017起，仙居连续5年在上海举办推介会，上海流向件量每年平均提升约23%。2019年，顺丰和邮政共寄出228万箱仙居杨梅，同比增长50.5%；营业收入8 865万元，同比增长47.9%。

到2020年，仙居杨梅无论是种植规模、产量、产值，还是商品化处理能力、品牌效应、市场占有率，均居全国首位。仙居已成为名副其实的"中国杨梅第一县"。

就在这时，仙居县农业农村局找到农本咨询，希望能够借助专业团队的力量，实施仙居杨梅品牌升级。

面对产业发展如此成熟、知名度如此高的杨梅品牌，仙居杨梅的品牌升级到底要做什么？需要解决什么问题？

农本咨询团队研究发现，仙居杨梅最初赢得市场，很大程度上得益于率先引种了东魁品种。现如今，东魁作为最受消费者欢迎的杨梅品种，全国种植面积有350万～450万亩，占全国杨梅栽培面积的65%，仙居已经很难单纯依靠品种取得绝对优势。

因此，巩固"杨梅第一品牌"地位，让仙居的产地优势被消费者所认知，这是仙居杨梅品牌升级要解决的重点问题。

和全国许多地标农产品一样，仙居杨梅虽然名声在外，却没有一句耳熟能详的广告语，也没有一个让人过目不忘的品牌形象，这对仙居杨梅市场竞争不利。因此，为仙居杨梅创作一句叫得响的广告语和一个高辨识度的品牌形象是品牌升级的重点。

与此同时，我们也希望借助大创意实现仙居杨梅独特品牌价值的传播，强化其"第一"地位。

　　众所周知，仙居因"神仙居住的地方"而得名，神仙文化是仙居地理文脉，也是仙居独特小气候的生动写照。恰好中国人形容好吃的水果时往往用"人间仙果"来表达，"人间仙果 仙居杨梅"，再也没有比这句话更适合传达仙居的产地优势和品牌价值了。

　　为了方便消费者更好地理解"人间仙果 仙居杨梅"，我们用一段话忠实描述了仙居独特小气候和杨梅品质的关系：亚热带季风气候和流纹质火山岩地貌"相遇"在仙居，形成了仙境一般的独特小气候，造就了仙居杨梅的独特风味。

人间仙果 仙居杨梅

亚热带季风气候和流纹质火山岩地貌"相遇"在仙居，
形成了仙境一般的独特小气候，
造就了仙居杨梅的独特风味。

同时，借由人们脑海中的"仙子"概念，我们创意了手捧杨梅的"杨梅仙子"，将其作为仙居杨梅品牌形象。

这一系列创意传递了仙居杨梅价值，强化消费者认知，赢得了仙居上下一致认同，也获得了客商和消费者的欢心。

2021年6月17日，"万人购仙梅·万人游仙居"上海推介会举行，"人间仙果 仙居杨梅"受到上海市民热烈欢迎，一位客商兴奋地说："形容仙居杨梅，再也没有比'人间仙果'更贴切的了！"

品牌建设引领仙居杨梅高质量发展

2021年3月，农业农村部办公厅印发了《农业生产"三品一标"提升行动实施方案》，提出"品种培优、品质提升、品牌打造和标准化生产"，为现代农业发展指明了方向，也成为新时期农业品牌建设的指导思想。

客观说，作为农产品区域公用品牌建设的先行区，浙江省曾涌现出安吉白茶、仙居杨梅、建德草莓、庆元香菇等许多"三品一标"的先行者。然而，近年来浙江省内盛行用一个品牌名称统领区域内所有农产品的"一筐装"区域公用品牌创建，在某种程度上，让诸多个性鲜明、历史悠久的浙江省地标产品被埋没，浙江省农业品牌建设也被许多省份超越。

在此背景下，作为浙江省最具影响力的地标农产品代表，仙居杨梅在产业领先、产品畅销的时刻，居安思危，实施品牌升级，用品牌战略深化"三品一标"建设，助推产业高质量发展，显得难能可贵。这也是值得许多地方学习和借鉴的。

邱县蜂蜜红薯：品牌引领产业发展

近年来，在河北农产品品牌中，"邱县蜂蜜红薯"备受关注。从零星种植到规模化发展，短短两三年时间，邱县蜂蜜红薯产业一跃成为河北省特色农业的明星。

到底是什么魔法让名不见经传的小红薯成了众人眼中的"香饽饽"？回顾邱县蜂蜜红薯产业发展历程，我们发现邱县蜂蜜红薯的快速成长源于品牌引领产业发展的战略思路。

市长为小红薯"做批示"

2017年，河北邯郸市邱县返乡创业青年马建波成立河北沐泽农业科技有限公司，在老家段寨以"企业＋基地＋农户"的模式，带领老百姓种植从日本引进的一种"蜜薯"。马建波种出的蜜薯口感好，甜度、糯度和香度比普通红薯高几倍，批发价3～5元／斤，零售价达到10元／斤。

"土特产变金疙瘩"的稀奇现象，引起了媒体的关注，新华社做了专题报道《小红薯翻身记——河北邱县红薯产业演绎乡村振兴战略》。邯郸市长王立彤得知此事后批示："邱县狠抓现代农业多措并举，小红薯做大文章。坚持制度创新、善于改革、产业引领，全面推进高效生态农业的高质量发展。"

在市场和市长的"双重肯定"下，邱县想趁机把红薯产业做大做强。县里在2018年政府工作报告中提出"实施'小红薯大产业'战略"，让红薯产业成为邱县兴县立县产业，成为邱县特色农业"引爆点"。

随后，邱县红薯协会成立，申请了"邱县红薯"证明商标。

虽然确立了目标，但小红薯如何发展成大产业？怎样让红薯产业成为邱县乡村振兴的"爆破口"？邱县领导心里没有底。

经人介绍，邱县主管农业的副县长邱惠敏来杭州见我，寻求农本咨询的帮助。在听取了我们关于农产品区域公用品牌建设方法的介绍和对邱县红薯产业的战略研判后，邱惠敏邀请农本咨询团队尽快去邱县考察。

"老薯区"得走"新路子"

2018年3月，我带队到邱县考察红薯产业。

去了以后我们才知道种红薯在邱县算不上什么新鲜事，历史上邱县就是"薯区"。20世纪50—80年代，红薯是邱县农村家庭的重要口粮，邱县农民几乎家家户户种红薯；90年代以后，随着红薯"退出主粮"，红薯种植效益比较低，邱县红薯产业也逐渐萎缩。2017年，全县红薯种植面积仅四五千亩。

虽说邱县红薯产业规模不大，但我们发现邱县红薯"有搞头"，是一个值得发展的"好产业"。

首先，邱县适合种红薯。邱县地处黄河、漳河古道，这里沙土地土质疏松且昼夜温差大，种出的红薯成型好、甜度高。而且，黑龙港河流经邱县，能够满足红薯灌溉所需。同时，邱县地势平整，适合机械化作业，相比南方丘陵薯区生产成本低。

其次，种植红薯效益好。走访当地农户发现，种植红薯尤其是"蜜薯"，每亩收入有三四千元，远高于邱县传统产业棉花、小麦的种植效益，老百姓种红薯的积极性很高。而且，红薯既可鲜食，也可加工，可以延长产业链，提高综合效益。

与此同时，我们也发现邱县土壤虽然适合种植红薯，但受多种因素影响，邱县可以种红薯的土地总共只有10万亩左右。和动辄几十万亩的大薯区相比，邱县只能算个"红薯小县"。另外，邱县受市场欢迎的不是传统红薯，而是口感佳、鲜食用的"蜜薯"。

通过综合分析，我们认为邱县红薯产业必须走"精品化""鲜食化""品牌化"的高质量发展道路。惟有如此，才能实现"小红薯助力邱县乡村振兴"的大梦想。

听过我们的思路后，邱惠敏向县委书记孙志英请示，请我在邱县政府中心组学习会议上做专题讲座，把这些看法以及农本咨询的实践案例讲给大家听。讲座结束，孙志英兴奋地对我说："这下可找到了'诸葛亮'。"她要求尽快启动邱县红薯品牌战略规划。

好品牌从命名开始

明确了邱县红薯产业发展方向，我们便着手进行邱县红薯区域公用品牌战略创意。农本咨询项目组研究后认为，邱县红薯想要跻身"高端红薯"市场，与普通红薯形成区隔，最好从产品名称就有所区别。

实践中，农产品名称体现出产品特质，往往能第一时间吸引消费者购买，"阿克苏冰糖心苹果""中卫硒砂瓜"就是很好的例子。红薯中，已经成名的"桥头板栗红薯""六鳌蜜薯""天目山小香薯"等也都以独特的命名让自己与普通红薯区别开来，从而提高了"身价"。

因此，如果以"邱县红薯"命名，很难让消费者有眼前一亮的感觉。同时，虽然邱县红薯的主力品种是"蜜薯"，但如果用"邱县蜜薯"命名，容易和"六鳌蜜薯"等市面上已有的红薯混淆。因此，我们提出要用更有价值感和传播力的名字彰显邱县红薯的价值。

品尝邱县的蜜薯，我们发现，与别的红薯相比，邱县蜜薯最突出的特点是"又甜又水润"。经检测，邱县蜜薯糖度高达20度，再加上薯肉绵软水润，呈淡黄色，我们认为把邱县红薯比作"蜂蜜"最为恰当。经过研讨后，我们最终将邱县红薯取名为"邱县蜂蜜红薯"。这个命名开创了一个红薯"新品类"，不仅生动地传达了邱县红薯的特点，而且能引发美好联想，降低营销传播成本。

确定品牌名称后，我们便开始"邱县蜂蜜红薯"广告语创作。

红薯是常见的粗粮，每个人都有自己喜欢的食用方式，其中最常见的食用方法是"蒸、煮、烤"。为了让消费者想吃红薯时就能想起邱县蜂蜜红薯，我们创意了"邱县蜂蜜红薯　蒸煮烤样样好"的广告语。这句话直接表达邱县蜂蜜红薯的"承诺"——"咋做都好吃"，既能打消消费顾虑，也能激发购买欲望。而邱县蜂蜜红薯香甜软糯、个头适中，确实蒸、煮、烤都很好吃，能够完美兑现这个承诺。

与此同时，我们设计了人格化的IP形象"Mr.邱"，作为邱县蜂蜜红薯的代言人，让品牌更具亲和力和识别度。现在，这一形象已广泛应用在产品包装、宣传推广和文创产品上。每当人们看到竖着大拇指的"Mr.邱"，就立马想到邱县蜂蜜红薯。

　　2018年9月，邱县蜂蜜红薯区域公用品牌在第22届中国（廊坊）农产品交易会上发布。同年11月，由河北省农林科学院粮油作物研究所、河北省薯类产业技术体系、河北省甘薯产业技术创新联盟主办的"河北省第三届'邱县蜂蜜红薯杯'薯王争霸大赛暨甘薯产业高质量发展论坛"在邱县举办。

　　此后，"邱县蜂蜜红薯"先后亮相中国国际农产品交易会、中国国际进口博览会、中国国际食品配料博览会、全国甘薯行业产销对接大会、中国甘薯产业博览会、中国国际薯业博览会、京津冀蔬菜食用菌产销对接大会等一系列行业展会。

每一次参展，展台前总是人头攒动，"邱县蜂蜜红薯 蒸煮烤样样好"的广告语也随之不胫而走。

质量、文化"两手抓"

邱县红薯产业高质量发展，不仅需要"面子建设"，也需要"里子建设"。农本咨询项目组在塑造邱县蜂蜜红薯"颜值"的同时，也为邱县红薯产业高起点发展设计了路径。

首先，为确保邱县蜂蜜红薯品质，农本咨询建议邱县与中国农业科学院甘薯研究所、中国农业大学等科研院所和高校合作，结合市场需求和邱县种植条件，引进、培育优质红薯品种，让产业赢在起点。

2021年4月，河北省创新驿站甘薯脱毒组培中心在沐泽农业公司成立，为邱县蜂蜜红薯生产提供种苗保障和技术支撑。近几年，邱县引种的"人参薯""板栗香薯"等都是优质鲜食红薯，均具有"蜂蜜甜"的特征。新品种的引进，强化了邱县蜂蜜红薯的产品特征，也丰富了邱县蜂蜜红薯产品线。

其次，农本咨询建议邱县制定"优质红薯标准"，抢占"优质红薯"产业高地。经农本咨询引荐，邱县人民政府与中国优质农产品开发服务协会战略合作，就"优质红薯标准制定"等达成共识。

与此同时，邱县将"邱县蜂蜜红薯"品牌授权沐泽农业、卫强农业和御薯食品三家企业使用。获牌企业通过"公司＋基地＋农户"的利益联结，推广高垄覆膜技术、滴灌水肥一体化技术和生物农药防治地下害虫，提高了全县红薯生产水平。

抓质量建设的同时，为延长产业链、提升价值链，邱县深化农文旅融合发展，将邱县蜂蜜红薯品牌建设与美丽乡村建设相结合，深度开发邱城镇段寨村"红薯小镇"，还引进了旅游开发公司，为"红薯小镇"量身打造了一系列文旅和商旅项目。现在的段寨红薯小镇，除了红薯文化墙绘，还陆续建成了邱县蜂蜜红薯销售体验中心、邱县蜂蜜红薯产业园、"薯香别院"特色民宿群、薯乐农家餐饮区、农场亲子体验区等。2020年12月，邱城镇入选了第十批全国"一村一品"示范村镇。

品牌引领产业驶上"快车道"

2018年9月"邱县蜂蜜红薯"区域公用品牌发布后，邱县红薯产业走上了品牌引领产业发展的"快车道"。截至2021年10月，邱县红薯种植面积从原来的1万亩发展到了6万亩，产值从几百万元增长到了4.13亿元。

2020年8月，沐泽农业公司负责人马建波接受媒体采访时说："普通的红薯在市场上批发价每公斤只有3角到1元，但咱们的蜂蜜红薯经过品牌打造，在网上能卖到每公斤20元，在北京、上海的超市最高能卖到每公斤40～76元，就这价格，消费者还抢着要！"据了解，2020年邱县蜂蜜红薯批发价普遍在每斤8元以上。

更为重要的是，品牌效益的拉动，改变了薯农"重产量不重质量"的老传统，使得邱县红薯产业朝着"先进薯业"的方向稳步前进。近年来，邱县蜂蜜红薯在多个全国大赛中获奖，如第一、二届"华薯杯"全国优质红薯口感擂台赛和第四届"亿丰年杯"全国好吃红薯大赛等。

2019年，邱县蜂蜜红薯入选了"河北省二十大农产品区域公用品牌"。现今，"邱县蜂蜜红薯"已成为邱县农业的金字招牌、河北特色农产品品牌的典型。

"邱县蜂蜜红薯"的成长历程，充分说明了品牌引领产业发展的价值意义。

首先，邱县蜂蜜红薯创牌明确了产业发展方向。农本咨询在洞察行业前景和市场现状的基础上，立足邱县实际，提出邱县红薯产业要走"鲜食化""精品化""品牌化"的发展道路。在此战略思想引领下，邱县在品种选择、标准制定、生产管理和市场营销等方面，按照"一切为了品牌，一切围绕品牌"的思路全面推进全县红薯产业高质量发展。

其次，邱县蜂蜜红薯创牌撬动了市场。邱县蜂蜜红薯创牌从产品命名开始，就从消费者视角出发，有力打通了生产与市场，让产品卖得出去、卖得上价。从某种意义上说，这是邱县蜂蜜红薯品牌打造快速奏效的根本原因。反观不少传统薯区，有的产业规模比邱县大，有的产品品质不亚于邱县，但由于缺乏品牌引领产业发展的思路，品牌知名度低，产品不被市场接受，产业效益低下，可以说十分可惜。

砀山：一个电商示范县的战略升级

我国农产品区域公用品牌建设中，一个不容忽视的现象是基于"电商县"的区域公用品牌建设。2012年，"电子商务进农村综合示范项目"开启试点，此后全国"电商县"迅速扩张。由于发展农产品电商需要品牌支持，品牌建设遂成为电商县的"标配"，也是电商县项目评估验收的内容之一。

我们看到，在"电商县"建设的推动下，全国范围内涌现了各种各样的"区域公用品牌"。与此同时，由于牵头部门工作职能的局限，以及受项目特点的影响，很多伴随"电商县"建设而诞生的区域公用品牌，往往随着"电商县"验收结束而消失。但一旦有机会，这些地方出于发展产业的需要又会重新开展区域公用品牌建设。

2019年和农本咨询合作的安徽砀山县就是这样一个典型。

"网红县长"的邀约

2019年6月的一天，我在出差途中接到了安徽砀山县委常委、副县长朱明春的电话。熟悉农村电商的人都知道，朱明春是"网红县长"。作为国家药监局派驻砀山县的挂职干部，他一心扑在工作上，能力突出，也因此被戏称为"别人家的干部"。朱明春推销砀山梨膏、直播卖梨等事件被广泛报道，为砀山农产品电商带来了"超级流量"，也让自己成了"网红"。

电话中，朱明春向我简单讲述了致电的原因。砀山是安徽省"电商县"的标杆，也是全国农产品电商的佼佼者。过去几年，砀山农产品电商销售一直居全国县域的前列。2019年，砀山县作为首批国家农村电商"升级县"，要实施"品牌升级"。因为他之前听过我演讲，于是想邀请农本咨询协助砀山共同实施品牌战略升级。

我对砀山农业尤其砀山果品产业有所了解，之前也和一些专家就砀山果业发展做过交流。我以为砀山电商升级对砀山果业发展和砀山县域经济转型是难得的机遇。加上对朱明春这位有担当的"网红县长"的好感，我立马接受了邀约，并承诺在一个月内带队去砀山调研，开启项目合作。

从"砀山酥梨"到"砀山梨"

2019年7月，我们一行五人来到砀山。

要说此次来砀山，我是"故地重游"。2010年，我就已经来过这里，当时是应农业部农村社会事业发展中心邀请，参加"砀山果业多功能化课题项目"。两回到砀山都在晚上，不过这次一走出砀山高铁站，我还以为走错了地方。眼前看到的景象很难同10年前的印象联系起来。别的不说，车站前宽敞的道路和远处灯火通明的县城，就让我诧异不已。来接站的砀山商务局人员告诉我，砀山早已不再是10年前的"灯下黑"。我心中不由感叹，砀山和10年前大不一样了！

第二天，在砀山县商务局和农业农村局领导的陪同下，我们开始对砀山果业全产业链走访调研。砀山是"世界梨都"，砀山酥梨闻名天下。在砀山酥梨核心区，连片的梨园让人目不暇接，仿佛置身"梨树海洋"。陪同我们调研的砀山干部说，每年四月份，在梨花盛开时，来砀山赏梨花是一种绝美享受。为了感受万亩梨园，我们还登上了观景台。

此时正值砀山桃成熟季，我们和桃园里采摘桃子的果农聊了起来。果农吐露，砀山农民收入主要靠梨和桃，但相比来说，种梨的效益没有种桃好。在正常年份，砀山酥梨售价每斤一元多，年份不好时，连一元都不到。同时，因为砀山酥梨种植技术传统，乔化老梨树多，既不方便管，采摘也很难，导致种梨成本高，效益一年不如一年。不过，对于"黄桃"，老百姓却一致夸赞"是个好产品"。砀山黄桃品质优、口感好，是这几年电商销售的"网红水果"。

熟悉果业的人都知道，砀山酥梨是历史上的"明星产品"。砀山酥梨果个大、水分足，在产品短缺年代，是响当当的畅销水果。历史上，砀山拥有过"全世界连片种植面积最大的果园"，鼎盛期的砀山酥梨种植面积有六七十万亩。

近年来，随着新特优梨品种的出现，砀山酥梨优势逐渐减弱。按照知名梨专家、河北农业大学教授张玉星的话说，"砀山酥梨的好日子一去不复返"。与此同时，传统乔化梨树栽培费时费力，已不再适应新时期的农业发展。因此，对砀山这样的老梨区而言，产业升级势在必行。

经过深入研究和反复论证，农本咨询项目组认为砀山梨产业必须优化品种结构。鉴于砀山酥梨竞争力不断下降，以及考虑到未来市场的需要，我们提出"减'老'扩'新'"，即减少砀山酥梨种植，扩大新梨品种种植。对砀山酥梨核心产区的老梨树，采用"提纯复壮"技术，提高砀山酥梨品质。在非核心区，结合老梨园改造，引种更受市场欢迎的"新梨品种"，实现从"砀山酥梨"到"砀山梨"的转变。

农本咨询以为，"优品种"是砀山果业升级的必由之路，也是砀山电商品牌化的前提。

为确保项目顺利开展，经朱明春安排，我们和砀山县委书记王广敏会面。一见面，我便开诚布公地讲出"变'砀山酥梨'为'砀山梨'的农本方略"。也许是"英雄所见略同"，农本咨询的思路得到王书记的认同。此后，品牌建设引领砀山果业升级的战略方案便开始细化。

一句话喊出了砀山人的心声

砀山果业品牌打造主要围绕两个砀山水果区域公用品牌展开，一个是"砀山梨"，另一个是"砀山黄桃"。在创意砀山黄桃品牌时，基于"砀山黄桃是'畅销网货'"的事实，我们创意了"砀山黄桃是网红"的广告口号。在创意"砀山梨"广告时，我们颇为谨慎。

砀山梨主要是"砀山酥梨"。从某种意义说，砀山酥梨不只是砀山的水果，也是砀山的象征。历史上，砀山酥梨获得诸多殊荣：砀山酥梨获得农产品地理标志、地理标志保护产品、地理标志证明商标"大满贯";2015年,砀山酥梨被认定为中国驰名商标;2017年,砀山酥梨品牌价值被全国质量协会评估为190.64亿元;砀山酥梨成功入选中国特色农产品优势区……

因此,砀山梨品牌创意首先要符合砀山酥梨特质。同时,基于产业发展的考虑,砀山梨品牌创意也要包容未来砀山梨的新产品。

砀山项目战略创意会上,在否定了一个个创意后,农本咨询规划总监王倩悦的一番话让我们眼前一亮。王倩悦从小由外婆带大,最早也是从外婆口中听说了"砀山梨"。在结束砀山调研后,她回宁波老家看望外婆,说起自己在做砀山项目,她外婆高兴地说"还是砀山的梨好"。她的广告语创意便由此而来——"梨,还是砀山的好"。

听完王倩悦这番话,我们先是沉默片刻,随后大家一起拍手叫好!没错,我们要的就是这一句——"梨,还是砀山的好"。

关于品牌创意,农本咨询总结了不少"条条框框"。比如农产品区域公用品牌广告语和形象必须被本地人打心眼里接受,否则这个方案就不能用!因为本地人是区域公用品牌最主要的传播者,如果本地人不接受,就很难传播开去。现实中,许多广告语虽然领导认可,但老百姓不认同。因此,即便砸再多钱,也做不到耳熟能详。相反，如果老百姓发自内心地认同，广告语就会不胫而走，口口相传。

在砀山方案汇报会上，大家听到"梨，还是砀山的好"时，我看到许多砀山人会心一笑，就知道这句话说出了砀山人的心声，得到了砀山人的认同。用砀山副县长陈新启的话说，"梨，还是砀山的好"让砀山人倍感自豪。

后来我们也看到，因为特殊原因，砀山项目的创意没有完全应用，但"梨，还是砀山的好"却一直被使用，并且越传越广。这句广告语不仅出现在砀山梨推广中，在砀山对外宣传报道上也经常被使用，已成为砀山梨的标签。这再次证明，广告语只有先在本地人心里扎根，才有可能走向世界！

打造"中国水果电商之都"

在和砀山合作前，农本咨询团队曾就电商对县域经济发展的作用和意义有过讨论。和砀山合作后，在对砀山果业和砀山电商进行系统研究后，我们认为砀山电商不只为砀山果业升级提供了契机，也为砀山县域经济发展提供了机遇。

砀山电商成绩的取得，与砀山产业基础和砀山县情息息相关。砀山是果品大县，砀山酥梨是知名品牌。依托水果种植业，砀山发展起了水果加工业，仅水果罐头加工，砀山就有大大小小十几家工厂。这些工厂为砀山电商提供了标准化网货和强大的供应链支持。水果种植业与加工业的双向加持，让砀山成为了名副其实的"中国果业之都"。同时，砀山也是远近闻名的人口大县，一百多万人口和大量的青壮年，为砀山果业和砀山电商提供了充裕的劳动力。

基于对砀山产业和砀山资源的了解，农本咨询认为，砀山电商升级不应只着眼于果业发展和品牌打造，还应该有更大的理想与抱负。因此，我们提出了"砀山打造中国水果电商之都"的战略目标。

"中国水果电商之都"是立足砀山现状、整合砀山资源、发挥砀山优势的考虑，也是着眼于砀山的长远发展。"中国水果电商之都"以砀山电商升级为契机，谋划砀山在中国（农产品）电商中的定位。砀山已经是安徽省农村电商的第一名，也是全国县域农村电商的尖子生，打造"中国水果电商之都"，是砀山农村电商和砀山果业的战略升级，也是砀山县域经济转型发展的战略选择！

围绕建设"中国水果电商之都"，农本咨询项目组设计了"果业升级、网商升级、网货升级"的战略路径。推动砀山电商人与中国果业人合作，实现网商技能升级；携手中国果区，实现网货共享，推动砀山网货升级；利用砀山的区位优势和在砀山业已建成的物流基地，将砀山打造成为中国水果电商的"中心仓"，推动砀山电商经济发展。

听完砀山电商的新目标和砀山县域经济的新定位，砀山领导对农本咨询的战略规划给予了高度认可，大家都认为农本咨询的战略设计，既立足实际，又高瞻远瞩，符合砀山的现实需要。

砀山品牌战略的实施与遗憾

在砀山方案通过后，我便和朱明春商量发布"砀山战略"。我们原计划在2019年砀山酥梨上市期间，和多个电商平台联合开展砀山梨产品促销活动，同时借助电商销售开展砀山梨品牌传播推广。

让人遗憾的是，因为多方面原因，砀山梨品牌战略发布会迟迟没有召开。直到2019年10月，在一次全县活动上，才简单举行了砀山果业品牌战略宣讲动员会，举办了"砀山梨""砀山黄桃"两个区域公用品牌的授权仪式。

此后，在砀山县举办的一些活动，如"万人马拉松""砀山国际马术公开赛"，以及砀山酥梨"天猫产业带"等活动上，才导入了砀山梨品牌的相关应用。虽然只是简单运用，但由于新品牌识别性强，加上几个活动首尾相连，密集性地传播，"砀山梨"一时之间成为行业热议的话题，"梨，还是砀山的好"瞬间走红。一些业内朋友给我留言说看到"梨，还是砀山的好"了，要看下一个梨品牌你们怎么做。

砀山项目合作牵头单位是砀山县商务局。因为职能划分的原因，砀山果业品牌打造更多停留在宣传层面，规划的砀山梨产业升级项目开展较少。同时，人事变动也在一定程度上减弱了砀山战略实施推进的力度。这是砀山项目的遗憾，也是我们认为电商县品牌建设应该避免走的弯路！

上党党参：落伍的发源地要翻身

新老产区之争是农业发展中永恒的课题。我们常发现一些历史悠久的农产品产区，往往因为新产区的崛起而被动陷入激烈竞争，丧失原本的市场优势，导致产业一蹶不振。这时候要么调整品种结构，重新构建产业优势；要么通过品牌建设，重新定义产业价值，找到产业发展新的方向。2019年与农本咨询合作的山西省长治市，就是一个老产区通过品牌建设自救的典型。

党参发源地陷入"窘境"

山西省长治市，地处太行、太岳两大山脉之间，地势高险，"与天为党"，古称"上党"。当地独特的地形与气候孕育了丰富的药用植物资源，有文字记载的植物药材就有300余种，其中又以"党参"最为知名。

"上党党参"（又名"潞党参"）是古今医学界公认的道地药材，自有记载以来已有600多年的药用历史。懂行的人都知道，党参出上党故名党参。上党党参长在太行山区，具有"狮头凤尾菊花心"的外观特征，所含的多糖、党参炔苷等有效成分要比其他产区的高不少。药农采挖后，沿用古法加工，白天晾晒夜晚手工揉搓，重复三四次，使其皮肉紧实，药效更好。但是，上党党参的规模体量较小，种植面积一直稳定在两三万亩，野生面积1万亩左右，总产量约4 300吨。据当地产业主管部门分析，全市能够确保种出道地品质的区域，不会超过10万亩。

20世纪50年代，甘肃从山西引种了党参。不同于太行山区的遍地石头，甘肃的黄土高原地区土层深厚、疏松，有利于根茎的生长。党参在这样的环境下，长得"色白""身粗""条长",业内称之为"白条党参"。此外,甘肃省略了手工搓揉的环节,直接用铁丝串起来晾晒,生产效率更高,人工成本也更低。近年来,甘肃定西、陇南等地区党参种植面积迅速扩张（代表产区有定西渭源县、岷县、陇西县、临洮县、漳县,陇南的宕昌县、文县等）,目前党参已成为甘肃中药材三大龙头产品之首,年产量超过5万吨,占全国党参产量的90%。公开资料显示,仅定西渭源县的党参种植面积就在12万亩以上,当地建成了国内最大的党参交易中心,集齐了三大"国家级地标",还被中国农学会特产之乡组委会命名为"中国党参之乡"。

面对甘肃党参的强势崛起,上党党参毫无招架之力,不仅没有捍卫住"道地药材"的市场地位,也没有发挥出"物以稀为贵"的产品价值,市场份额不断被挤压,逐渐丧失行业话语权。在药用领域,甘肃党参有产量和成本优势,在安国、亳州等大宗中药材批发市场拥有定价权,中国中药、康美药业等中药饮片领军企业近三年的党参也都购自甘肃。在食补领域,甘肃党参种植年份普遍在3年以上,加上身粗条长的好品相,更受消费者欢迎。以党参的重度消费城市广州为例,在广州清平中药材市场（全国最大的贵细药材批发市场）,九成以上的店铺销售甘肃党参,只有极个别店铺少量销售山西党参,广州三大连锁药店"大参林""采芝林""健民药店"只销售甘肃党参。

因为市场处境窘迫,产业效益不佳,长治参农种植党参的积极性减退,产业发展出现颓势。上党党参虽是长治最有名的道地药材,但在长治中药材产业中的地位却节节下滑。2019年,全市中药材种植面积约128万亩,党参仅有3.87万亩。不仅规模缩小,上党党参的种植年份也在缩短。一般两年生的党参就上市,多年生党参越来越少。因为党参价格波动大,参农们不愿冒风险延长种植年份,追求"短平快",出产的大多是"小条"。品质的下降进一步削弱了上党党参的市场竞争力,产业发展陷入恶性循环。

品牌建设引领"翻身仗"

2017年12月,长治市上党中药材入选首批"中国特色农产品优势区"。为振兴产业，2019年初，长治市农业农村局找到农本咨询，希望打造"上党党参"区域公用品牌，助力"上党中药材特优区"高质量发展。

通过调研，我们发现，长治党参产业虽然问题不少，但有历史、文化优势，产业链也比较完整。2019年，全市党参初、深加工企业11家，专业合作社40余家，种植户1.2万户，户均收入均在万元以上。振东制药、太行药业、正来制药、邦仕得制药等大型制药企业，生产党参原药材及党参饮片、潞党参口服液等精深加工产品；良元商贸、振晋堂、君品等产销合作社，在卖统货的同时，也在积极探索党参电商、党参药膳等新型业态。与此同时，立足本市、辐射全省的"上党中药材交易市场"也在建设当中，不日将投入使用。

通过市场调研与分析，我们发现，长治党参产业的"窘境"，很大程度上是缘于外部竞争环境的变化：近年来，随着甘肃党参产业的兴起，甘肃党参凭借其在规模、成本、品相等方面的优势，不断蚕食上党党参市场。在全国参商中，上党党参基本上被边缘化。振兴上党党参产业，必须和甘肃党参竞争。但是，如果"正面强攻"，很显然，上党党参不占优势。因此，只有"迂回攻击"，这成了上党党参品牌突围的现实选择。

就在我们为上党党参突围方向冥思苦想时，一份行业统计数据报告让我们眼前一亮：党参是"药食两用"的传统补益药材，每年用来制中药饮片（或配方颗粒）和中成药的占党参总产量的3/4，用于食补养生的约占1/4。众所周知，药用市场不讲究有效成分高低，要求供货稳定、成本低，甘肃党参具有绝对优势；滋补市场因为注重药效，虽然甘肃党参产量大，但其"道地性"与上党党参相比，则略逊一筹。因此，如果上党党参发力于此，完全有望凭借其"道地性"，成为"滋补市场"的党参首选。

同时，我们发现，近年来，受传统养生观念影响，"食疗"和"治未病"的观念开始流行，尤其在广东、福建、浙江等地，这些地区的家庭常用党参煲汤泡茶，党参需求量逐年上升，且对其价格相对不敏感，在意食材的"道地性"，也能够接受较高溢价。

通过综合分析，农本咨询项目组认为，上党党参当"补品"卖比当"药材"

卖，更易成功，能多卖钱，更有前景。因此，我们制定了上党党参"聚焦滋补养生市场"品牌战略。

切换跑道，打造补品品牌

在滋补养生市场，消费者选购产品都有明确的目的性。换言之，上党党参要在滋补市场站稳脚跟，必须有明确的价值定位。

目前，滋补养生渐趋大众化、低龄化、日常化，消费需求转向药性平和的日常滋补品，西洋参、燕窝、枸杞等增长迅速。虽然滋补品中人参名气最大，但因补力强，消费者不敢随便吃，存在替代品需求。党参与人参功效相近，但药性平和、价格较低，适合日常进补，而且与西洋参、燕窝、枸杞等日常滋补品的功效差异大，不构成直接竞争。因此上党党参的定位最终确定为"功效与人参相似的日常滋补品"。

为了更好地表达定位，项目组创意了"大补千年人参，小补上党党参"的广告语，旨在借千年人参的势能，强化上党党参的滋补属性，同时又反衬出与人参不同的"日常滋补"特点。

在品牌形象创意上，结合上党党参的外观特点"菊花心"，和"上党党参""滋补上品"的"上"字，设计出超级符号"上字符"。

　　2019年12月，长治市农业农村局携本市中药材龙头企业，参加第82届全国药品交易会暨2019国际健康营养博览会，向全行业推介"上党党参"品牌，叫响了"大补千年人参，小补上党党参"的品牌战略。企业们纷纷表示，上党党参切换"跑道"，进军滋补品市场，不仅放大了道地优势、提高了产品溢价，也给他们指明了未来产业的升级方向。

品牌引领，促进产业更新

生产上品党参

要实现好药材到好补品的转变，喊出口号还不够，需要有产品的支撑。

首先，划定优生区。 长治市山峦起伏，地形复杂，不是所有地区都适合党参生长。为保证道地性，要划定上党党参的优生区和适生区，推动党参生产向最佳区域集中。

其次，提高生产质量。 参照人参的生产方式，制定严格的种植加工标准，拉开上党党参与其他产区党参的品质差距。种植上，发展家种和野生抚育两种方式，延长种植年限，推广生态种植，严控化肥、杀虫剂、除草剂、生长激素的使用；加工上，在传承的基础上，以"高效""优质""形美""卫生"为目标进行技术升级。

再次，改变产品形态。 考虑到消费者对食用方便的需求，建议家种党参加工成党参段、党参片、党参粒乃至破壁党参，实现按"克"卖；建议野生党参开发单支或双支礼盒，实现按"支"卖。

主攻补品渠道

既然是"补品"，上党党参就要卖到那些有日常滋补文化、消费水平高的地区去，粤港澳、江浙沪是重点市场。

在渠道的布局上，我们建议放弃传统的大宗药材流通渠道，开拓高价值的补品渠道，利用行业平台开展上党党参推介会，打入两大补品渠道：一是在贵细中药材交易市场（广州清平市场、浙江磐安市场）开品牌推介会，提高上党党参在贵细药材市场的销售比重；二是在中国药品零售业态信息发布会（即"西普会"）开品牌推介会，对接老字号药店连锁和给药店供货的医药公司，争取进驻贵细补品销售柜台。

同时，鼓励平顺、壶关等党参主产县，以"电子商务进农村综合示范县"建设为契机，进一步发展上党党参的电商销售，从原产地直达消费者，缩短中间环节，提高利润空间。

撬动康养经济

2018年，长治市制定《大健康产业发展规划（2018—2030）》，将大健康产业作为战略性新兴支柱产业培育，推动长治中药材产业和康养产业发展。

在此背景下，未来，利用"滋补"属性实现与康养经济的有效衔接，也是长治党参产业的发展重点。因此，农本咨询项目组建议上党党参"接二连三"：在生产党参原药材之外，一方面，开发系列党参功能食品和保健食品，如党参茶、党参饮料、党参酒、党参糖等，满足多元化的养生需求；另一方面，探索党参相关的服务业态，如结合其他药食同源的中药材和本地食材，开发党参"药膳"，如借助壶关的温泉资源，开发党参"药浴"等特色保健服务。

此外，为快速打响上党党参品牌，我们建议长治举办每年一度的"太行山康养旅游节暨上党党参节"，一则为上党党参品牌宣传搭建平台，创造党参的体验机会，培育消费人群；二则依托党参药膳、药浴等旅游产品以及党参相关的旅游活动，推动太行山旅游向中医药特色游发展，让太行山康养旅游成为长治旅游的新名片。

但令人遗憾的是，由于多方面原因，上党党参区域公用品牌战略发布后，虽然引发行业强烈反响，也得到长治产业主体和管理部门的高度认可，但品牌建设相关工程推进缓慢。据长治市农业农村局局长秦志云表示，2022年长治市将承办首届"山西省中药材大会"，上党党参品牌建设将迎来有利契机。

发展产业，不能躺在功劳簿上睡大觉

市场瞬息万变，竞争者层出不穷，产业发展就像"逆水行舟"，不进则退。事实上，有不少像长治这样的地区，其主导产业曾经"先进"，但因消费需求或竞争格局的变化，失去了行业领先地位。这时候想要"产业复兴"，就要审时度势，另辟蹊径，通过"切换跑道""价值重塑"等方式，引领"产业更新"。上党党参在传统的药用市场竞争不过新对手甘肃党参，于是聚焦更有胜算的滋补养生市场打品牌，就是明智之举。

也有的产区，因为产业老化严重，跟不上时代发展的潮流，就要考虑引进新品种、新技术、新模式或新业态，再次"创业"，以期重新领先。

还有的产区，由于自然条件的先天不足，发展某些产业根本就没有竞争力，比如早些年浙江某地产的椪柑连年滞销，其根本原因就是该地不是柑橘优生区，这种情况下谋求复兴是很难的，战略放弃、重新培育适合当地发展的特色产业可能是更好的选择。

产业要与时俱进，不能只盯着田间地头，还得关注外部市场。提升市场营销能力的核心就是创建品牌。实践中，品牌是破解很多产业难题、引领供给端提质增效的战略手段，同时品牌也是产业护城河，一旦创建为品类领导品牌，其他产区出头的难度就会大大增加。这也是农产品区域公用品牌建设越来越受到重视的原因。

威梨："现代化"就得"品牌化"

在农业发展中，不少地区依靠后发优势，采用新品种、新技术，让产业发展从一开始就驶上"快车道"。同时，为将产业优势转变为市场优势，实现产业可持续、高质量发展，这些地区将品牌化作为又一个战略举措。

2017年和农本咨询牵手合作的河北威县，就是通过品牌建设助推现代梨业发展，促进产业高质高效的梨业新秀。

"冀南棉海"发展"现代梨业"

威县地处河北省南部的黑龙港流域，这里多是盐碱地，土地沙化贫瘠，生态环境脆弱，不适合种庄稼，过去农民以种植棉花为主，是全国十大优质棉基地县之一，被称为"冀南棉海"。近年来，由于种棉效益下降，威县探索转型，为农民寻找效益更好的产业。

2013年初，威县邀请林果专家、河北省林业厅巡视员曲宪忠来威县调研，发现威县辖区西沙河流域的沙质土壤非常适宜梨树生长。考虑到河北是梨产业大省，有发展梨产业的良好条件与基础，同时中国梨果产业存在升级机遇，威县遂决定发展现代梨业。之后，威县邀请多位专家论证，最终确定在威县西沙河流域打造河北领先、全国一流、世界知名的绿色A级高效精品梨出口基地，拉开了威县现代梨产业建设的序幕。

选用名特新优品种

在对比国内外优质梨品种的优势，并对未来市场进行研判的基础上，威县结合县域资源禀赋，最终确定"秋月梨""雪青梨""红酥香"和"新梨7号"4个品种为威县梨业主栽品种。秋月梨是日韩系优良品种，个大肉白甜度高；雪青梨是白梨系新品种，脆嫩无渣；红酥香和新梨7号为"第二代库尔勒香梨"，酥脆多汁。

引种名特新优品种，让威县梨业从源头上就具备较强的市场竞争力。

采用现代生产技术

为提高生产效率，威县主推现代果树栽培技术，采用宽行密植模式建园，这样的梨园既通风透光，又适合机械化生产，省工、省力，而且早果早丰产。

为保证新模式落地，威县制定了威县绿色A级梨标准化生产"一标五规一方案"，制定了"六个统一""八大程序""三十道工序"等建园标准，从企业入驻开始，在苗木繁育、建园、生产管理、包装销售、贮藏加工、市场物流等环节，都严格执行绿色A级生产标准。

科研上，威县与河北农业大学等高校合作，联合建设河北省梨工程技术研究中心威县试验站，并以此为基础建成了省级院士工作站，同时重点村镇配备梨产业专职干部，每个标准梨园配备专业技术人员，确保从干部到群众都统一推进现代梨种植模式。

规模化种植，园区化管理

为提高威县梨业集约化经营水平，威县流转土地，由大户或现代梨企经营，成方连片，种植面积至少100亩，通常在300～500亩。并且大多梨园都安装了水肥一体化、产品溯源系统，做到生产管理省工、省力，节本增效，农业投入品、生产环节、梨果检测等都可查可视。智慧梨园、智慧营销应运而生，为威县现代梨产业发展提供了基础和保障。

与此同时，威县引进陕西海升、河北龙集等40余家龙头企业，建设果品贮藏加工基地，打造现代化冷链物流园。

作为梨产业后来者，威县追赶超越，统筹规划，从品种选择、模式选择、标准制定、科技合作等高起点发展、高标准运行。2013—2017年，短短4年时间，威县建成了现代化高标准梨园10万余亩，成为国家级现代农业示范区、河北省级现代农业园区和省级出口鲜梨质量安全示范区。

万事俱备，只欠"品牌"

在发展现代梨业的同时，威县也感受到来自市场和产业的压力。

一方面，现代梨业投入大，但产出还是未知数。从2013年开始，威县梨产业一直在投入，到2017年才迎来首次新梨上市。对于威梨的市场首秀，各方都有很高的期待。为确保产业的预期市场效益，威县较早就意识到打造品牌的重要性。因此，从2015年开始，当地做了一系列宣传推广：

2015年，威县到北京阅兵村慰问抗战胜利70周年阅兵将士，送去了秋月梨、雪青梨、新梨7号等精品梨。"阅兵梨"名噪一时。

2016年，威县组织参加了第二十届中国（廊坊）农产品交易会、中国（上海）国际食品博览会、第十四届（昆明）中国国际农交会、第八届中国（北京）国际果蔬展览会、中东（迪拜）国际果蔬展等多个国内外大型展销会，举办了"首届梨花节暨奔向理想迷你马拉松活动"，组织了主流媒体走进威县、摄影媒体采风威县等大型采访，推介威县梨。

这虽然在一定范围内宣传了当地梨产业，但威县也十分清楚，这些宣传零散不系统，缺乏长远性。同时，威县梨品牌还没有价值定位和形象设计，不利于品牌资产的积累。综合考虑之下，威县决定聘请专业团队，为威县梨业品牌建设进行顶层设计。

2017年，经人引荐，威县政府找到农本咨询，双方携手打造威县梨业品牌。

打造"威梨"品牌，创意"梨超人"符号

2017年，农本咨询项目组走进威县调研。我们发现，威县梨产业高速发展的背后，压力和挑战不小。首先，威县梨产业价值必须快速变现，稳定产业信心。另外，虽然威县梨产业发展很快，起点也很高，但在全国梨行业，哪怕是在河北省，威县还只是个"梨新兵"，没多少知名度。虽然威县做过一些宣传，但在消费市场反响不大，知道威县梨的人很少。因此，威县梨不仅要打响，而且必须要快速打响。

但到底打造怎样的品牌？这是摆在农本咨询和威县政府面前的第一道难题！

不同于以往项目的"命题作文"，当时威县梨产业并没有明确的区域公用品牌名称。因为，和多数地方产业围绕某一个品种不一样，威县梨产业主推4个品种，在市场尚不明确的情况下，忽略谁都不应该，也无法被接受。

除了无法取舍品种外，当时坊间也有传言：作为河北省唯一改革试点县，威县要"变县成市"，今后威县地名要改变。虽然这个传言无从求证，但在一定程度上，增加了威县梨区域公用品牌取名的难度。

经过讨论，大家最后将威县梨区域公用品牌取名"威梨"。一方面，因为前期宣传推广使用"威梨"，名字好记，也已经被威县群众接受。另一方面，我们认为"威"字是威县地名的核心词，不管是威县，还是以后威县变成"县级市"，"威"字都不会改变，取名"威梨"能最大化确保品牌建设的稳定性，避免浪费。另外，在当时威县4个梨品种未被市场检验的情况下，"威梨"是对威县梨的统称，等到以后选择某个品种打品牌，"威梨"也能为品牌背书。

确定了"威梨"名称后，创作威梨标志，打造利于消费者记忆的品牌形象，成为项目组的重点任务。

经过反复思考，我们从"威"字开首字母"W"入手，结合威县地域文化"义和团（拳）"精神，利用人们常用的"加油"手势，结合梨造型，创意了威梨标志，既表达了"威梨润无比"的意境，也诠释了"撸起袖子加油干"的"威县精神"。

我们认为，快速打响"威梨"品牌，最好嫁接一个大家耳熟能详的符号，这样能够瞬间创造熟悉感，让消费者一眼记住品牌。

　　为了强化记忆，我们借用广为人知的"超人"形象，设计了一个"威梨超人"。"威梨超人"既彰显了威县现代梨产业的精神风貌，同时让人眼前一亮、过目不忘。

威梨"发威"，一鸣惊人

　　2017年6月11日，中共威县县委、威县人民政府联合中国果品流通协会、中国供销电子商务发展联盟在石家庄联合举办"威梨品牌战略发布会"，河北省农业厅、林业厅、工商局、商务厅、质监局、邢台市领导与行业专家、媒体代表、威县梨产销企业代表共计300余人参会，共同见证威梨区域公用品牌的诞生。

河北省农业厅副厅长马利民、中国果品流通协会常务副会长鲁芳校、河北农业大学教授张玉星等领导专家联合推介"威梨"品牌，威县人民政府与中国果品流通协会、上海果品行业协会、长沙红星农副产品大市场、深圳百果园、京东商城等多家单位缔结战略合作伙伴关系。

"威梨超人"的亮相引发全场关注，"撸起袖子加油干"的"威梨手势"一时间也成为"流行"。

2017年9月，第二十一届中国（廊坊）农产品交易会开幕，会上公布了"第二届河北省十大林果品牌"评选结果，"威梨"赫然在列。随后"威梨"在第十届亚洲（上海）果蔬产业博览会等多个果品专业展上受到经销商追捧，签署了多个订单。

2018年9月，"威梨"在2018中国国际商标品牌节上荣获金奖；10月，"威梨"在第二十二届中国（廊坊）农产品交易会上荣获金奖；11月，"威梨"在第十一届亚洲（上海）果蔬产业博览会荣获"2018年度中国最受欢迎的梨果区域公用品牌十强"；威县梨产业园区被上海果品行业协会授予"优质梨采购基地"……

叫响市场的同时，"威梨"也成为河北现代梨业的标杆。

2018年5月31日，河北省果品强省现场会在威县召开，威县凭借现代梨业获得"省级农业综合标准化示范县"；

2020年9月4日，河北省农业结构调整现场会在威县召开，威县作为产业结构调整典型向全省介绍威梨经验；

2020年9月5日，河北省首届梨电商大会在威县召开，全国梨果电商平台与大咖齐聚威县，盛赞"威梨"品牌。

诸多行业活动在威县召开，不仅宣传了"威梨"品牌，也展示了威县现代梨产业的成就。在某种意义上，这也昭示着威县已成为河北现代梨产业的标杆和典范。

"现代化"就得"品牌化"

威梨品牌化是威县梨产业高质量发展的选择，更是产业发展从速度到质量、从质量到效益转变的生动实践。打造威梨区域公用品牌，扩大了威县梨产品的知名度，提高了威县梨的附加值，为威县现代梨业发展提供了保障。

时下，不少地方发展现代农业时，在标准化、机械化、科技化、园区化等方面下大功夫，也舍得投入，但却不重视品牌建设，不舍得在品牌上投入，产业发展因此难以为继。我们以为，现代农业不光是生产技术的现代化，也需要市场营销的现代化。品牌是现代营销的重要手段，通过品牌打造，一方面让产业前端的投入有产出；另一方面，品牌建设的过程，也是市场需求引导供给端优化提升的过程。正因此，我们说品牌是供给侧结构性改革的抓手，也是引领产业发展的牛鼻子。发展现代农业，品牌化是标志，也是出路。这是"威梨"创牌给我们的启示。

昌吉玉米种子：种业振兴，品牌引领

2021年是中国种业振兴"元年"。2021年7月，中央全面深化改革委员会第二十次会议审议通过《种业振兴行动方案》。这是继1962年出台《关于加强种子工作的决定》后我国再次对种业发展作出重要部署，被业内视为中国种业的"第三次系统性改革升级"。

种业振兴战略背景下，地方该如何干？ 2021年10月23日，在第十八届全国种子双交会上，新疆昌吉市隆重发布"昌吉玉米种子"区域公用品牌，引发全国媒体竞相报道。至此，昌吉委托农本咨询制定的"以品牌引领种业高质量发展"的战略公之于众。

新疆种业"王牌军"需要品牌化

和昌吉结缘，源于2016年我受邀为昌吉州农业品牌建设作讲座，昌吉市农口领导因此认识了我，当时我们就昌吉市农产品区域公用品牌建设有过交流，但暂时没找到合作的契合点。

2021年3月的一天，我接到昌吉市农业农村局的来电，得知昌吉市现代农业产业园创建需要区域公用品牌建设，昌吉市邀请农本咨询做品牌战略规划。

为种业打品牌，我是有所期待的。一是，种业是农本咨询过往实践尚未涉足的领域，我们愿意尝新；二是，在种业振兴战略背景下，昌吉种业率先创牌，既抢占先机，同时对全国其他种业地区有启示意义。于是我们接受了昌吉的邀请。

昌吉制种始于20世纪80年代，通过30多年的发展，现已形成了以国家级杂交玉米制种基地和区域性良种繁育基地（西甜瓜和蔬菜）为底盘，以育繁推一体化种子企业为主体的现代农作物种业体系。截至2021年，昌吉州年制种面积稳定在100万亩以上，年产各类良种40万吨，产值30多亿元。在新疆制种产业中，昌吉扮演着重要的角色。新疆年制种9亿多公斤，其中三分之一多来自昌吉州。昌吉州政府所在地的昌吉市，是种业企业的聚集地。据统计，昌吉州拥有农作物种企68家，占全疆的近40%；全疆3家国家"育繁推一体化"企业中，2家公司总部在昌吉市。新疆5个种业科技创新联合体中的小麦、玉米、加工番茄、西瓜4个落户在昌吉。从某种意义上来说，昌吉种业是新疆种业的"王牌军"。

然而，随着竞争加剧和市场变化加快等多重因素的影响，昌吉种业发展面临着不少困惑：如何构建昌吉种业竞争力？如何提升昌吉种业效益？在昌吉发展中，昌吉种业如何做出"种业贡献"？……这些成为昌吉农口和种业组织亟须破解的难题。在此背景下，品牌化被提上了日程。昌吉市希望通过品牌建设，破解"昌吉难题"。

面对玉米、小麦、西甜瓜制种等多个选择，昌吉种业品牌化的首个问题，就是到底围绕哪个产业做品牌？这是昌吉种业品牌建设的必答题，也是昌吉种业人共同关心的大事。

昌吉玉米种子创牌正当时

通过研究，农本咨询发现，昌吉打造玉米种子品牌坐拥"天时地利"。

首先，发展玉米产业是国家战略。2021年，我国农业农村工作要点之一是"增玉米"。2020年新疆提出"四个百万亩"制种基地建设，玉米制种正是其中之一。另外，近几年随着种植业结构调整和"粮改饲"的深入实施，玉米种植面积大幅提升。政策导向为玉米制种业提供了发展机遇。

其次，昌吉玉米种子市场成长潜力大。目前，我国玉米制种有两大地市产区，一个是甘肃张掖，另一个就是新疆昌吉。2013年，昌吉州被列为国家级杂交玉米种子生产基地，昌吉玉米种子占全国10%左右的市场份额，位居全国第二。在此背景下，昌吉玉米种子有创牌扩大市场份额的必要性。同时，一路攀升的市场需求，也为昌吉玉米种子创牌提供了空间。

另外，昌吉玉米制种有得天独厚的自然优势。新疆地处欧亚大陆中心，光热充足、气候干燥、昼夜温差大且有雪水灌溉水源，是玉米制种的宝地。昌吉地域辽阔、耕地平坦，有几百甚至上千亩的成方连片耕地，隔离条件好，适合机械化作业。近些年，杜邦先锋、孟山都、德国KWS等国际种业巨头纷纷到新疆建设制种基地，荃银高科、登海、东亚、丰乐、金色农华等国内大型种子企业也接踵在昌吉跑马圈地建玉米制种基地。昌吉现代玉米制种业生态链初具雏形，有强劲的发展后劲。

基于此，我们建议昌吉种业品牌化从玉米制种产业入手，打造"昌吉玉米种子"区域公用品牌，为昌吉种业品牌化打造标杆、积累经验。

用大创意释放"昌吉价值"

我们常说，农产品创牌，既要看到有形资源，也要发掘无形资源。有形资源容易看到，无形资源不易察觉却常常更具比较优势。这一点，在昌吉玉米种子品牌战略创意中，再次得到印证。

我们调研发现，昌吉玉米制种加工水平、企业实力、种子品质等，和行业"老大"甘肃张掖相比，各有千秋，难分伯仲。昌吉玉米制种的现代化生产模式虽在生产效率、制种成本上具备相对优势，但对种子经销商和农户而言，这种现代机械化制种模式短期内仍旧无法超越传统制种的优势。

另外，访谈时，我们发现，许多人不知道"昌吉在新疆"，但经提示后，往往都会说"新疆的种子肯定好"这样的话。究其原因，就是新疆在人们印象中是一个"出产优质农产品"的地方。这是一个令人惋惜又惊喜的发现。顾客的心智难以改变。我们以为，"在新疆"是昌吉和其他种业同行的最大区别，也是昌吉玉米种子创牌的无形战略资源。

基于此，农本咨询项目组将昌吉玉米种子品牌定位为——"产自新疆的好种子"。

与此同时，我们在走访经销商时发现，作为最重要的生产资料，销售种子必须得让农民"信任"。农民要求种子不仅要"芽率高""芽势齐"，还得"产量高""抗性好""好管理"，同时，"售后服务"也是农民关心的问题。因此，只有确保种子品质优良，售后有保障，才能让农民放心买。

昌吉年日照时数2 600 ～ 3 200小时，无霜期160 ～ 190天，≥10℃的有效积温3 100 ～ 3 700℃，是全球"黄金制种带"。同时，当地已实现水肥智能灌溉、航空植保和全程机械化生产，种子纯度高、质量稳定。在制种加工上，昌吉种企已实现业界领先的全自动化加工、科技化包衣，种子芽率、纯度、净度、水分等关键性指标高于国标，能有效防治病虫害、促进生长、提高产量。此外，昌吉种企推行"育繁推服一体化"发展，种子经销商、农户全程有农资农技专业指导，做到经销商"放心卖"、农户放心种。

综合考虑品牌定位、消费者需求和昌吉玉米种子的特质，我们最终将昌吉玉米种子广告语确定为——"昌吉玉米种子 新疆良种放心种"。

与此同时，考虑到产品包装和销售场景的特殊性，我们为昌吉玉米种子品牌创作了"彩虹条"超级符号，让品牌和包装具备强烈的视觉冲击力，达到过目不忘的效果。

2021年7月，农本咨询团队汇报昌吉玉米种子品牌战略方案时，昌吉不少企业对"彩虹条"设计不以为然，但同年11月昌吉玉米种子品牌亮相全国种子双交会，昌吉企业代表看到展会现场的应用效果后，大呼"惊艳"，都说当时选择"彩虹条"选对了。所以，专业的事还是要相信专业团队。

品牌建设助力创建"西部种都"

从产业历史看，昌吉玉米种业起伏波动很大。2017年，受国家减玉米政策及市场价格波动等多重因素影响，昌吉玉米制种面积大幅萎缩。以昌吉州最大的玉米制种基地玛纳斯县为例，高峰期曾达到十几万亩，2021年已降至5万亩左右。虽然近两年昌吉玉米制种面积有所回升，但距离曾经高峰期的30万多亩还有很大差距。

相比而言，甘肃张掖玉米制种产业发展早，制种面积和种子产量稳居全国第一。2010年以来，张掖全市玉米制种稳定在100万亩，年生产优质杂交玉米种子45万吨以上，约占全国玉米生产用种的60%。

在全国玉米制种的现有格局下，昌吉玉米种业发展，必须找到自己的优势，通过品牌建设，彰显差异化，以扩大市场份额，提高产品溢价。

当前，相比甘肃的制种大产区，昌吉玉米制种在总体规模上不占优势，但昌吉却有业内同行无法比拟的"成本优势"。一个明显的事实是，目前，昌吉制种基地流转价格比甘肃张掖每亩低400元左右。

此外，昌吉制种采用联合整地、精量播种、节水滴灌、测土配方施肥、无人机"一喷三防"、联合收割机收割等先进机械和技术，已实现全程机械化制种生产。同时，当地采取"公司＋农户＋制种玉米基地""公司＋合作社／制种村＋农户"的订单模式，可统一实施机械作业、农资供应、统防统治等，这在减少人工成本的同时，进一步释放了土地增收潜力。在当前人工短缺、生产成本持续上升的背景下，昌吉玉米制种的低成本优势不仅对制种企业极具吸引力，也为昌吉种业"弯道超车"赢得机遇。

因此，我们认为，从发展趋势看，昌吉有望成为现代化制种业的"西部种都"，制种业必将成为昌吉叫响世界的金名片。因此，我们制定了以昌吉玉米种子区域公用品牌建设为突破口，通过品牌建设引领昌吉种业高质量发展，让种业成为昌吉的农业王牌、城市名片和经济引擎，朝着"西部种都"迈进的"昌吉战略"。围绕建设优势产业，打造全国玉米制种首选地和西部种业高地的战略目标，我们从标准化、组织化、信息化、人才化等方面入手，为昌吉设计了系统化的战略路径方案，助推昌吉种业高质高效发展。

借助全国平台打响"第一枪"

2021年10月23日，"昌吉玉米种子"区域公用品牌在第十八届全国种子双交会上的发布，引发各大媒体关注报道，被认为是品牌化振兴种业的"第一枪"。

全国种子双交会由农业农村部全国农技中心、中国种子协会等国字号单位主办，是全国种业一年一度的盛会。本届大会以"兴种稳粮保安全，固本强基促振兴"为主题，参展企业358家，参会人员1.2万人，线上观看230万人次。借助这一全国性平台发布品牌，是农本咨询和昌吉州现代种业产业联合会的精心策划。发布会上，昌吉还举办了昌吉玉米种子"十大企业品牌"和"十大畅销品种"颁奖。因创新推介企业品牌和产品品牌，受到企业欢迎，也获得与会领导和媒体广泛好评。

此次"昌吉玉米种子"亮相种子双交会，从会场广告到特展布置，靓丽的"彩虹条"大广告在一众花花绿绿、大同小异的"同行"面前独树一帜，令进入会场的上万观众"眼前一亮"。

在品牌特装展上，我们也做了精心设计，让"昌吉玉米种子"区域公用品牌"抢风头"的同时，重点突出宣传昌吉种业企业品牌和畅销品种，助推企业创牌闯市。现场，昌吉展厅吸引了大波同行及媒体关注。

据统计，"昌吉玉米种子"区域公用品牌发布后，《农民日报》、人民网、新华网、央广网等全国400多家媒体对昌吉种业品牌化进行了报道。新疆电视台的《新闻联播》《新闻夜班车》等栏目频道以及昌吉市广播电视台等以"昌吉玉米种子"品牌发布为契机，对昌吉种业发展进行多次、多方位报道。昌吉种业创牌氛围高涨，品牌化引领种业高质量发展的新征程扬帆起航！

武胜大雅柑："起跑"就要"领跑"

人常说，白纸可以绘制最美的蓝图。做农业也是如此。因为没有历史遗留问题，可以采用最新的技术和最先进的模式，在很短时间取得其他地区需要很多年才能取得的成绩。

2020年11月27日，第十八届中国国际农产品交易会在重庆盛大召开，来自四川广安的"武胜大雅柑"，成为展会上最受关注的农产品区域公用品牌之一。这是武胜大雅柑的"出道首秀"，虽说是柑橘大舞台上的新人，却也"霸气外露"，取得了"出道即巅峰"的效果。

"志向远大"的武胜选择了"大雅柑"

"千里嘉陵武胜最长"，四川武胜县是嘉陵江中下游的一块沃土，是伟人邓小平故里，四川广安的传统农业大县。武胜县气候适宜，少有冻害，自古就是柑橘生长的天然良地。柑橘是当地农民创收的重要产业之一，截至2015年，武胜县柑橘栽培面积约17万亩，产量超7万吨，产值近3亿元。

然而，由于以前发展柑橘产业，品种多而杂（包含甜橙、宽皮柑橘、柚、杂柑和柠檬等五大类30多个品种），柑橘成熟期（11—12月成熟的中熟品种占85%以上）与省内外其他多数产区重叠，其产品特色并不突出。同时，当地以传统小农生产为主，柑橘种植零星分散，单个农户、业主生产规模普遍偏小，产销脱节、生产率低。加之这些年，全国早中熟柑橘市场早已饱和，武胜柑橘产业效益持续下滑，村里不少青壮劳动力纷纷外出打工或做生意，土地大量抛荒。武胜柑橘产业何去何从，成为当地亟待解答的一道题。

为摆脱武胜柑橘产业窘境，同时为武胜乡村振兴寻找"富民产业"，在认真研究武胜资源，以及受省内外多个晚熟柑橘产区成功经验的启发，武胜县委县政府认为晚熟柑橘是武胜柑橘产业发展的方向。

2016年，武胜县组织有关部门和人员，到省内晚熟柑橘产业发展较好的眉山市丹棱县和成都市蒲江县等地考察学习，并同专家深入交流，认为发展有竞争力的产业，必须从源头上突破。经反复论证，武胜县最终选择了"新一代晚熟柑橘"——大雅柑，作为武胜县柑橘主栽品种引进，并大力引导果农种植。

大雅柑是中国农科院柑桔研究所等单位历经17年选育成功的柑橘新品种，产品性状与日本引进的"春见"相似，果肉更脆，更耐储运，因此也被业内人称为"升级版春见"。大雅柑每年1月下旬到3月中下旬上市，恰逢中国春节，市场前景较好。

"快马加鞭"布局产业

作为晚熟柑橘的后来者，武胜坚持新模式、高标准建设产业，力求"弯道超车"。从产业发展之初，武胜摒弃传统的一家一户种植模式，采用以新型经营主体为主的"大园区、小业主"模式推动规模化、集约化建园。

到2020年上半年，全县共引进业主600余名，建成连片面积在千亩以上的基地80个。基地均按照"深沟、作厢、高垄、大窝、大肥、大苗"十二字方针高标准建园，集中成片，能够实现管理机械化或半机械化、水肥一体化和病虫害绿色生态防控。同时，武胜县先后与中国农科院柑桔研究所、西南大学等签订了长期战略合作协议，专家团队全程参与柑橘产业规划、现代果园建设、新技术新品种引进、生产技术培训与指导等环节。

自2016年至2020年，短短四年多时间，武胜晚熟柑橘面积已达到20万亩，其中大雅柑面积占到95%以上。武胜一跃成为了全国大雅柑栽培面积最大的县，柑橘产业实现了由早中熟甜橙生产为主向晚熟杂柑生产为主的快速转型。根据当时的预计，到2025年，武胜大雅柑总面积将达到25万亩，总产量超过50万吨，总产值超过50亿元。

从2018年开始，武胜大雅柑已经陆续初挂果。为确保产业健康发展，从2019年开始，武胜便将产业发展重心从此前的招商引资、建基地、扩规模，转向了强化技术培训和果园管护，并大力扶持和发展晚熟柑橘采后处理和贮藏加工，通过标准化管控、处理保障优质品质。

2020年，武胜斥资2 000万元引进了12条专业水果分选线，每小时选果量可达45 ~ 55吨，形成了一个5万吨级的国有初加工中心。此加工中心引进先进的果品光电分选设备，能进行大雅柑重量、外观和糖酸内质无损检测分选，实现商品果标准化智能分类。武胜并计划发动社会资本力量筹建1个10万吨级的大型初加工中心以及24个产地初加工中心。今后所有武胜产的大雅柑都要经过初加工中心筛选分级后才流入市场。

与此同时，武胜县相继出台政策，为产业解决后顾之忧：2020年5月27日，《武胜县现代农户示范家庭农场培育行动方案》《加快培育现代农业生产型社会化服务组织实施方案》和《高素质农民培养认定管理工作方案》出台。这些文件虽然没有明说针对大雅柑产业，但让大雅柑产业"很受用"。

一切似乎已经准备就绪，但欠"东风"。

打响品牌谋出路

晚熟柑橘作为柑橘中的新品类，因为错峰上市，近些年来发展迅猛。2016年中国晚熟柑橘总面积还不到270万亩，到2019年已超过了700万亩，四川全省晚熟柑橘面积约280万亩，产量约100万吨，成为全国最大的晚熟柑橘生产基地。

2020年5月，农业农村部、财政部将四川晚熟柑橘产业集群纳入首批优势特色产业集群建设名单，四川晚熟柑橘产区又迎来了新一轮高潮，新产区也在不断涌现。如，南充市全力打造"中国晚熟柑橘之乡"，计划全市晚熟柑橘发展到200万亩；内江市和广安市分别规划了100万亩的晚熟柑橘种植……

在晚熟柑橘的浪潮中，武胜这个初来乍到的新人，虽然依靠品种领先、模式创新等在产业建设上实现了"弯道取直"，然而面对竞争愈发激烈的市场，能否最后卖好，实现产业变现，还须要抓好最为关键的一环——品牌。

2020年4月，武胜大雅柑国家地理标志证明商标注册成功后，武胜县农业农村局领导带队遍访业内"高手"，为武胜大雅柑寻找品牌策划团队。经多方推荐，武胜县找到农本咨询公司。同年7月，双方牵手，联袂打造"武胜大雅柑"区域公用品牌，由农本咨询为武胜大雅柑品牌建设进行顶层设计。

2020年7月21日，我率领项目组走进武胜。这次到武胜，对我来说有点像是"开盲盒"。因为以前每次项目合作，合作前我通常都会去实地看看，确定是否要合作。这次和武胜合作，没能先去考察，一方面是疫情所致，另一方面是因为听了武胜发展柑橘产业的思路，我认同武胜的做法，相信这会是一个不错的项目。

即便事前有这样的印象，但当我们走进武胜，和数十位大雅柑种植企业负责人交流后，还是被武胜发展大雅柑产业的力度震撼到了。大家对和农本咨询的合

作充满期待，这让我们感受到肩上的重担，下决心一定要把武胜项目做好。

虽说武胜上下对大雅柑产业都很看好，也充满激情，但我们发现武胜大雅柑产业还是有不少隐患。

首先，大雅柑是一个新品种，武胜果农尚未完全掌握大雅柑种植管理技术。

其次，虽说业主不少，但许多业主以前从事商贸或其他行业，没有务农经验，对果品行业多是"门外汉"。

另外，不少人"盲目自信"，觉得自己有见识，但实际上对果品销售不懂。还有不少业主雇人种管果园，自己当"甩手掌柜"。这种"盲目乐观"情绪在业主中间普遍存在。

此外，还有一个巨大的挑战，那就是市场对大雅柑产品认知度低。众所周知，晚熟柑橘是近年国产水果领域新产品不断涌现的一个行业，不知火、红美人、沃柑、伦晚、春见……在近一千万亩的晚熟柑桔市场中，大雅柑名不见经传，是个刚刚冒泡的"新人"。

打响"武胜大雅柑"品牌，显然成为破解诸多"武胜难题"的关键。

超级符号就是超级创意

在明确了战略重点后，我们很快确定了武胜大雅柑区域公用品牌建设的突破口：打造"超级符号"，让武胜大雅柑"过目不忘"；借助"大舞台"，让武胜大雅柑一炮走红！

大雅柑虽有特点，但消费者不能明显感知其特点。"升级版春见"是业内对大雅柑的评价，也就是说，除了具备春见的特点外，大雅柑还具有"果肉脆""果皮硬"的特点，适口性更佳，商品性更好。基于此，农本咨询项目组将武胜大雅柑定位为"更好吃的晚熟柑橘"。

确立了武胜大雅柑品牌定位后，为武胜大雅柑创作一条好广告，成为我们的重点。

农本咨询在实践中发现，好广告语往往是大白话，并且人们对它往往有强烈的"熟悉感"。这样的广告语，一叫就能记得住，并且会口口相传。

经过头脑风暴，我们创作了"武胜大雅柑，舌尖上的春天"的广告语，这是一条"自己长腿"的广告语。

大家都知道，随着美食纪录片《舌尖上的中国》的热播，"舌尖上的……"成为耳熟能详的流行语，也成为人们形容"好吃"的专用词。武胜大雅柑借用这句"流行语"，表达了"好吃"，也明确表达了武胜大雅柑的上市时间——春天。

与此同时，我们以"吃过武胜大雅柑 才知桔子多好吃"为辅助诉求，强化"最好吃的晚熟柑橘"定位，打消消费者对武胜大雅柑这个新产品的顾虑，鼓励尝试购买。

形象创意上，为了给武胜大雅柑创意一个过目不忘的符号，我们以移动社交常用的"好吃"emoji（绘文字）表情为原型，结合大雅柑的外形，设计出一个憨态可掬的舔嘴巴的大橘子，让人过目不忘。

农交会上高调"出道"

让武胜大雅柑快速叫响市场，是武胜大雅柑创牌至关重要的一步。

大雅柑产业是武胜乡村振兴的选择，凝聚了武胜数万名果农的汗水，承载着他们对未来美好生活的期盼。因此，武胜大雅柑品牌必须一鸣惊人！这是农本咨询和武胜人民的共同愿望。

在产品上市季宣传品牌，这是大多数农产品区域公用品牌建设的惯用做法。因大雅柑上市季是春节前后，在春季举办武胜大雅柑品牌发布会是武胜县领导最早提出的想法，并在合作之初就明确告知了我。

我们以为，不同于老品牌提振，或是一个成熟品类的品牌重塑，大雅柑是一个新产品，几乎没有市场认知。另外，武胜县决意发展大雅柑产业，立志成为"大雅柑第一县"。因此，武胜大雅柑品牌推广要"出奇兵""造大势"。只有这样，才能达到"出道即巅峰"的效果。

在和武胜合作前，我知道"第十八届中国国际农产品交易会"将于2020年底在重庆市举办。对武胜县来说，这是"家门口的超级盛会"，是打品牌的一个千载难逢的好机会！

因为武胜距离重庆市区近，只有一个小时的车程。因此，虽然在行政区划上隶属四川省，但武胜人到重庆比去成都方便，去重庆就像"串门"一样。

意识到农交会的意义，我让人查询"第十八届中国国际农产品交易会"会期，得知农交会在11月27日举办后，我第一时间安排人和农交会的会展执行公司联系，选择了几处性价比高的"黄金广告位"，并打电话给武胜县农业农村局局长李云峰，向他说明在农交会上亮相武胜大雅柑品牌的重要性。

大雅柑是一个新产品，武胜大雅柑是一个新品牌，只有借助大舞台，才能让它快速被大家认知。作为国内最高规格和最大影响力的农业展会，一年一度的农交会既是全国农业的成果展，也是新品发布的绝佳舞台。因此，对于武胜大雅柑而言，这是快速打响业内知名度，为武胜大雅柑产业发展赢得更多关注与支持的好时机。

为了做好展会宣传，农本咨询项目组精心谋划。在展台的设计上，考虑到展会召开时大雅柑并未成熟，因此，我们提出将"展台当广告"的思路，将展台设计成一个广告位，将武胜大雅柑包装陈列在展台上，通过重复，造成强烈的视觉冲击。同时，在会展的入口处，打出武胜大雅柑区域公用品牌广告，让每名观众必然看到武胜大雅柑。

　　2020年11月27日，第十八届中国国际农产品交易会在重庆如期召开。武胜大雅柑占据会展入口广告位，加上极具识别性的品牌形象，成为了农交会上最受关注的农产品区域公用品牌之一。

　　在武胜展台现场，武胜大雅柑笑脸符号冲击力极强，不少参观者选择与"大雅柑"合影。展台前，身着古装的琴师俯首抚琴，高雅的格调和武胜大雅柑品牌相得益彰，成为展会上的一道亮丽风景线。

武胜大雅柑在希望中前行

　　武胜大雅柑走红农交会后，多家媒体竞相报道武胜大雅柑产业，一时间，形成引人关注的"武胜大雅柑现象"。

　　就在武胜大雅柑品牌建设高歌猛进之际，2021年初，一场突如其来的全国范围内的强降温，让即将成熟的大雅柑遭受重创。据悉，不少武胜大雅柑果园都有受灾，当期大雅柑食用口感和保质期大大降低。

　　虽然受挫，但武胜大雅柑品牌宣传持续"加火"。

　　2021年1月下旬，万果会和iFresh亚果会组织全国各地上百家专业采购商分两批走进武胜，参观大雅柑基地，对接企业合作社。同时，武胜县农业农村局局长李云峰走进线上直播间，向全国果商推介武胜大雅柑。

据悉，按照精品果、优质果、一级果的商品等级划分，2021年上市季武胜大雅柑出园指导价格分别为9、7、5元／公斤，电商销售指导价为24、20、16元／公斤。

尽管受冻给武胜大雅柑品质带来影响，但在当年全国晚熟柑橘价格普遍下滑的背景下，武胜大雅柑的表现依然引人注目，是年度最值得期待的柑橘产品之一。

另外，2021年武胜县干部岗位调整时，原来一直负责武胜大雅柑产业发展的几位领导的工作岗位变动，让品牌建设计划受影响，一定程度上影响了武胜大雅柑品牌建设的持续性。

历经六年的发展，武胜大雅柑在品种、模式等方面，已经取得优势和成效。在此背景下，坚定不移地推进武胜大雅柑区域公用品牌建设，是武胜大雅柑产业高质量发展的需要，也是武胜人民和我们共同的期待！

玉田供京蔬菜：
发挥资源禀赋，打造乡振产业

长期以来，受传统观念影响，我国不少地区农业发展"看天吃饭"。种什么，不种什么，往往依据当地自然条件和种植习惯定。我们说，发展农业既要看"天"，也要看"市"。发展市场需要的产业才可能效益好。

2020年，河北玉田县和农本咨询合作，打造乡村振兴龙头产业，走出了一条市场需求和资源禀赋紧密结合的道路。

农业大县缺龙头产业

玉田县隶属河北省唐山市，北枕燕山余脉，南睦渤海之滨，地处京津唐"金三角"中心地带。玉田县耕地面积106万亩，平原面积广阔，灌溉水源充足，被誉为"冀东粮仓"，是唐山第一大农业县。玉田县特色农产品有"四大一小"——大葱、大蒜、大白菜、大萝卜和金丝小枣，同时还发展粮食、生猪、蔬菜、中药材、奶牛、中华鳖等多个农业产业。2019年河北省绩效考核中，玉田县位列农产品主产区县（市）A等次第3名，被确定为"首批国家现代农业示范区""全国农村改革试验区""第四批国家农业科技园区""国家现代农业示范区农业改革与建设试点"。

然而，就是这样一个"农业优等生"，和全国许多地区一样，农业发展面临"大而不强"的窘境。产业多而散，看起来"样样都有"，实则"样样不强"。同时，因产品附加值低，当地农业增效、农民持续增收存在较大压力。

为破解玉田窘境，为玉田县选出乡村振兴的龙头产业，2020年，玉田县县长田军威邀请农本咨询专家到玉田县调研，对玉田农业进行"摸底"。

既要"向内看"，也要"向外看"

2020年6月，我和同事胡王君应邀来到玉田，我们走访基地，和农企合作社负责人交流后发现：玉田农业虽有特色，但资源分散，和省内其他区域相比，没有显著优势。

比如玉田"四大一小"产业中，有9万亩果树和金丝小枣产业，但在强手如林的果业大省河北，玉田果业压根不占优势。另外，生猪、中药材、奶牛等产业，虽然在玉田有较大规模，但主要为大型龙头企业供应原料，这些产业一产溢价空间有限。而其他特色养殖业，比如中华鳖，发展空间小，农户参与面不广。

经过综合分析，我们认为玉田蔬菜是一个值得打造的产业，有望成为玉田县乡村振兴的龙头产业。

据了解，早在1986年，玉田县就被国务院确定为"京津唐蔬菜生产基地县"，先后被授予"全国菜篮子产品生产先进县""中国大白菜之乡""中国蔬菜产业龙头县""中国优质蔬菜基地重点县""河北出口蔬菜质量安全标准化示范县""国家农产品质量安全县"等荣誉称号。2019年，玉田全县蔬菜年播种面积达40万亩，产量213万吨，产值42亿元，占农业总产值的64.3%。全县蔬菜播种面积在4万亩以上乡镇3个、万亩以上乡镇15个。同时，有耕地资源和灌溉水源做保障，未来，玉田蔬菜产业发展有上升空间。

与此同时，蔬菜种植效益较好，基本上"十年九赚"。据统计，玉田蔬菜的亩利润普遍在1 000 ~ 4 000元，远高于粮食、棉花等农作物。由于效益好，玉田农民种菜积极性很高，企业、合作社发展势头良好，产业后劲十足。玉田县农业农村局领导告诉我们，玉田县有蔬菜经纪人300多人，常年活跃在市场一线。

同时，玉田蔬菜的明星产品——玉田包尖白菜，是河北省首个成功注册地理标志证明商标的蔬菜产品，入选了"中国农业品牌目录2019农产品区域公用品牌"，在业内享有盛誉。

玉田蔬菜产业规模大，效益好，从业人数多，也有发展空间，因此我们判断，蔬菜产业具有成长为玉田乡村振兴"龙头产业"的潜质。

更让我们兴奋的是，数据显示，河北是全国蔬菜大省，在京津冀一体化战略背景下，"冀菜"是北京"菜篮子"的主要保供方之一，在北京外来蔬菜中占比高达60%。然而，"进京"冀菜中还没有出现领导品牌。我们以为，这正是玉田蔬菜品牌建设的机遇。

玉田县地处"京津一小时经济圈"，距离北京仅120公里，"近京"是玉田的特点，也是玉田蔬菜产业发展的优势。

众所周知，北京是两千多万人口的超级大市场，而且有较高的消费势能，"畅销北京"意味着可以"畅销全国"。玉田距离北京近，又交通便捷，玉田蔬菜"供京"不仅运输成本低、损耗少，而且菜品新鲜。

另外，我们了解到玉田蔬菜在北京有稳定的客源和销售渠道，并且北京市民对玉田蔬菜有一定的认知。

经过论证，我们建议玉田县委县政府选择蔬菜产业作为农业主导产业打造，同时明确"玉田蔬菜 供应北京"的战略定位，通过品牌建设引领玉田蔬菜产业高质量发展，为玉田乡村振兴破局。

2020年9月，玉田县牵手农本咨询，开启玉田蔬菜区域公用品牌建设。

"借船出海" 创 "大牌"

在规划玉田蔬菜品牌战略时，农本咨询提出了"借船出海"的策略，从品牌命名、形象设计、宣传推广等方面着手，促成玉田蔬菜品牌快速打响。

立足"供京"战略，创意"供京蔬菜"

"供应北京"是玉田蔬菜的战略方向，也是玉田蔬菜的品牌定位。创意中，出于"用命名表达战略"的考虑，农本咨询将玉田蔬菜品牌命名为"玉田供京蔬菜"。

"玉田供京蔬菜"，一来指明了玉田蔬菜的市场定位和产业发展方向，二来志在开创蔬菜的新品类——"供京蔬菜"。

众所周知，"供港蔬菜"因为严格完善的质量标准管控，已然成为优质蔬菜的代名词，具有广泛的认知度。对标"供港蔬菜"，"玉田供京蔬菜"突出"供京"专属性，既方便认知，也促进销售。

同时，借力北京"首都"势能，农本咨询创意了"玉田供京蔬菜 首都人民信赖"的广告语，强化品牌促销能力。

品质是品牌的基础。创意品牌的同时，农本咨询建议玉田县借鉴"供港蔬菜"的做法，以"供京蔬菜"品牌建设为契机，制定高于行业标准的"供京蔬菜标准"，建立起质量安全管控体系，从种植源头到商品流通严把产品质量关，生产、供应"首都人民信赖"的优质蔬菜。

借力传统文化，引发价值共鸣

设计品牌形象时，根据"供京"定位，农本咨询借鉴故宫"御膳房"牌匾的配色和字体，设计了"玉田供京蔬菜"字体logo。

"御膳房"是清朝掌管皇宫饮食的机构，因为经常在古装戏中出现，早已成为大众眼中宫廷筵宴的象征，其"蓝底黄字"的形象深入人心，具有极高的辨识度。

除字体logo外，我们将"龙"这一中华民族文化图腾引入玉田供京蔬菜品牌，以传统装饰图纹"双龙戏珠"为原型，创意了"双龙争菜"超级符号，强化"京菜"概念，进一步引发人们对"玉田供京蔬菜"的价值联想。

借力京津冀蔬菜大会，打响"玉田供京蔬菜"宣传第一枪

一年一度的"京津冀蔬菜食用菌产销对接大会"是由河北省农业农村厅、北京市农业农村局、天津市农业农村委员会及中国蔬菜协会等联袂打造的行业盛会，是冀菜进京的重要"桥梁"。农本咨询项目组认为，这是"玉田供京蔬菜"品牌亮相的绝佳舞台。

为抢占时机，在"玉田供京蔬菜品牌战略规划"尚未定稿时，我就和田军威县长商议，请他给大会牵头单位河北省农业农村厅特产处的王旗处长去电，在电话里说明玉田打造"供京蔬菜"品牌的情况，表达在第五届京津冀蔬菜大会上发布品牌的愿望。

作为河北特色产业建设的负责人，王旗处长一直倡导特色农业品牌化。因此，一听说玉田打造"玉田供京蔬菜"品牌，他表示会给予大力支持，提出让玉田县与大会举办地河北衡水饶阳县对接。

很快，玉田县农业农村局局长郝剑锋带团队前往饶阳，向饶阳县领导说明情况，得到了饶阳的大力支持。为确保玉田供京蔬菜"首秀"成功，我安排胡王君去饶阳，先去大会现场"侦察"。

我们选择将通往大会现场的必经之路，作为玉田供京蔬菜的"T台"，将道路两旁的围挡做成玉田供京蔬菜品牌墙。同时，经过努力，争取到了在大会开幕式上发布品牌的机会。

2020年12月16日，第五届京津冀蔬菜食用菌产销对接大会暨北方秋冬季设施蔬菜大会隆重召开，京津冀三地农口部门领导、客商代表、新闻媒体记者等共计400多人参会。在开幕式上，"玉田供京蔬菜"品牌发布。

当"二龙争菜"符号出现在屏幕上，大家纷纷举起手机拍照。现场的玉田供京蔬菜展位，也成为全场的"焦点"。

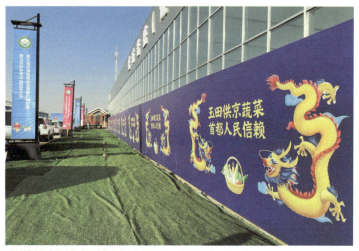

开幕式结束后，出席活动的河北省人民政府副省长时清霜，特意来到玉田供京蔬菜展台前，询问玉田供京蔬菜品牌创意的缘由，在得知玉田蔬菜产业"进京"战略后，连连称赞。

多措并举，合力创牌

玉田供京蔬菜品牌发布后，反响强烈，也让玉田人民深受鼓舞。为切实推进玉田供京蔬菜品牌建设，玉田县大力推进战略动员、组织建设和合作伙伴建设等工作。

战略动员大会

为调动全县上下参与"玉田供京蔬菜"品牌建设的积极性，2021年4月22日，玉田县召开玉田供京蔬菜品牌建设动员大会。

参加动员大会的人员，不仅有玉田县四大班子领导，全县县级职能部门负责人和乡镇村干部、全县蔬菜从业者代表、河北农大等高校和科研机构的蔬菜专家，还有北京物美超市、京津冀农产品行业联盟等客商代表。

会上，授权10家企业、合作社为"玉田供京蔬菜"品牌首批授权使用单位，聘请蔬菜专家组成"玉田供京蔬菜"产业发展顾问团……种种动作无不透露着玉田县委县政府打造玉田供京蔬菜品牌的"大决心"。

建立管理组织

为保障玉田供京蔬菜品牌建设高效推进，玉田县成立了玉田供京蔬菜品牌建设领导小组，由县委书记、县长亲自挂帅担任组长，县委、政府分管领导任副组长，各相关职能部门为成员单位。同时，在新增编制极其困难的情况下，玉田县成立"玉田县蔬菜产业发展中心"，安排专职人员负责玉田供京蔬菜产业建设和品牌建设。

除了行政管理外，玉田组织成立了玉田县蔬菜产业协会，吸纳蔬菜企业、合作社、种植大户、经纪人等相关主体加入协会。由协会注册"玉田供京蔬菜"集体商标，加强内部沟通、合作、协调、自律，并组织品牌推广和市场开拓。

缔结合作伙伴

为确保玉田供京蔬菜品质，起步之初，玉田县就与中国农大、河北农大、张家口农科院等高校和科研院所开展合作，在标准制定、新品种新技术引进推广等方面建立合作关系，制定了白菜、萝卜、辣椒、马铃薯四大单品标准，建设了2万亩高标准供京蔬菜基地。经过第三方抽检，基地内产品全部达到绿色食品标准。

之后，玉田县人民政府又与国内蔬菜花卉科技权威——中国农业科学院蔬菜花卉研究所签订合作协议，在玉田蔬菜研发中心建设、产业规划制定、新品种示范推广和技术指导、产品质量检测、蔬菜产业宣传、线上科技赋能等多方面开展合作，助力玉田蔬菜产业再上新台阶。2022年计划引进中国农科院40个蔬菜新品种试验示范，实施玉田包尖白菜品种优化改良与提纯复壮，制定玉田蔬菜产业统筹规划，并开展高素质农民培训等。

为拓宽北京市场销售渠道，玉田县与中国蔬菜流通协会建立合作伙伴关系，由中国蔬菜流通协会协助玉田对接在京各类商超、批发市场。同时，玉田县人民政府与北菜集团签约，计划在北京鲜活农产品流通批发中心设置玉田供京蔬菜展销窗口，对接北京客户，并与北菜集团共建"叶菜基地"。

支援北京抗疫，品牌效应初显

玉田供京蔬菜品牌建设的这两年，也是全国抗击新冠肺炎疫情的两年。受疫情影响，2021年玉田供京蔬菜品牌进京工作受阻，不少原定宣传计划无法实施。

2021年底，北京疫情期间，玉田凭借"近京"的优势，组织蔬菜保供北京。据统计，2021年全县蔬菜累计销往北京市场约90万吨，同比增长14.3%。其中，冬季集中调配了25万吨白菜，有力地保障了北京冬储白菜供应。

玉田供京蔬菜在市场叫响，也带动了产业效益的提升。据玉田县农业农村局统计，现在玉田蔬菜亩均纯收益可达1 500多元，特色蔬菜亩均收益更是高达7 000多元，较之前都有明显的提升。

玉田供京蔬菜品牌建设的创新，也引起了业内的关注。在由华糖云商、《品牌农业与市场》杂志社共同主办的"2021中国农产品区域公用品牌市场竞争力品牌"评选中，玉田供京蔬菜成功跻身中国区域公用品牌市场竞争力新锐20强。

2022年2月，玉田供京蔬菜品牌建设一周年座谈会召开。玉田县委书记田军威在会上表示，"背靠首都大市场，玉田有信心在品牌引领之下，做大做强玉田'菜园子'，满足首都人民'菜篮子'，打造玉田乡村振兴的特色王牌产业，树立'京津冀'协同发展的'玉田样板'。"

武鸣沃柑：从品种领先到品牌领先

做农业有句行话"新品种更有竞争力"。现实中，受新品种红利的驱动，一旦一个品种效益好，更多地区会跟风种植。

在这种情况下，新品种先行区为了保持领先优势，往往选择打造品牌，通过品牌至高产业优势，避免陷入同质化竞争。

2018年，广西南宁市武鸣区和农本咨询合作打造"武鸣沃柑"品牌，就是出于这个目的。

沃柑因武鸣而爆发

"沃柑"是"坦普尔"橘橙与"丹西"红橘杂交育成的一个晚熟宽皮柑橘品种，1992年由以色列科学家培育成功，后引种到美国、韩国等地。因外观漂亮，晚熟高糖，丰产快，长势旺，商品性好，被誉为柑橘界的"明日之星"。

2004年，中国农业科学院柑桔研究所江东副研究员从韩国济州岛将沃柑引种到重庆，后来又在广西桂林等地栽培，然而都表现平平。

2012年春，南宁武鸣区双桥镇杨李村果农因为"茂谷柑"苗木不足，"不得已"从中国农科院柑桔研究所引种了与茂谷柑近似的沃柑树苗。武鸣地处亚热带季风气候区，北回归线穿过境内，光热充足，雨量充沛，夏季炎热多雨，无霜期长，有效积温高，特别适合柑橘种植。沃柑引种到武鸣后，出人意料地表现优异：果实饱满，果味香甜，果形精美。

　　武鸣沃柑上市季恰逢春节前后，正是国内水果青黄不接的"空档期"，加之是新品种，一经面市便引发哄抢，批发价达到每斤8元以上。丰产期的沃柑亩产量可达8 000斤以上，在当时的武鸣，一亩沃柑收入6万～8万元是普遍现象。

　　一时间，"沃柑"成了武鸣果农不折不扣的"摇钱树"。以至于当时武鸣年轻人相亲时，有无沃柑园、有多少亩沃柑，成为衡量对方"身价"的标尺和谈婚论嫁的"筹码"。当时流行着这样一句话"不要家里有楼房，就要家里有果园"。

"疯狂"的沃柑要创牌

　　受"沃柑造富"传奇故事的影响，从2014年开始，沃柑种植在武鸣呈现"井喷式"的发展！

　　2014年，武鸣人纷纷"抢种"，少则几亩、十几亩，多则上百亩。沃柑苗被炒到15元一株，依然"一苗难求"。2015年，工商资本也开始大举进入沃柑产业。不少人在武鸣包地，上千亩的沃柑园不断涌现……到2017年，武鸣区种植沃柑超过30万亩，成为全国种植面积最大的"沃柑县"。在效益驱动下，沃柑种植狂潮开始席卷广西，除了南宁，钦州、防城港、柳州、玉林等地也开始种植沃柑，并且向云南、四川等地蔓延。2017年，仅广西范围内，沃柑种植面积就接近百万亩。"种沃柑"成为当年中国水果产业的大热点。

　　沃柑产业的"一路狂奔"，让武鸣人"又喜又忧"。如何规范、引领产业有序发展，成为摆在武鸣政府面前一道棘手的难题。2017年夏，经人介绍，武鸣区农业局局长黄斯繁一行来杭，向农本咨询寻求帮助。武鸣希望借助农本咨询的专业力量打造武鸣沃柑区域公用品牌，找到引领武鸣区沃柑产业良性发展的"牛鼻子"。

品牌为武鸣沃柑构建"护城河"

　　2017年底，农本咨询项目组来到武鸣调研。我们发现，武鸣沃柑产业虽然欣欣向荣，但也危机四伏。

首先，沃柑产品市场认知度不高。

虽然"一柑难求"，但许多消费者没听说过沃柑，也不知道武鸣。显然，作为一个柑橘新品种，沃柑的产品特性有待消费者了解。

调研中，不少销售企业反映，因为沃柑是新产品，销售员不知道怎么向顾客解释，往往都是用"试吃"来打消消费者的疑虑或引导购买。

其次，产业标准缺失，产品良莠不齐。

由于沃柑产业"大跃进"式的发展，产业配套跟不上，也没来得及制定完善的产品标准，因此不同企业和合作社各有各的标准，商品品质也不尽相同。

再者，虽然武鸣是国内最先规模化发展沃柑的地区，但由于其他地区的快速跟进，在一定程度上，武鸣和其他产区之间在"赛跑"。谁能先进入消费者心智，成为沃柑领导品牌，尚不确定。这对武鸣而言，无疑是严峻的挑战。

基于此，农本咨询项目组认为，武鸣沃柑区域公用品牌建设既是向市场推广沃柑品类的过程，也是确立武鸣在沃柑品类中领导地位的过程，必须通过品牌打造为武鸣沃柑产业建立"护城河"，避免和新产区发生同质化竞争。

为此，项目组提出通过品牌建设缔造武鸣沃柑价值、夯实武鸣沃柑产业基石、推动武鸣沃柑产业融合发展的战略主张，推动武鸣成为中国沃柑的代表和产业发展高地，实现"中国沃柑看武鸣"。

借力使力，缔造武鸣沃柑价值

不同于为一个成熟品类做品牌，武鸣沃柑品牌创意首先要表达武鸣沃柑产品特质，确立武鸣沃柑品类价值。

调研中我们发现，人们购买水果时往往会问"甜不甜"。"甜"是人们评价一个水果的关键指标。沃柑之所以受欢迎，一个重要原因就是沃柑"甜"，是"一种更甜的柑橘"。

检测显示，成熟后的武鸣沃柑的糖度在16～18度，比其他柑橘品种都高。

为了让人们迅速了解武鸣沃柑的这个特点，我们创意了一句一目了然、一听就懂，并且容易口口相传的广告语——"武鸣沃柑 比沙糖橘还甜"。

以"沙糖橘"为参照物，主要基于两点考虑：一是消费者普遍认为沙糖橘"很甜"，以"比沙糖橘还甜"来宣传武鸣沃柑，其意图不言而喻，这能直接发动消费者购买；另外，沃柑和沙糖橘常常同期上市，在市场上要面对面"PK"，这句广告语能起到"狭路相逢勇者胜"的效果。

与此同时，为突显沃柑的品类价值，我们创意了"武鸣沃柑 柑橘皇后"，用"皇后"类比衬托武鸣沃柑的地位，让人们对武鸣沃柑产生情感上的认同，强化记忆。

武鸣沃柑品牌形象设计从沃柑核心词"沃"字拼音"WO"出发，融合了广西山水和"皇冠"概念。同时，借鉴壮族花山岩画，项目组设计了"武鸣沃柑"专用字体。

系统建设，夯实武鸣产业基石

为夯实武鸣沃柑产业根基，结合武鸣实际，我们设计了集科技、标准、组织、流通、宣传推广等"五位一体"的品牌建设路径。以品牌为抓手，促进武鸣沃柑标准化、组织化生产，提升并稳定武鸣沃柑商品品质，扩大武鸣沃柑品牌知名度，打造武鸣沃柑产业核心竞争力。

我们建议提升沃柑苗木基地建设，强化技术培训推广，推广生产标准、明确采摘标准、制定商品标准，规范武鸣沃柑生产，保障产品品质。通过与科研院所合作，打造"中国沃柑技术高地"，为武鸣沃柑产业发展和品牌建设提供科技支撑。

针对武鸣企业的特点，我们建议依托已成立的"武鸣沃柑产业联合会"，强化学习，摒弃"急功近利"心态，坚持科学经营理念，助推武鸣沃柑企业管理者向"果业家"转变，促使武鸣沃柑产业现代化、科学化、绿色化发展。

流通渠道建设是武鸣沃柑品牌打造的关键一环。强大的流通体系可有力助推武鸣沃柑品牌战略落地，实现武鸣沃柑从产品流通向品牌产品流通转变。基于此，我们建议开展武鸣沃柑渠道建设，重点发展产地交易市场，打造"中国沃柑产地交易中心"，使之成为广西沃柑产业的集采地和流通中心。与此同时，通过与连锁专卖合建"专柜""专区"，构建武鸣沃柑专卖体系，最终形成以产地市场、大农批、专卖零售和电商销售四位一体的渠道网络。通过政府助推、企业实施的方式，构建武鸣沃柑产品流通体系。

为快速提升品牌知名度和影响力，我们还策划了市场宣传、行业宣传和文化高地建设三大宣传行动：一方面提升武鸣沃柑市场认知度，塑造武鸣沃柑行业地位；另一方面建立武鸣沃柑产业文化，为"中国沃柑看武鸣"战略提供文化支持，建立文化自信。

中国沃柑看武鸣

2018年1月27日，"中国沃柑看武鸣·2018年沃柑上市新闻发布会"隆重开幕，在自治区、市区领导、行业专家、媒体记者、全国客商和武鸣沃柑产销代表等800多人的见证下，武鸣沃柑区域公用品牌隆重亮相，引发广泛关注。

2019年1月19日，武鸣区在北京举行"中国沃柑看武鸣·2019年武鸣沃柑上市新闻发布会暨渠道商合作洽谈会"，武鸣区与全国农产品大宗批发市场龙头——北京新发地农产品中心批发市场等采购商签订战略合作协议，拓展武鸣沃柑销售渠道。

在做大武鸣沃柑品牌影响力的同时，武鸣区狠抓标准化、规范化生产，夯实"武鸣沃柑"品牌基础。

2020年12月7日，武鸣制定的"沃柑果品国家标准"通过了全国果品标准化技术委员会的审核。

2020年12月9日，武鸣区举行了"武鸣沃柑标准化、规范化生产"新闻发布会，系统介绍武鸣沃柑产业发展成就。

截至2020年12月，武鸣沃柑种植面积达46万亩，建成柑橘产业示范区48个，沃柑采后加工厂20家，冷库48家，贮藏能力8万吨，加工能力20万吨，沃柑供应链水平稳居全国之首，成为沃柑采购商的首选之地。2021年，武鸣区进一步确立实现沃柑年产量120万吨、产值100亿元的目标，武鸣沃柑正朝着"百亿级产业"的目标奋进。

随着品牌影响力的不断提升，武鸣沃柑屡获殊荣：2020年9月29日，入选第四批中国特色农产品优势区；2020年10月21日，入选首批广西"桂字号"区域公用品牌……

目前，全国沃柑种植面积已超过200万亩，还有不断上升的趋势。随着全国沃柑种植面积的扩大，以及投产面积的持续增加，沃柑价格整体下行的大势不可避免。在此背景下，我们发现，武鸣沃柑价格依旧持续领先。在很多市场上，武鸣已成为沃柑的代名词。从中不难看出，品牌建设为武鸣沃柑产业构筑的"护城河"正逐渐显现出来，武鸣沃柑基本实现了"品种领先"到"品牌领先"的转变。

农本咨询认为，品种领先只是暂时的，品牌领先才是长久的。武鸣沃柑抓住品种领先窗口期及时创建品牌，将武鸣打造为中国沃柑品牌高地，是十分睿智的做法，值得其他地区借鉴。

方法论

过去这些年，每当别人问我农产品区域公用品牌建设的方法是什么？我都会说"因地制宜"。这不是敷衍，也绝非是保密，而是"因地制宜"是我入行这么多年，经历了上百个农产品区域公用品牌战略规划项目实践后的最大感悟。

各地情况不同，品牌建设方法自然不同。即便是相同的产业，其产业基础、决策者的愿望、产业发展水平和品牌建设力度都不一样。因此，我们进行战略规划，必须实事求是，因地制宜。当然，过去这些年，我们在实践中也摸索出一套研究问题、解决问题的方法，并且基于我国农情和基层政府尤其是农口工作的特点，形成了中国特色的农产品区域公用品牌建设体系，也拥有一套行之有效的作业工具，这在一定程度上提高了农产品区域公用品牌建设的成功概率。但这距离成熟的方法论还有不少差距，还需要时间和更多实践的检验。

为了给行业提供借鉴，让大家避免重复我们走过的弯路，下面我向大家分享农本咨询开展农产品区域公用品牌战略规划的指导思想、工作思路和作业工具。

十六字方针

农本咨询开展农产品区域公用品牌战略规划的指导思想是"资源为本、战略为势、整合为器、品牌为王",我们将其称为"十六字方针"。

资源为本

"资源为本"是我们进行农产品区域公用品牌战略规划的首位原则。这是说战略规划要立足资源现状,一切从实际出发。

资源是基础。按照呈现方式的不同,我们将资源分为"有形资源"和"无形资源"。

首先说"有形资源"。

有形资源中,产业是我们做战略规划时最先关注的资源。农产品区域公用品牌建设是围绕农业产业开展的品牌建设工程。现实中,一个地方的产业不止一个,通常我们建议先选择当地最重要、最有特色和最具发展前景的产业创牌。对于产业特色,我们尤其看重产品特色和产业规模。

产品特色铸就产业竞争力

我们常说,特色就是竞争力。农产品创牌,最好选择有特色的产品。从现实来看,影响特色的因素很多,比如品种、地理气候、栽培技术、加工工艺等。不管怎样，产品一旦有了特色，便具有更强的竞争力，创牌也就更容易成功。比如承德国光苹果，因为是"国光"品种，所以在"富士"独大的中国苹果市场独具特色，成了稀缺货和香饽饽。

品种是影响农产品品质的首位因素，往往成为一地发展产业的战略突破口。四川武胜县为了实现柑橘产业跨越式发展，战略性选择了中国农业科学院柑桔研究所新培育的晚熟柑橘品种"大雅柑"作为主栽品种。武胜目前种植大雅柑19万亩，是国内大雅柑种植面积最大的县域产区。因为和周边柑橘产区错位发展，又是新品种，武胜大雅柑一经上市，便成为广大客商热捧的"柑橘新宠"。这些年因为发展新品种一举成名的区域不胜枚举，和农本咨询合作的山西隰县（玉露香梨）、四川东坡（春见）、广西武鸣（沃柑）等，都是新品种铸就产业竞争力的代表。

正因为"特色"有市场，通过品牌建设引导发展特色产业成了农产品区域公用品牌战略规划的常规目标。在为邱县红薯产业进行品牌战略规划时，我们出于培育邱县红薯产业特色、增强邱县红薯产品竞争力和提高产业发展质量的考虑，建议邱县红薯产业走差异化发展道路，选择更受市场欢迎的"蜜薯"等精品鲜食红薯作为主栽品种，并创意了"邱县蜂蜜红薯"品牌和"邱县蜂蜜红薯 蒸煮烤样样好"的价值主张。经过三年多的发展，邱县蜂蜜红薯已成为河北"小而美"特色农产品的代表。

产业规模往往决定行业地位

对于大多数农业产业而言，规模在一定程度上反映了产业发展水平和在行业中的地位。从现实来看，产业规模大的区域也更容易获得行业关注，各类资源也容易向该区域汇聚。甘肃静宁县是"中国苹果规模化种植第一县"，全县种植红富士苹果107万亩。每年苹果采收季，全国果商蜂拥而至，静宁也成为甘肃乃至西北地区苹果产地交易中心。这显然离不开静宁苹果的产业规模。

当然，规模并不是越大越好。这些年我们倡导适度规模，就是对以往盲目追求规模扩张而忽视产业发展质量的做法的矫正。另外，对于一些产业而言，在资源禀赋不可复制的情况下，产量少反而成了优势，意味着稀缺、高端。比如"西湖龙井"核心产区只有25 000多亩,产量极其有限,所以愈发珍贵,成为人们眼中的"国茶"。而同样是茶产业,600多万亩的贵州茶以其生态绿色的高品质,赢得"民心",成为广受赞誉的"民茶"。因此,产业规模要因地制宜,不可盲目跟风、效仿。

此外,管理模式、生产技术等也是构成产业竞争力的重要因素,经常在产业发展和品牌建设中发挥重要作用。

接下来说"无形资源"。

无形资源也是产业发展和品牌建设必须考量的因素。我们常说"认识有形资源容易,发现无形资源难",因为无形资源经常被人们忽视。

地域文化是塑造农产品价值的利器

一方水土养一方人,一方物产代表一方文化。现实中,农产品是地域文化的载体。作为农产品的重要内涵,文化很多时候比产品本身的价值更大。比如千岛湖"巨网捕鱼"和查干湖"冬季捕鱼",两种截然不同的鱼文化,赋予两地产品各自独特的价值,成为人们说起这两个地方时津津乐道的话题。

文化是塑造品牌的利器,借助文化打造产业竞争力的例子很多。内蒙古敖汉旗人民政府从2014年开始,联合中国社会科学院考古研究所、中国农业大学等多个权威科研单位,连续7年举办"世界小米起源与发展国际会议",打造"世界小米起源地"的敖汉品牌,使之成为敖汉小米品牌的核心价值,极大地提升了敖汉小米价值。类似的还有陕西佳县,佳县古枣园系统被联合国粮农组织认定为"全球重要农业文化遗产",为佳县红枣品牌注入灵魂。

区位在产业发展中起到"四两拨千斤"的作用

我在前面说到过的"玉田供京蔬菜"的品牌打造就是很好的例子。玉田蔬菜品牌战略规划的核心就是利用玉田的"近京"优势,抢占"供京蔬菜"心智,实现玉田蔬菜"供应北京"的战略意图,从而提高玉田蔬菜产品附加值和产业竞争力。在这里,"近京"是玉田县的区位特征,也是玉田蔬菜产业发展的战略资源。

类似的,三亚芒果区域公用品牌建设也是利用了区位优势。2016年,我们为

"三亚芒果"进行品牌战略规划时了解到，作为国内最热门的旅游目的地，三亚每年有1 500万人次的过夜游客。经过深入研究，我们认为"游客资源"是三亚芒果产业有别于国内其他芒果产区的独特优势，也是三亚芒果品牌建设的战略资源。因此，我们提出"以农促旅、以旅带农、农旅融合"的品牌建设思路，并创意了"三亚芒果 爱上三亚的另一个理由"战略口号，让三亚芒果为三亚"代言"。

公众认知是品牌建设的重磅武器

这里说的公众认知是指人们对一个地方的"共同印象"。比如大家一说到法国，就想到红酒好；一提到瑞士，就想到手表贵；一提起澳大利亚，便想到龙虾大。实践中，我们经常利用这样的公众认知，让品牌迅速被大众接受。

2021年，农本咨询帮助新疆昌吉州打造了"昌吉玉米种子"区域公用品牌。调研时我们发现，在自然环境、加工水平、企业实力、种子品质等有形资源上，昌吉与业内同行大同小异，个别方面甚至还不占优势，但昌吉的"新疆背书"优势是其他产区所不能及的。因为一提起新疆，许多人脑海中会浮现"阳光""雪水"等众多生态符号，往往有"新疆是个好地方""新疆的农产品品质好"等美好印象。在此背景下，我们创意了"昌吉玉米种子 新疆良种放心种"的战略主张。这正是利用公众的"新疆认知"，为昌吉玉米种子"增值""赋能"。

同理，我们还为"呼伦贝尔草原羊肉"区域公用品牌创意了"世界的大草原 中国的好羊肉"。因为人们一提起呼伦贝尔，首先联想到的就是"呼伦贝尔大草原"，而"草原好所以羊肉好"符合人们的认知。"世界的大草原 中国的好羊肉"让呼伦贝尔草原羊肉"一夜之间"成为消费者的"老朋友"。

除了以上讲到的这些，消费习惯、经济水平等也是我们经常考虑的产业无形资源。

战略为势

农产品区域公用品牌战略规划是为产业谋未来，这就需要我们用发展的眼光看问题，站在全局看问题。

品牌建设要有发展观

我们知道，要想看得远，得用望远镜。农产品区域公用品牌战略规划是谋划未来，也要有"望远镜"。这就要求规划者看清产业发展的趋势，了解产业动态，做到"不外行"。

我们要求农本咨询的规划师不能只当"品牌专家"，也要成为"行业专家"。只有看清趋势和未来，才能为产业发展进行超前的布局和谋划。以农本咨询合作过的"砀山梨"为例。砀山是"世界梨都"，砀山酥梨闻名遐迩。调研发现，受新品种冲击和市场需求变化等多重因素影响，砀山酥梨产品竞争力下降，产业效益下滑。为了长远发展，就必须调整砀山梨业品种结构。对此，我们提出了"从'砀山酥梨'到'砀山梨'"的战略，即在砀山酥梨核心种植区域，采用老树复壮技术，提高砀山酥梨品质产量；在老旧梨园，则利用果园改造契机，引种和试种更受市场欢迎的名特新梨品种，丰富"砀山梨"产品体系，为"砀山梨"注入新动能。在此基础上，我们创意了"梨 还是砀山的好"的战略口号，提升"砀山梨"产地价值，为砀山梨产业升级保驾护航。与此同时，我们将"砀山果业"和"砀山电商"结合，提出了"砀山 打造中国水果电商之都"的砀山战略，为砀山发展提出新目标，指明新方向。

品牌建设要有全局观

人们常说，要"跳出产业看产业"。作业中，农本咨询也有个类似的说法——"做战略规划要'俯视'，不能'仰视'"。因为，只有站在更高层面或在更大范围研究产业，往往才能准确定位一地产业，更好地发现机会。

2021年，农本咨询受托打造"海伦大豆"品牌。调研发现，消费者对"转基因食品"的安全性有顾虑，普遍认为"非转基因食品"更利于健康，也愿意支付更高价格购买非转基因食品。与此同时，由于转基因食品标识管理滞后和产品信息不对称，许多人无法直接区分转基因大豆和非转基因大豆。即便中国是全球最大的非转基因大豆生产国，东北地区生产的大豆都是非转基因大豆，消费者也并不了解。在此背景下，农本咨询将海伦定位为"世界非转基因大豆之都"，旨在以东北大豆乃至中国大豆为依托，发展海伦大豆产业链，做大海伦大豆产业经济。换句话说，海伦战略是在全球大豆产业版图中确立的"海伦定位"，将海伦大豆打造成为全球"非转基因大豆"代表，为中国非转基因大豆产业发展做出"海伦贡献"。

在山西省打造"山西玉露香梨"区域公用品牌背景下，我们建议隰县抢占"中国玉露香梨发源地"产业高地，就是站在山西乃至全国玉露香梨产业发展的高度，"跳出隰县看隰县"，谋划隰县玉露香梨产业定位。

整合为器

农产品区域公用品牌建设是庞杂的系统工程，品牌建设需要整合各方面力量和资源。从实践看，资源整合在一定程度上决定品牌建设的成效。

区域公用品牌建设要调动各职能部门

农产品区域公用品牌建设增加农民收入，助推企业发展，同时也提升区域知名度。因此，农产品区域公用品牌建设不只是产业发展的大事，也是区域形象塑造和推广的大事。

同时，农产品区域公用品牌建设涵盖产、加、销等多个环节，涉及面广，工作庞杂，需要各部门参与。比如品牌宣传需要宣传部门牵头，渠道开拓需商务部门协助，农旅项目需要旅游部门支持。

实践中，一些地方为了提高创牌工作效率，往往会成立由主要领导负责的品牌建设领导小组，相关部门作为成员单位，共同推进重大工程和活动。除了产业部门，市场局、商务局、旅游局、宣传部等部门都是品牌建设的参与者。在重大活动开展中，更是全员皆兵，区域内人人参与。

总之，农产品区域公用品牌建设的复杂性，决定了品牌建设需要多方配合。因此，我们常说"农产品区域公用品牌为大家，需要大家一起干"。

区域公用品牌建设要学会整合资金

农产品区域公用品牌建设需要用钱。做推介、打广告要花钱，供应链建设更需要大量资金投入。按照目前的资金使用办法，品牌建设经费往往得不到保障，必须想办法整合。实践中，一方面我们建议将品牌建设和基地建设一样，作为产业发展不可或缺的一部分，提前计划，保障品牌建设经费。另一方面，我们建议整合闲散资金，集中使用打品牌。比如以前政府为了支持企业闯市场，给每家企业补贴经费，由企业做宣传、打广告，但从实际效果看，因为"零敲碎打"，往往实现不了影响市场的目标。区域公用品牌建设就是将这些资金聚拢，打响区域公用品牌，让区域公用品牌助力企业闯市创牌。

与相关项目结合，统筹资金使用，也是近年农产品区域公用品牌建设整合资金的思路。比如利用产业扶贫经费，整合电商示范县建设经费，借助产业振兴项目经费……都是破解农产品区域公用品牌建设经费短缺问题的做法。这些做法既符合政策要求，在操作层面也行得通。

区域公用品牌建设要善用各方平台

农产品区域公用品牌建设不仅需要整合资金，也需要整合各种平台、组织。既要整合区域内资源，也要整合区域外资源，另外还要整合产业内外资源。从实践看，但凡品牌建设工作做得好的地方，都是资源整合得好的地方。

白水苹果是陕西苹果的佼佼者之一。早些年因为品牌建设资源整合得好，时任白水县果业局局长的王杨军一度被业内戏称为"统战部长"。为发展苹果产业，王杨军率领果业局不仅高效整合了果业建设经费和项目，也将扶贫办、移民局甚至共青团等部门的可用资源都有效整合到白水苹果产业发展上来。

再比如浙江省新昌县农业农村局干部吕文君，为了推广新昌茶产业，常年和中国茶叶流通协会、中国茶叶学会、中国国际茶文化研究会等行业组织及全国各地大型茶叶市场打交道，被戏称为新昌茶产业的"经纪人"。因为行业内人头熟，新昌茶产业发展和大佛龙井区域公用品牌的打造得到了业界的广泛支持。

农产品区域公用品牌建设还要学会借力专家和专业团队。以隰县玉露香梨区域公用品牌建设为例。在经费短缺的情况下，隰县领导积极对接业内专家和专业团队，邀请汪向东、魏延安等全国知名电商专家到隰县为全县干部"开天眼"，灌输重视电商的观念和思想。同时，与讯唯电商、农本咨询、天演维真等专业公司建立长期合作关系。由于各方鼎力支持，隰县玉露香梨品牌建设和电商销售取得了巨大成就，成为山西县域产业振兴和农产品区域公用品牌建设的标杆。隰县人用自己的真心，换得了业界的广泛认同，为隰县玉露香梨产业发展赢得了更多资源和支持。

以上这些都是善于整合资源的活生生的例证。

这里我要补充的是，农产品区域公用品牌建设不仅需要外部支持，也需要内部团结。内部力量的整合甚至比外部的支持更加重要。比如企业使用区域公用品牌产品包装，就是抱团打响区域公用品牌知名度和影响力的有效手段。从业者的共识与合力是农产品区域公用品牌建设的坚强后盾。

品牌为王

"品牌为王"是"十六字方针"的最后一条，也是最重要的一条。"品牌为王"要求战略规划"一切围绕品牌，一切为了品牌"。

一切围绕品牌

农产品区域公用品牌建设工程，品牌是"牛鼻子""指挥棒"。从本质上说，品牌是产业与市场沟通的桥梁。它一方面传递产品价值，引导市场消费；另一方面也将市场需求反馈给产业主体，倒逼生产者改进产品标准、改良生产技术，倒逼销售者优化销售渠道、改善推广方式。

2019年，黑龙江青冈县和农本咨询合作打造"青冈玉米"区域公用品牌。这个地方种植多个鲜食玉米品种。我们研究市场发现，青冈种植的鲜食玉米中，最有特点的是"既糯又甜"的"万糯2000"，同时它也最受市场欢迎。因此，我们创意了"青冈玉米糯又甜"的价值主张，并在"中国鲜食玉米大会"上隆重推出。随着青冈玉米品牌在市场上叫响，"糯又甜"的青冈玉米成为市场上的香饽饽，青冈企业不断扩大"万糯2000"的种植面积。目前，"万糯2000"成为青冈鲜食玉米当仁不让的主栽品种。之所以有这样的变化，就是品牌引导的结果。

再比如"阳澄湖大闸蟹"，曾经是不值钱的"地摊货"，由蟹农装在澡盆、水桶里沿街叫卖。后来，苏州市阳澄湖大闸蟹行业协会成立，开始打造阳澄湖大闸蟹品牌，同样的蟹被装进精美的礼盒，走进了专卖店，成为高档食材、体面礼品。现在，阳澄湖大闸蟹更是成为农产品中的"奢侈品"。所有这一切转变，也是品牌引导的结果。

一切为了品牌

"一切为了品牌"是指农产品区域公用品牌建设的每项工作，都要以创牌为目标，都要为品牌资产做出贡献。

每年四五月樱桃上市季，陕西澄城县都举办澄城樱桃文化节。早些年当地政府虽也重视，花不少气力，但因为没有品牌战略指引，活动只是简单的庆祝丰收和产销对接。2020年，农本咨询和澄城县合作后，制定了澄城樱桃区域公用品牌发展战略规划。我们提出"每个动作都为品牌积累资产"，将2020年作为澄城樱桃品牌建设"元年"。针对当年新冠疫情影响的突发状况，我们策划了澄城樱桃"云营销"活动，通过线上线下整合传播，推出"澄城樱桃甜蜜蜜"系列宣传，提高澄城樱桃品牌知名度。澄城樱桃"云营销"包括"澄城樱桃文化节""抖音K歌挑战赛""中国樱桃展推介"三大行动，依次为澄城樱桃品牌积蓄势能。首先，澄城与陕西省果业中心积极沟通，争取到"陕西水果网络特色季．樱桃季"开幕式在澄城县举办，使澄城樱桃成为全省关注的焦点。其次，中国果品流通协会、中国园艺学会樱桃分会等"国字号"行业协会和iFresh亚果会、云说科技等多个专业机构都参与到了活动中来，确保了澄城樱桃品牌在陕西省内"一炮打响"。随后，我们策划澄城樱桃参展"首届中国樱桃展"，通过开放式展台、乐队演出和模特走秀等方式，将澄城樱桃打造成为中国樱桃展上的"明星"，让澄城樱桃"C位出道"，一举成为行业黑马。2020年12月，澄城樱桃成功入选"第四批中国特色农产品优势区"，很大程度上得益于当年的宣传推广。2021年，澄城樱桃继续举办"云营销"活动，开展"云招商"，在广州江南市场、河北新发地市场召开澄城樱桃推介会，进一步提升澄城樱桃知名度，扩大品牌影响力。

这一系列行动都是澄城樱桃区域公用品牌建设的有机组成部分。从中不难看出，每一个活动，都是建设品牌的行动，都在积累品牌资产。换句话说，以品牌为灯塔，行动就有了目标和方向。

"十六字方针"是农本咨询开展农产品区域公用品牌战略规划的指导思想。"十六字方针"是一个有机整体：资源是基础，战略是方向，整合是手段，品牌是目标。

三三法则

　　"三三法则"是农本咨询开展农产品区域公用品牌战略规划的工作思路。"三三法则"是我们对"三长工程""三级战略""三步走"的概括，分别指农产品区域公用品牌的建设主体、建设内容和建设节奏。

农产品区域公用品牌建设是"三长工程"

　　"三长工程"说的是农产品区域公用品牌建设者群体。

　　从实践看，农产品区域公用品牌建设者主要是三个群体——管理部门、产业组织和广大农民。为了形象地表达，我们用三类人群的代表人物"县市长""董事长"和"农民家长"来表述。也就是说，农产品区域公用品牌建设是"县市长""董事长"和"农民家长"共同参与的工程，简称"三长工程"。

"县市长"是组织者

　　农产品区域公用品牌建设是政府主导的工程，"县市长"是农产品区域公用建设的"组织者"，也是"推动者"和"规则制定者"。

　　农产品区域公用品牌是区域农产品品牌化的平台和农业品牌化的抓手。目前，随着品牌化不断深入人心，开展农产品区域公用品牌建设，助推产业高质量发展，成为越来越多地方的选择。在此背景下，组织农产品区域公用品牌建设，成为政府部门必须做的工作，成为县市长的职责。

　　实践中，统一思想、选择模式、落实项目经费、制定品牌建设方案，都是县市长作为农产品区域公用品牌建设"组织者"的体现。

"推动者"是县市长扮演的另一个角色。从现实来看，农产品区域公用品牌建设难免遇到困难，每每这时，就格外需要政府的支持，尤其需要主要领导的推动。比如在产业起步之初，为增强生产者信心，出台扶持政策、加大基础设施和硬件投入、提供金融信贷支持等，都是政府推动产业发展的手段。另外，政府与行业平台合作，为企业销售搭台，对于企业使用区域公用品牌、宣传区域公用品牌给予表彰或奖励，都是政府鼓励企业参与区域公用品牌建设的惯常做法。比如早些年贵州省修文县为扩大猕猴桃种植面积，向当地企业和种植户免费供应苗木，免费建猕猴桃支架，并连续三年给与猕猴桃种植户每年每亩600元的补贴。修文县政府的举措，提高了种植者的积极性，迅速扩大了修文猕猴桃种植面积。

为确保品牌建设的顺利开展，保护品牌建设成果，"规则制定者"也是县市长经常扮演的角色。

制定生产标准、制定品牌管理办法、建立奖惩机制等，这些是影响农产品区域公用品牌建设成败的大事，是农产品区域公用品牌运行的"规则"，必须由管理部门制定，由县市长决策。这既是政府职责所在，也是确保农产品区域公用品牌建设成功的需要。只有政府出面，相关制度才有用，才落得下去。

"董事长"是执行者

董事长代表的企业是农产品区域公用品牌的"使用者"，也是品牌建设的"受益者"。

区域公用品牌在企业使用中发挥价值

农产品区域公用品牌建设中，政府及产业管理部门利用项目、政策、资金等资源和手段，搭建品牌建设平台，推动品牌建设开展，确保品牌建设成果为行业共同享用。

与此同时，农产品区域公用品牌建设必须有企业参与，助力区域公用品牌价值实现。换句话说，区域公用品牌必须通过企业使用，才能更好地发挥价值、创造效益。

关于农产品区域公用品牌的价值和作用，我们在前面已经详细说过。由于与生俱来的知名度和影响力，依托区域公用品牌闯市场、创品牌，企业不仅能降低成本，也能大幅提高效率。因此，企业在闯市或创牌中，总会自觉或不自觉地以区域公用品牌为背书。

实践中，为了保护区域公用品牌价值，企业必须遵守相关规定，确保区域公用品牌利益不受损害。我们通常建议确立品牌授权制度，即由企业申请，经同意后方能获得区域公用品牌的使用权。同时，获权企业在产品包装、行销物料制作以及活动推广等品牌使用中，必须严格遵守规定。为了强化管理，我们通常还会建议实施预审制，即在品牌物料制作前，由品牌管理单位对物料设计进行预审，符合规定后方可制作。这样做的目的就是确保区域公用品牌的规范应用。

除了规范使用品牌，企业也必须按规定生产，确保区域公用品牌不受损害。比如只有产品质量达标，才能使用区域公用品牌。这是保护区域公用品牌的需要，也是为了维护区域公用品牌所有使用者的利益。区域公用品牌价值长青，才能为产业发展和企业成长持续做贡献。

企业因使用区域公用品牌而获益

一方面，依托区域公用品牌的知名度和影响力，企业产品容易被消费者认知。另一方面，由于区域公用品牌由政府、协会等有公信力的组织做背书，企业借助区域公用品牌销售产品、创建品牌，容易获得消费者的信任。有区域公用品牌做背书的企业产品往往就会成为消费者心目中的"正宗货"。

这些年我见证了许多企业依托区域公用品牌快速成长，甚至成为全国领军企业。陕西眉县的"齐峰果业"就是其中之一。齐峰果业从合作社起步，短短几年间成为国产猕猴桃销售"老大"和国家级农业产业化龙头企业。能有今天的成就，除了创始人齐峰经营有方，眉县猕猴桃区域公用品牌的帮扶助推也是重要原因。对于眉县猕猴桃区域公用品牌和齐峰果业产品品牌的关系，齐峰曾讲过这样的话：在齐峰果业的"地盘"，齐峰品牌当"主角"；在开拓新市场时，眉县猕猴桃区域公用品牌唱"主角"。这句话形象地阐述了区域公用品牌帮扶企业闯市创牌的作用。

类似案例，山西隰县玉露香梨电商企业"隰县北纬三十六度电子商务公司"也是区域公用品牌建设的直接受益者。2017年该公司销售玉露香梨1 000多万元，2021年就增长到5 000多万元。四年时间，同样的业务销售额增长了4倍，这和隰县玉露香梨区域公用品牌的助推是分不开的。

当然，企业享受区域公用品牌建设成果的同时，通过利益再分配，也能让广大农民分享区域公用品牌红利，进而形成共同富裕的发展局面。

除了在市场上获得区域公用品牌的支持，农产品区域公用品牌建设项目也经常由企业承担，这在一定程度上弥补了企业经营资源不足的短板，增强了企业的经营能力，促进企业更快成长。

区域公用品牌为企业发展提供平台支持，企业产品品牌助力区域公用品牌价值实现，这是区域公用品牌和企业产品品牌的关系，也是我们追求的区域公用品牌和企业产品品牌双赢局面。

"农民家长"是参与者

在这里，我们用"农民家长"而不是"农民"表达，是因为我们在实践中发现：如果一个地方的产业效益好，参与产业的往往是一个家庭的主要劳动力"家长"；相反，如果产业效益不好，农民从产业获得的收入不能满足家庭的生活开支，"家长"们往往就会外出务工，留下年长者或非主要劳动力从事产业生产。因此，"家长"是否参与产业，在某种意义上，也是衡量一地产业效益的重要指标。我们开展农产品区域公用品牌建设的目的，就是希望增加农民收入，让百姓安居乐业，尽量避免"背井离乡"。

作为产业最广泛的参与者，农民主要从事生产。目前，虽然家庭农场和生产大户的比例有所提高，但小生产依旧是许多地方产业发展的主要方式。农民主要集中在产业上游和初加工产业链上，处于产业价值链的底端。农产品区域公用品牌建设就是要提升产业效益，增加农民收入。同时，通过延长产业链、拓展价值链，为农民创造更多就业机会。

因此，能否让农民获益，是衡量区域公用品牌价值大小的重要指标。

县市长、董事长和农民是农产品区域公用品牌建设的主要参与者。从本质上讲，三者没有主次之分，他们只是按照各自在产业发展和品牌建设中的分工行事：县市长是区域公用品牌建设的组织者和推动者，也是产业秩序的维护者；企业是区域公用品牌的使用者，同时也是区域公用品牌建设成果的受益者；农民是区域公用品牌建设最广泛的参与者，也是品牌建设的服务对象。产业要长远发展，必须让农民受益，这样才能得到农民的支持和拥护。农民若无积极性，再美好的远景也只是蓝图。中国农业不是"精英产业"，农产品区域公用品牌建设不是"精英工程"，必须得到广大农民的支持。唯有如此，农产品区域公用品牌建设才能取得成功。换句话说，农产品区域公用品牌建设是"三赢工程"，即产业管理者赢、涉农企业赢、广大农民赢。只有"三赢"，农产品区域公用品牌才能基业长青，也才会取得真正意义上的成功。

农产品区域公用品牌建设是"三级战略"

"三级战略"是农产品区域公用品牌建设的内容。

农产品区域公用品牌是一种特殊类型的品牌，品牌建设既有品牌定位、形象设计和宣传推广，也有品牌管理运营模式设计，另外还有标准建设、供应链建设、融合发展等一些普通品牌打造不会涉及的内容。在过去这么多年的实践中，我们将农产品区域公用品牌建设内容概括为"三个战略"——产品战略、产业战略和区域经济战略。这三个战略层层递进，逐级深入，因此我们将其称为"三级战略"。

产品战略以品牌化为核心，提升产品力

产品是品牌的基础。产品力不强，品牌就缺少竞争力。农产品区域公用品牌建设，首先就要提升产品力。

我们常说，农业品牌建设是"面子工程"，也是"里子工程"。打造农业品牌，就要"内提品质""外塑形象"，得"内外兼修"。

对于大多数农产品而言，品种是决定产品竞争力的首要因素。因此，实践中，我们经常研究品种，看其是否具有竞争力。如果品种落后，我们就会建议按照市

场需要和发展趋势，改良品种或引种更有竞争力的品种。实践表明，新品种往往让产业赢在起点。武鸣沃柑、隰县玉露香梨等，都是"品种制胜"的代表。品种领先，产品就会受欢迎，产业效益自然不会差，农产品区域公用品牌建设就容易成功。相反，如果品种落后，产品不适应市场需要，即使再有知名度，也无法打造出成功的品牌。

除了提升产品品质，综合产品特色、文化优势、消费者认知和竞争状况进行品牌定位，创意品牌形象，提升品牌价值，也是产品战略的重要内容。

2015年，农本咨询为漾濞核桃创意了"漾濞核桃 仁好"的价值主张和由苍山、洱海概念演绎的漾濞核桃品牌形象，让漾濞核桃在众多核桃中脱颖而出。2016年，农本咨询为福山大樱桃进行品牌战略规划，"福山大樱桃，个个不用挑！"的价值口号和"福山大樱桃good"品牌形象一经亮相，引发行业广泛关注，让这个百年品牌焕发生机。类似的还有"眉县猕猴桃 酸甜刚刚好"，"三亚芒果爱上三亚的另一个理由"，以及"吃遍天下苹果 还想静宁苹果"等，这些耳熟能详的广告语，都是"创意缔造价值"的代表。

同样，依照市场定位进行广告宣传、渠道规划、活动策划等，也是产品战略的组成部分。比如永修香米区域公用品牌推广时，我们策划了"永修香米上党报"——用《人民日报》宣传永修香米品牌，就是为了借助权威媒体，树立永修香米行业地位。关于永修香米广告投放策略，我们在实践论部分已做详细说明。

产业战略以组织化为抓手，提升产业竞争力

农产品区域公用品牌建设起于产业，止于产业。产业建设是农产品区域公用品牌建设的核心内容。产业战略以组织化为抓手，构建产业核心竞争力。

产业建设是一个系统工程，涵盖生产、加工、流通等环节，也包含文化建设、人才队伍建设等内容。通过企业带动，推进基地建设、标准建设、产品加工、市场流通等，是产业建设的主要途径和方式。因为通过企业带动，能推动生产资料和资源要素集中，提高集约化和生产效率，同时也能通过企业对接市场，释放产业资源价值。鉴于企业在产业建设中的重要作用，在某种意义上，衡量一个产业是否有竞争力，一个重要指标就是看该产业企业的数量和实力。打造农产品区域公用品牌，其主要目的之一就是培育企业，推动企业成长。

以前，政府扶持企业发展，主要是项目支持，或将产业资金向重点企业倾斜。这是点对点的帮扶，帮扶面不广，受益的企业不多。农产品区域公用品牌建设可以让更多企业获益、成长。同时，通过区域公用品牌建设助推企业发展，也是一种让公共资源发挥更大作用的创新。

产业建设涉及的面很广。实践中，一地农产品区域公用品牌建设，做什么、不做什么，都需要厘清。我们将产业建设指导思想总结为"急产业之所急，做企业不能做"。这也是区域公用品牌建设中产业战略规划的指导思想。也就是说，要在产业发展的关键点上做文章，比如标准建设、基础设施建设、供应链建设和人才队伍建设等，这些都是产业发展的大事，也是企业想做但没能力做的事情。因此，战略规划就要针对这些关键点做谋划，将其作为重点项目推进实施。

当然，产业发展的关键点很多，项目也不止一个。产业战略规划就是对这些关键点进行系统化设计，并且按照产业发展规律和项目的轻重缓急进行排期，形成项目计划书，为产业建设者提供决策参考和行动指南。

区域经济战略以融合化为手段，做大产业经济

产业发展的终极目标是发展经济。区域经济战略就是以融合化为手段，延长产业链，提升价值链，做大产业经济。

农业不仅为我们提供食品，同时也为工业生产提供原料。近年来，不少农产品通过深加工，提高了产品附加值。比如"米老头"就是大米为原料的休闲食品，"龙口粉丝"就是绿豆、豌豆加工品，砀山黄桃罐头、砀山梨膏就是以砀山黄桃、砀山酥梨为原料的即食食品。农产品加工不仅提高了农产品附加值，也提高了产品利用率。如千岛湖香酥鱼肉，就是以"千岛湖鱼头"以外的部位为原料，加工而成的开袋即食的休闲食品，有效提高了千岛湖鱼的利用率。类似的还有果品酵素、枣泥、枣粉等产品，都是通过深加工来提高产品利用率。

除了向工业延伸，"跨界"成为近年来农业发展的新热点。比如农业旅游、农业文创等，都是农业跨界发展的新业态，大大拓展了农产品价值链。台湾"梅子梦工厂"，就是通过文化创意，将原本平淡无奇的青梅，打造成一个个梦幻离奇、又让人爱不释手的"梅文创产品"。因为有创意，梅子梦工厂不仅在台湾有名，也成为不少人去台湾旅游时必去的"网红打卡地"。再有"平谷大桃"，将文化创意和生产结合，通过贴字将桃子变成了"文化桃"。如和"寿"文化结合，平谷大桃就变成"寿桃"，身价倍增。类似通过文化创意提升农产品附加值的例子还有很多。

随着实践的深入，农业融合发展的新业态也不断出现。这几年逐渐兴起的农旅研学，就是一种集户外拓展、少儿教育、乡村旅游为一体的新业态。如浙江建德打造"大同稻香小镇"，田间地头变成了农耕课堂。在这里，孩子们不仅能享受田园风光，还能体验农耕文化，感悟劳动的不易，进而培养尊重劳动成果、爱惜粮食的品质。这类寓教于乐的活动深受孩子们和学校的欢迎。

农旅融合科学利用了农业的生态文化功能，不仅创造效益，增加农民收入，也成为产业宣传和品牌推广的新场景。

农业发展还会衍生新产业，助推关联产业发展，形成"一业催生多业，一业带动多业"的局面。甘肃静宁县苹果产业的发展，带动了当地餐饮住宿旅游业成长。每年苹果成熟季，静宁作为甘肃苹果产地交易中心，全国客商蜂拥而至，遍布各主产乡镇的家庭旅馆和客栈就"客满为患"。再比如陕西白水县，因为苹果生产技术水平高，为其他苹果产区尤其是新产区提供技术托管服务和技术指导，成为白水果农的新活计。另外，苹果产业带动了当地套袋厂、纸箱厂、冷库、运输物流等业态的兴起。种植业、加工业、服务业、商贸流通等共同构成了白水苹果产业经济。据悉，白水苹果产业总产值上百亿元，其中近一半是由二三产业贡献的。

品牌建设促进产业知名度提升，助推行业内资源向品牌建设区域聚拢、倾斜，这也是品牌建设促进产业发展，为区域经济发展创造机遇的体现。比如澄城樱桃区域公用品牌打响后，中国果品流通协会、中国园艺学会樱桃分会等行业组织和澄城合作共建示范基地，新发地农产品批发市场也在澄城建立大樱桃直采基地。2020年12月，澄城樱桃成功入选第四批中国特色农产品优势区。2021年，澄城县入选"农产品产地冷藏保鲜整县推进试点县"。这些不仅是荣誉，更切切实实为澄城农业和澄城县域发展带来了更多机会。

产品战略、产业战略和区域经济战略是彼此关联的。产品是基础，产业是核心，发展经济是目标。理解了三者之间的关系，就能在农产品区域公用品牌建设中，确保建设内容的完整，也能在规划品牌战略时，科学规划，确保品牌建设的系统性。

农产品区域公用品牌建设要"三步走"

长城不是一天建成的，农产品区域公用品牌建设也不是一蹴而就。农产品区域公用品牌建设内容庞杂、涉及面广，不仅需要资金，也有时间周期。因此，准确把握建设节奏，才能在碰到问题时不困惑，坚定信心把农产品区域公用品牌建设好。

通过实践与观察，我们发现农产品区域公用品牌建设大致都要经历三个阶段——"参与感""获得感"和"认同感"，我们称之为"三步走"。这是农产品区域公用品牌奏效通常需要经历的三个阶段，也是品牌建设的节奏。

让更多人有"参与感"

农产品区域公用品牌建设参与者众多。除了生产者，客商以及与产业密切相关的组织或平台，也都是品牌建设的参与者。

过去这些年，我们在不少地方发现，客商很少被划归到品牌建设者的范畴。也就是说，许多地方开展农产品区域公用品牌建设时，在产业政策制定中，很少将客商等商业伙伴考虑在内。实际上，客商也是品牌建设的参与者，发挥着极其重要的作用。比如很多时候产品滞销，就是客商赚不到钱或利润太薄造成的。

农产品区域公用品牌建设，不能只把区域内的企业当成"自己人"，也要将区域外的合作者当成"自己人"，让他们同样享受政策红利，激发他们和产业共成长的积极性。因此，农本咨询一直呼吁农产品区域公用品牌建设要有大局观，要团结一切可以团结的人，建立品牌建设"统一战线"，让大家共享建设者权益。只有让更多的人有"参与感"，对产业发展和品牌建设有热情，品牌建设才更容易成功。

令人欣喜的是，近年来我也看到不少地方开展产业表彰活动时，把商业伙伴、科研伙伴等相关人群考虑在内。这样做的目的，其实就是让他们有"参与感"。这种做法值得更多地方学习。

此外，地方相关部门也是农产品区域公用品牌建设的参与者，这一点我们在前面已有论述，这里不再赘述。

让建设者有"获得感"

让农产品区域公用品牌建设者有"获得感"，激发他们建设品牌的热情和积极性，品牌建设工作就能更持久。这是我们的经验，也是我们的工作思路。不同的建设者，他们期待的收获有所不同。我们对此有一个通俗的总结——农民"进钱"、企业"晋级"、领导"进步"。

区域公用品牌帮助农民"进钱"。品牌建设提升产品溢价，增加农民收入，这是农产品区域公用品牌建设带给农民的收获，也是品牌建设有成效的体现。2018年10月，洋县黑米区域公用品牌推出后，市场需求激增，洋县当年实现了黑谷收购价和黑米销售价的"双提升"。其中，洋县黑谷收购价提升25%以上，洋县黑米市场售价甚至翻一番。类似的，呼伦贝尔草原羊收购价上涨，静宁苹果地头价一路领先，隰县玉露香梨产地收购价是周边产区的两到三倍……都是品牌让农民"进钱"的具体体现。

区域公用品牌助力企业"晋级"。我在前面说过，农产品区域公用品牌是企业闯市场、创品牌的平台和靠山。有区域公用品牌做背书，企业产品竞争力能大幅提升。齐峰果业从省级合作社快速成长为国家级龙头企业和中国猕猴桃销售"老大"，离不开眉县猕猴桃区域公用品牌的支持。同样，洋县米企"乐康公司"的快速成长，也得益于洋县黑米区域公用品牌的帮扶。助推企业发展是区域公用品牌的一个重要功能，也是我们打造农产品区域公用品牌的重要原因。

区域公用品牌建设促使领导"进步"。作为产业发展的"指挥棒"，农产品区域公用品牌建设整合资源、缔造价值，助推产业高质量发展，是深化农业供给侧结构性改革的抓手，也是提高产业管理效率的帮手。我们发现，农产品区域公用品牌建设做得好的地方，产业管理水平高，工作成效好，往往是行业典范，也时常受上级部门表彰。

有"认同感"，品牌建设就会成功

农产品区域公用品牌建设需要久久为功。实践表明，农产品区域公用品牌建设有成效，就会得到各方的认同，品牌建设就可持续。也就是说，"认同"是品牌建设能持续、能成功的重要保障。虽然不同品牌建设群体产生"认同感"的原因不尽相同，但终归都是从品牌建设中受益。

前面讲到过，对农民而言，品牌建设增加其收入。对企业而言，区域公用品牌节约了企业闯市创牌成本，增加了企业利润，实现了帮农带农。对于产业管理部门而言，品牌建设提高了产业管理水平，增加了产业竞争力，促进产业高质量发展，甚至还提升了地方知名度。总之，各方因品牌而获益，便会认同品牌建设这件事，就会保持热情和积极性。因此，也可以说，"获得感"是"认同感"的前提。

要得到认同，就要求品牌建设策略精准、方法得当，确保品牌建设早见成效。再以隰县为例，经过几年努力，隰县玉露香梨的价格是周边产区的两到三倍。因此，隰县老百姓都很爱护隰县玉露香梨品牌，自觉维护隰县玉露香梨品牌价值。2019年4月，我受邀参加隰县梨花节，路上遇见一个老大娘。她指着我们设计的隰县玉露香梨包装盒说："玉露香梨装进这个盒子里，就能卖高价。"这句质朴的话语，反映的就是隰县人对隰县玉露香梨品牌建设的认同。

当然，品牌建设不光要生产者认同，更需要获得消费者的认同。因为只有消费者认同，愿意为品牌买单，品牌价值才能实现。从这个意义上说，消费者是否认同是评判品牌建设成功与否的关键指标。

参与感、获得感、认同感是农产品区域公用品牌的建设节奏，也是一地农产品区域公用品牌建设取得成效的三个阶段。品牌建设有大家的支持和帮助，就会有成效，让大家有所获得，就会得到大家的认同，从而迸发出更大的热情和更高的积极性，这样品牌建设也才会取得更大成效。这是一个螺旋上升的良性循环，是农产品区域公用品牌建设事业可持续的基本逻辑。理解并把握好农产品区域公用品牌建设的这"三步走"，能让我们在品牌建设中"一路畅通"，确保品牌建设顺利进行。

四门手艺

北京大学国家发展研究院的陈春花教授有一句名言"手比头高",这句话是她本人提出来的,被她视为座右铭。在中国的企业管理学界,陈春花可以说是一颗"超级大脑",可这颗大脑居然提倡"手比头高",并不是她真的认为"四肢"比"大脑"高贵,而是提醒所有脑力工作者,不要仅仅停留于"想",还要着力于"做"。"执行的能力"和"决策的能力"在企业经营中同等重要,在某种程度上,执行能力对业绩的影响甚至超过管理者的决策。

农本咨询从事"农产品区域公用品牌战略规划",也提倡"手比头高"。"战略"是规划的"头","手艺"是规划的"手"。我要求农本人练好四门手艺:广告语创作、品牌形象创作、媒体运用、规划方案编写。

关于"广告语创作"

消费者通过广告语、品牌形象、包装盒等可接触的信号来直观认识品牌。因此广告语创作,即提炼品牌口号的能力,是农本人必须要练好的手艺。

关于口号,我们总结了两句话:"口号就是战略""口号就是定位"。

一个品牌战略,如果不能用一句口号讲明白,这个战略执行起来就比较困难。我们知道革命战争时期,中国共产党的大部分"战略"都翻译成了大白话的"口号"。"打土豪,分田地""穷人只有跟着红军走,才有饱饭吃"……毛泽东同志和伟大的中国共产党,早就意识到"口号就是我们的战略"。

什么样的口号能够阐明战略呢？实践中我们发现，战略就是定位，口号讲明白品牌定位，也就阐明了品牌战略。

以"永修香米"为例，"永修香米赛泰国"就是一句讲明白定位的口号，这句口号也把永修香米各方面的战略讲清楚了。

销售上，这句口号指引了目标人群。我们要把永修香米卖给那些吃过泰国香米的，以及听说过但还没有吃过泰国香米的人。永修香米就要铺到这些人日常买米的渠道中去。如果铺货的终端有卖泰国香米，永修香米就要摆到泰国香米旁边。

生产上，这句口号指明了品种、品质发展的方向。我们要研究泰国香米的品相、口感、品种，学习泰国香米，超越泰国香米。无论从生产还是销售，我们的奋斗目标就是"永修香米赛泰国"。

这个战略口号是通过定位方法研究出来的。我们在调研中发现，一提到香米，消费者第一反应是"泰国香米"。只有泰国香米被消费者一致认为是好米，其他的香米往往被认为是山寨的、品质不好的米。如果新推出一个香米品牌，不能在消费者脑海里和泰国香米建立关联，它就会被归类到"山寨的"那一类去，就卖不出好价格。

因此，我们将永修香米定位为"品质和泰国香米相当的中国香米"，这个定位就是永修香米的品牌战略，"翻译"成消费者听得懂、传得开的口号就是"永修香米赛泰国"。

类似的还有"砀山 打造中国水果电商之都""海伦 世界非转基因大豆之都"等，都是"口号表达战略"的农本方法的应用。

先找定位，后做广告

"定位"可以说是近百年来，对营销传播领域影响最大的方法论，1969年由美国人艾·里斯和杰克·特劳特率先提出，随后两人及弟子出版了《定位》《商战》等数十本书对这个理论进行阐释和扩展，并在实践中广泛应用，得到了全球商界和中国企业家的广泛认可。

两位定位宗师指出，营销的战场发生了两次转移。最早的营销之战发生在

"生产端"。在"生产为王"的时期，谁能高效率生产出大量的标准化商品，谁就能赢得市场。后来随着生产力提升，市场出现供过于求，生产的本事已经不足为奇，只有在第一时间把货铺到销售终端，让消费者随时随地购买，才能抢占市场。这时营销的战场从"生产端"转移到了"渠道端"。

再后来，铺渠道的本事也变得不足为奇，尤其是"电商"的兴起让销售渠道扁平化，任何一个厂家的产品通过电商平台都可以轻而易举被消费者买到。同时生产力又进一步提升，每一种商品都有多个厂家组织生产，产品同质化严重，消费者选择哪个厂家的产品似乎区别都不大。这时候只有最先进入消费者头脑、成为品类代表的品牌，才能赢得市场。"消费者的头脑"（里斯、特劳特称为"心智"）成为营销的主战场，进入消费者心智的商业基本单位——品牌，成为营销的关键，市场从"渠道为王"转向"品牌为王"。

定位是消费者需求、品牌差异化和产品优势的交集

品牌如何进入消费者心智呢？广告是重要手段之一。广告的效果等于"内容 × 媒介"。广告语是广告的核心内容。大量实践证明，一个品牌要进入消费者心智，广告语必须讲清楚定位。

顾名思义，定位就是帮助品牌在消费者大脑中占据一个位置。我们的大脑容量有限，而且装满了各种各样的信息，要在大脑中给新品牌腾出一个位置并不容易。里斯和特劳特研究发现，品牌要想在"寸土寸金"的心智占有一席之地，必须同时满足三个条件：

1.品牌承诺的利益或情感满足了对消费者来说重要且未被满足的需求；

2.这个利益或情感没有被竞争品牌在消费者的脑子里"注册"；

3.品牌有能力交付这个利益或情感。

只有同时满足这三个条件，这个利益或情感才可以视为该品牌的"定位"，才值得使用包括广告在内的营销手段去传播。研究这三个条件交集的方法，被称为"定位三角"。

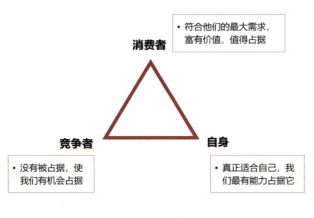

定位三角

正是因为准确的定位能让品牌镶嵌进消费者脑海，让消费者在特定的场景中，第一时间联想到该品牌，因此，农本咨询进行广告语创作坚持"先定位，后创意"。

我以2019年"上党党参"的广告语创作为例。

经过研究，我们发现，燕窝、虫草等日常滋补药材比人参、鹿茸等峻补的药材更受欢迎，这背后是消费者养生的习惯趋向日常化。消费者需要功效与人参相近的日常滋补品，但还没有品牌致力于此，上党党参极有可能抢占这一需求。

同时目前市场上热销的日常滋补品燕窝、虫草、枸杞等功效与人参不同，无力占据这一需求。而自古以来党参就作为人参的替代品在药方中使用，其功效与人参相似。上党党参是道地党参的代表，完全有能力占据这一需求。

正是基于此，农本咨询将上党党参定位为"功效与人参相似的日常滋补品"，并创作了"大补千年人参，小补上党党参"的广告语。

定位须立足产品自身的特点，发掘消费者潜在的或尚未被满足的需求。比如"喜欢清甜　就吃辛集黄冠梨"的广告语创意，就是因为我们发现许多重复购买黄冠梨的消费者，选择黄冠梨的一个重要原因是喜欢黄冠梨特有的"清甜"。类似的还有"春天　正好吃东坡春见"等，都是放大产品特质，对应消费需求的广告语。

广告语是对定位的口语化表达

大家可能注意到，农本咨询创意的农产品广告语大多是口语。这是因为广告语创作不仅是对定位的"翻译"，还担负着降低定位传播成本的任务。

心理学家研究表明，消费者更容易信任已经相信的信息，并且更容易被情绪化的信息鼓动。因此，农本咨询在创意广告语时，往往会借助消费者大脑中已有的信息，并且将定位信息包裹在情绪的"糖衣"中。

还是以上面提到的"上党党参"为例，"大补千年人参"是消费者已经相信的信息，当你说出这句话时消费者就对你建立了信任，然后你说出"小补上党党参"，消费者就比较容易接受，这两句话连在一起又清晰地传达上党党参的定位。

所以我们常说，定位是"技术"，广告是"艺术"。广告语创作离不开"技术"，也需要"艺术"。

在实践中，农本咨询发现"口语"比"书面语"更易流传。广告语不仅是说一句话给消费者听，还要方便销售人员"说出口"，方便消费者说给亲朋好友听。

2018年，农本咨询为广西南宁"武鸣沃柑"创作了"武鸣沃柑 比沙糖橘还甜"的广告语。之所以用这句"大白话"，是因为我们发现，顾客购买水果时，店老板通常会说"比×××还甜"，顾客一听到这话，往往毫不犹豫就买了，有的顾客甚至买很多份分享给亲友。这句广告语能有这样的销售能力，很重要的原因是口语化。店老板张口就来，顾客听了就心动。俗话说金杯银杯不如口碑，在如今这个自媒体时代，"口口相传"作用更大。因此，农本咨询创作的广告语通常是口语。

口号一定要把战略讲明白。和前面讲的"永修香米赛泰国"一样，"大补千年人参，小补上党党参"把上党党参的品牌战略讲明白了。这句口号首先明确了市场，上党党参进入滋补市场，是一种日常滋补品。销售人员也就知道该把货铺到什么渠道，该推销给什么消费者。从种植来说也一样，农户一听就知道上党党参的种植应该朝什么方向发展——因为是做补品，所以就要参照人参、西洋参的种植方式转型，发展多年生党参，发展党参的野生抚育，拉开上党党参与其他产区党参的品质差距。

农本咨询以为，说清楚战略、讲明白定位的大白话，才是好的广告语。

关于"品牌形象创作"

近年来，除了"定位"，还有一种学说正在改变中国营销传播行业，那就是中国广告人华杉、华楠兄弟提出的"超级符号"。如果说"定位"改变了广告语创作，"超级符号"则改变了品牌形象创作。

华杉与华楠于2013年出版《超级符号就是超级创意》，2019年出版《超级符号原理》。这两本书阐述了"超级符号"理念，其核心思想可以概括为"文化母体，品牌寄生"。

据说"超级符号"理念是受到了著名媒介学家麦克卢汉的启发。麦克卢汉研究发现，人们更容易看见"看见过的东西"，更容易听见"听见过的声音"，也更容易记住"已经记住的东西"。所以，我们在为一个品牌创作形象时，要尽量寻找与这个品牌有关的文化母体，通过"私有化"文化母体，让品牌寄生在这个文化母体身上。

我还是举永修香米和上党党参的例子。

永修香米的品牌形象是"一只鹤"和"一粒米"的组合。"鹤"就是永修香米品牌寄生的文化母体。在中国，千家万户张贴"老寿星"图，鹤是老寿星的爱宠，是一个具有高辨识度的文化符号。正好永修县地处鄱阳湖畔，是白鹤之乡，所以我们就把永修香米品牌寄生在"鹤"这个文化母体上，让消费者一眼记住它，而且产生美好的联想。

"上党党参"我们用"上"字创意了品牌符号。因为"上"字在中医药文化中有独特的地位和价值。中医药的第一部经典《神农本草经》，就把中药材分为上品、中品和下品，列入上品的多是滋补佳品。所以，"上"字符不是一个简单的logo，它赋予了上党党参"滋补上品"的千年原力，同时它还是"上党党参"的"上"字，谁也抢不走。农本咨询通过符号创意，把"上党党参"寄生到了"滋补上品"这个文化母体当中。

类似的，2020年"澄城樱桃"区域公用品牌战略对外发布，农本咨询创作的品牌形象和广告语受到业内外好评。澄城县地处陕西渭南，其黄土高原小气候为樱桃生产创造了有利条件，所产的大樱桃比山东烟台、辽宁大连等知名产区甜度更高、上市期更早，具有较强的市场竞争力。

我们洞察到"甜"是樱桃消费者的"痛点"、澄城樱桃的特点和与竞品比较的差异点。因此，我们将澄城樱桃定位为"更甜的大樱桃"，创作了"澄城樱桃甜蜜蜜"广告语和"一箭穿两心"品牌形象。

澄城樱桃广告语创意借力了流行文化——《甜蜜蜜》（歌曲、电影等），品牌形象创意借力了世界级神话"爱神丘比特之箭"，从而起到了"四两拨千斤"

的传播效果。

华杉最近把"超级符号"比喻为"信息爬虫"。超级符号与传统视觉识别系统（VI）设计的区别在于，超级符号降低了品牌被消费者识别、记忆、传播的成本，并且就像一个"开关"，触发消费者脑子中的"信息流"，因而往往有直接驱动消费者购买的能力。这也是农本咨询在品牌形象创作中借鉴"超级符号"理念的主要原因。

关于"媒体运用"

广告语、品牌形象只有通过媒体传播出去，才能被消费者知道，才能影响其购买。因此，媒体是品牌建设绕不开的话题。

在农业领域，媒体运用有很多特殊性。我们看到，农产品普遍附加值不高、溢价率有限、利润率很低，因此农业品牌推广很少能像工业快消品那样大量动用大众优势媒体。实践中，农本咨询很少建议区域公用品牌上电视播广告、去电台做广告、到机场打广告、在高速公路树高炮……因为这些都很花钱。对农业品牌来说，这些投入并不能在短期内得到很好的回报。相反，我们很重视产品包装、产地氛围和行业媒体。

包装是最大的广告

实践中我们发现，一地的农产品在打造区域公用品牌前，包装往往是五花八门、五颜六色，普遍缺乏品牌识别。"砀山梨"是全国知名度较高的梨品牌，我们去调研的时候，发现当地企业和合作社还是想用什么包装就用什么包装，大部分包装上甚至连"砀山"字样都没有。

一地农产品的销量，少则几十万吨，多则几百万吨，通过包装接触到消费者的频次是非常高的。无论是否经过精心设计，包装都是接触消费者的主要媒介。所以，农本咨询提倡把包装当作品牌宣传最大的媒体，把包装当成广告来设计。

"媒体"是一种自带流量的载体，这个载体的广告价值取决于流量的数量和质量。也就是说，我们设计包装时，第一要提高这个包装被消费者看到的概率（流量数量），第二要提高消费者看到包装后购买的概率（流量质量）。

农本咨询设计农产品区域公用品牌的包装有两个原则。

一是"广告语上包装"。广告语是对品牌价值最精炼的表达，也是打动消费者购买的理由，要提高消费者的购买率当然要宣传购买理由。我们设计每一款农产品包装，都优先考虑怎么把品牌符号和口号传播出去，到达消费者。

二是"用色如用兵"。设计每一个包装前，先站在销售货架前观察，看哪一种颜色能在货架上"跳出"，这个颜色就是我们要选择的"主色调"。实践中，我们也发现大量农产品品牌的包装颜色素雅、没有广告语，表面上是设计师为了"美观"，其实质是品牌决策者和运营者没有"货架思维"，对品牌传播的本质缺乏认识。

需要"货架思维"的不仅是包装设计，还包括广告设计、展位设计等。任何一种广告媒体，任何一个展会，都不是只有一个品牌在宣传、在展出。因此媒体、会场都是"货架"，我们的广告、展位要在"货架"上"跳出"，就需要"用色"，需要品牌创意"加持"。

农本咨询和河北辛集市合作时，为"辛集黄冠梨"设计了蓝色包装盒。第一次看设计方案时，当地领导和企业家提出反对，他们说梨的包装通常都用黄色或绿色，辛集黄冠梨怎么能用蓝色呢？我们用"货架思维"做了解释后，当地领导听从了农本咨询的建议。后来包装生产出来摆上货架，受到消费者和经销商一致欢迎，曾经反对的企业家和领导都叫好。

2020年5月22日，中国樱桃展在江苏南京开幕，初次参展的澄城樱桃"燃爆全场"。一方面是品牌创意"给力"，同时也和展位设计、展示方式密不可分。澄城樱桃的包装设计用了黄色作为主色，搭配红色的logo和品牌名，形成强烈的视觉冲击；展位设计沿袭了这一配色方案。

我们在现场看到，和大多数农业展一样，中国樱桃展大部分展位是绿色和白色的，这种环境下，黄色的澄城樱桃展位"独树一帜"，自然"脱颖而出"。同时，澄城樱桃展位上下左右中都有品牌logo和广告语，实现了"品牌宣传360度无死角"。

产地是个媒体场

产地是品牌的道场，产地节庆是品牌的盛事。我们发现，绝大部分农产品在产地都有免费的宣传资源。如品牌文化展览馆、品牌标志性雕塑、示范基地的标牌、公共设施广告位、产销主体的办公用品、零售门店等，一切可以宣传品牌的既有资源都是好媒体。一旦把产地视为媒体场，营造出品牌的氛围，就能直接影响来产地采购的客商，间接影响客商覆盖的销售渠道和消费者。

此外，节庆是农口部门常用的宣传方法，产地办节能把全国客商聚拢过来，集中进行品牌宣传。静宁苹果节、澄城樱桃文化节、砀山采梨节……区域公用品牌的每一个农事节庆，都被农本咨询视为品牌演出的"大舞台""大秀场"。

农本咨询认为，节庆活动对内提升士气，对外增强客商合作信心。办好节庆活动，必须做大势能，做精内容，做大传播。

以2020年"澄城樱桃"节庆活动为例。

在和农本咨询合作前，澄城县已经连续举办了四届"澄城樱桃文化节"。和大多数农业县的农事节庆一样，澄城樱桃文化节的影响力一直局限在区域内。

设计方案时，我们就思考怎么"做大"澄城樱桃节庆影响力，让其成为澄城樱桃品牌一年一度的"大舞台""大秀场"。最后，我们同澄城谋划了"云办节""代言活动""展会宣传"三大活动，让澄城樱桃在2020年上市季一炮走红。

首先，把"澄城节庆"升级为"陕西大事"。在得知陕西省果业中心组织的"陕西水果网络特色季"活动即将开启的消息后，我们立马建议澄城积极对接陕西省果业中心，争取将"陕西水果网络特色季·樱桃季"启动仪式落地澄城，实现了"首届中国·澄城樱桃云营销季"和"陕西水果网络特色季·樱桃季"在澄城同台开幕。"澄城樱桃"品牌在陕西水果网络特色季启动仪式上亮相，成为全省乃至行业的焦点，精彩迈出了澄城樱桃"陕西王牌农产品"战略征途的第一步。

其次，我们建议澄城与专业团队合作，在抖音上策划"澄城樱桃甜蜜蜜"K歌挑战赛。开幕式当天，"澄城樱桃甜蜜蜜"抖音K歌挑战赛启动，上百万网友涌入抖音观看澄城樱桃广告歌。5月10日，依托水果电商团队西域美农，"三农大V"

陕西省果业中心主任魏延安联袂澄城县县长高成文直播带货；5月11日，澄城县委书记王万庆做客陕西卫视《对话书记》栏目，畅谈"小樱桃，大产业"的澄城历程……一系列活动环环相扣，让澄城樱桃瞬间成为人气话题。

除了产地活动外，我们建议"澄城樱桃"参展"首届中国樱桃展"，并且采用"音乐趴""快闪店"等时尚新颖的引流方式，品牌推介中运用乐队表演和模特走秀，将本届展会变成了澄城樱桃的"主场"，以"小付出"取得"大影响"，让澄城樱桃成为当年的行业黑马。

用好"行业媒体"

农产品要比工业快消品更加依赖会务、会展和评奖。因此，只要时机恰当，我们都会建议借助行业活动宣传品牌。借助"中国梨产业年会"推广"隰梨模式"，利用"全国鲜食玉米大会"发布"青冈玉米"区域公用品牌，在"全国药品保健品交易博览会"上举办上党党参品牌战略发布会，永修香米参加"中国大米影响力十强品牌"评选，澄城樱桃亮相"中国樱桃展"，武胜大雅柑在第十八届中国国际农产品交易会"C位出道"，以及玉田供京蔬菜"出圈"第五届京津冀蔬菜食用菌产销对接大会……这些都是借助"行业媒体"宣传品牌的例子。因为人群精准，所以能在投入成本不高的前提下取得极好的效果。

需要注意的是，农产品品牌参展，也要讲究策略。

2020年11月27—30日，第十八届中国国际农产品交易会在重庆举办。在农本咨询的建议下，四川武胜县果断抓住"家门口"办会的良机，以大广告、大展位"惊艳"亮相。此次参展，农本咨询帮助武胜在广告位选择、展台设计等方面进行了精心策划，最终让武胜大雅柑"C位出道"，品牌"一炮走红"。

办好品牌战略发布会

区域公用品牌战略的推出，是一地农业品牌化的标志性事件，能够吸引行业、媒体和社会的关注，短时间内提高品牌知名度、拓展销售渠道。因此农本咨询高度重视每一场品牌战略发布会。

发布会在什么地方开、由什么单位主办、邀请哪些媒体和嘉宾……这些都会影响到品牌的传播效果。比如，静宁县人民政府联合京东集团在北京召开静宁苹果品牌战略发布会，承德国光苹果品牌战略发布会在北京国家会议中心举行，辽宁朝阳农产品品牌战略发布会邀请中央广播电视总台、《人民日报》、新华社等媒体参加，事实上都是精心策划的结果。

2019年8月6日，呼伦贝尔市政府联合中国烹饪协会，在北京钓鱼台国宾馆，举办"呼伦贝尔草原羊肉品牌战略发布会"，取得了非同凡响的效果。呼伦贝尔草原羊肉品牌一推出就声名鹊起，获得了"2019全国绿色农业十佳畜牧地标品牌""中国农产品百强标志性品牌"等荣誉，产品还顺利进入了"东来顺""鸿宾楼""很久以前"等餐饮名店和网红店，品牌推广和产品销售实现"双丰收"。

2019年8月28日，在青冈县委县政府积极争取下，第31届中国鲜食玉米、速冻果蔬大会暨第3届绥化（青冈）鲜食玉米大会在青冈举行，来自全国的鲜食玉米客商和技术专家600多人齐聚黑龙江省青冈县。借此良机，青冈县委县政府隆重召开"青冈玉米品牌战略发布会"，实现了青冈玉米区域公用品牌建设"开门红"。

关于"规划方案编写"

农产品区域公用品牌战略，不仅是广告语、品牌形象、包装、广告等，也是涉及产品、产业、区域经济的"三级战略"，是关乎标准化、组织化、融合化的"系统工程"。这一点，我在前面已经讲到过。这里作为一门"手艺"来讲，主要是想说明这个"系统工程"，即农本咨询交付的"品牌战略规划方案"，要达到怎样的效果。

"系统方案"有目标、有路径、有工具

我们常说品牌战略规划是"顶层设计"，谋的是品牌建设的"百年大计"，其核心是"定目标""明路径""给工具"。因此凡是农本咨询交付的方案，都有清晰的目标，如何实现这个目标，有明确的路径（一步一步怎么做，先做什么后做什么），在实施过程中，每一步有工具。

如在《澄城樱桃区域公用品牌战略规划方案》中，农本咨询为澄城樱桃确立了"澄城招牌""陕西名牌""国家品牌"的"三牌三步走"目标，并围绕这三个目标规划了近期、中期、远期的若干项目（即路径），同时为每个项目提供若干工具支持（如品牌形象规范应用手册等）。

以澄城樱桃品牌战略发布会为例，在哪办、和谁一起办、什么时间办……农本咨询都给出明确的建议，发布会需要用到的工具（现场物料、新闻通稿等），我们也都进行了精心创作并提供给澄城。事实上，这些年来，农本咨询一直在不断探索提高"路径""工具"的有效性。2020年下半年，农本咨询发起了简化宣传物料设计版式的行动，即同一种物料不允许同时给客户提供多种设计，其目的就是方便客户应用、提高宣传物料的品牌传播效果。

"系统方案"是一个"操作系统"，打开就能用

我们知道现在电脑的操作系统，微软占据了绝大部分市场。为什么微软的Windows能够把Linux、Unix等系统打败？因为Windows打开就能用，而且好用。再比如手机，为什么大家用惯了iPhone之后，觉得其他手机的操作系统用不习惯？也是因为iPhone的IOS操作系统打开就能用，不用看说明书。我希望农本咨询交付的方案也像Windows和IOS这样，别人一拿到这个方案就会用，都不需要培训和咨询。

附录

和全国各地的交流，是我工作的一部分。

这些交流，有地方来拜访我们，有我们受邀去地方考察。同时，因为我较早从事农产品区域公用品牌研究与建设实践，不少业内活动或培训班都邀请我做嘉宾或讲课，于是"贾老师"也就成了我的另一个身份。我深知这些交流的重要，因此每次接受邀请后，我都尽量了解当地情况，认真备课。交流时，除了传授农本咨询的经验外，也会对当地产业发展提出自己的看法和建议。

除对外交流外，我也经常组织内部学习，分享自己的心得。我也时常写一些小文章，表达自己的观点。

附录就是一些演讲、讲话和文章。它们也是农本方法的重要组成部分。

湖南"千亿果业"的战略思考

2020年11月23日，在"第三届全国果业扶贫大会暨湖南省千亿果品产业推进乡村振兴发展高峰论坛"上的演讲。

大家好！这次受邀谈谈"对湖南'千亿果业'的思考"。据我所知，全国多个省份提出"千亿果业"战略，就是因为果业事关百姓增收，事关经济发展。因此，"千亿果业"是乡村振兴战略背景下，湖南践行"产业助力乡村振兴"的举措，是新时期湖南果业发展的顶层设计。

农本咨询是一家专业从事区域产业品牌化战略规划的公司，我们为全国多地提供区域产业品牌战略咨询。今天我用三个关键词，来总结对湖南"千亿果业"的战略思考。

关键词一：产品

1. 柑橘是"湖南水果代表"

一方水土产一方农品。到了陕西肯定想到苹果，到了河北想到的是梨，到了内蒙古想的是牛羊肉，这是一个地区的物产代表，也是我们对这些地区物产名片的印象和认知。湖南水果的代表是什么？

相关数据表明，湖南800万亩水果中，有500多万亩柑橘。另外，湖南20个水果地标中，柑橘地标有12个……由此不难看出，柑橘是湖南水果的代表。

2. "冰糖橙"可以作为湖南柑橘品牌建设的突破口

柑橘是中国"第一大水果",包括柑、橘、橙、柚、金橘、柠檬等六大类。中国人对这些品类的产区有着不同的认知。比如到了江西,大家就会想到(赣南)脐橙。很多人甚至把"赣南脐橙"称为"江西脐橙",就是因为江西(赣南)脐橙影响力大。湖北秭归、重庆奉节,也都是著名的脐橙产区。说到蜜橘,大家首先想到江西抚州南丰县,或浙江台州黄岩、临海。说到沙糖橘,想到的是广东、广西。说到柚子,想到的是福建。换句话说,消费者对不同的柑橘品类已经有了产区概念,这就是心智认知。我们创建品牌,不只是在田地里栽种水果,同时也在消费者脑海中建立心智认知。一旦消费者对于某个品类有强烈的产区概念或认知,其他地区想要打造同一品类品牌的难度就会大大增加。

比如,农本咨询曾为内蒙古敖汉小米进行品牌战略规划。敖汉是世界小米的发源地,8000年前就开始种植小米。虽然敖汉小米也是内蒙古特色农畜产品的骄傲,但在旅游窗口,我们将其表达为"敖汉小米,内蒙古献给世界的第二张名片"。为什么不是"内蒙古的第一张名片"?就是因为消费者脑海中,内蒙古牛羊农畜产品是"第一名片"。因此,打造湖南柑橘品牌,就得选择有可能突破的柑橘品类。

如果选择脐橙、蜜橘、砂糖橘、柚子等这些已经有"产区概念"的品类创品牌,难度会比较大。会前,我做了一个检索,发现湖南目前的20个柑橘地标中,"冰糖橙"是湖南的特色。更为重要的是,消费者对"冰糖橙"的产地认知还没有完全建立起来。因此,"冰糖橙"或许是湖南柑橘创牌的机会。

3. 利用湖南土壤天然富硒的优势,种出"硒水果"

刚才发言的几位专家讲得非常好,没有特色就没有优势。刚才听中国果品流通协会鲁芳校会长说,中国水果年产量达到了几亿吨。有如此大的供应量,中国市场应该不缺水果。因此,发展"特色水果"就尤为重要。

前段时间,我受邀去了湖南几个县,为当地产业把脉。考察中,我们了解到湖南富硒土壤分布较广,其中不少是果区。我以为,富硒是湖南果业的特色和优势。湖南不少果区土壤天然富硒,利用"富硒土壤"种出不一样的湖南水果,比如"硒水果"，就是湖南水果的特色。

关键词二：产业

我走过全国许多果区，时常只看见产品，看不到产业（链）。湖南要打造千亿果业，产业链建设非常重要。在此，我提几点不成熟的建议。

1. 依托资源优势，发展湖南水果"特优区"

过去这几年，我对"特优区"有了更多认识。今年五月，我给全国第二批特色农产品优势区建设管理者授课时说，特色是生命力，优势是竞争力。从实践看，优势是比较出来的，要和周边地区以及同行比。此外，产业也要有规模，规模就是话语权。对于水果产业来说，规模太小就意味着没有规模化的供给能力，对客商的吸引力就小，在行业中就很难有话语权。

因此，湖南发展"千亿果业"，就要打造出若干个性鲜明的"水果特优区"，这是当务之急，也是"湖南千亿果业"的基础。

2. 依托水果种植，发展水果"加工业"

除了种植业，也要发展水果加工业。现实中，加工业往往发挥着"保障产业安全"的作用。这是因为，很多时候水果加工业赚钱很少，它的一个重要目的是让大家不要亏钱，尤其在遭遇"大年"或滞销的年份，加工业发挥着兜底的作用。因为水果不像别的产品，较难长时间储藏。另外还有残次果，通过深加工，可以增加果农收入。

3. 利用区位优势，打造果市"中转站"

我个人认为湖南果业的一个重要优势是区位。湖南地处中部，四通八达，是中国果品流通的枢纽。我们知道，中国果业品牌大会连续三年在长沙召开，也是看重长沙在中国果市的流通优势。湖南不仅有长沙红星大市场这样的果蔬批发大龙头，也有"绿叶水果"这样的头部水果专卖连锁企业，另外还有"湖南芒果快乐购"等多个农产品新零售销售平台。

因此，湖南水果商贸流通条件优越，不仅可以做到"南果北卖，北果南卖"，通过以后的红星全球农批中心还可以做到"买全球、卖全球"。所以，湖南发展"千亿果业"，不能只着眼于湖南800万亩的果园，也要用好湖南果业的区位优势和流通资源，将流通业打造成"湖南千亿果业"的重要组成部分。

4. 依托湖南文创优势，发展"水果文创产业"

众所周知，文娱是湖南的优势。湖南省尤其是长沙市，在中国文娱行业占据重要地位。长沙又称"星城"，的确是"造星之城"。湖南果业发展中，与文娱尤其是和文化创意结合，有巨大的增值空间。比如中国最牛的"羊"不是内蒙古、新疆的羊，而是"喜羊羊"；一部《哪吒之魔童降世》卖了近50亿元的票房……这些，都是文化创意的价值，也是湖南果业发展可以利用的资源。因此，能否利用湖南文创优势，创意出类似于"欢乐水果"的文创果业，这一点值得期待，也值得思考。

关键词三：品牌

今天的论坛是第五届中国果业品牌大会的一个议程。大家知道，本月15号，第十七届中国国际农产品交易会在南昌开幕，"做强农业品牌"是今年国际农交会的一个重要主题，其中主论坛是"中国农业品牌建设高峰论坛"，农业农村部韩长赋部长做主题发言。种种迹象表明，"品牌化"成为中国农业发展的主旋律，是农业高质量发展的必然选择。

因此，湖南"千亿果业"，一定不能没有品牌建设。对于湖南果业品牌化，我提三点建议。

1. 科学谋划，推动县市区开展果品区域公用品牌建设

农产品区域公用品牌的基础是地标产品，果品区域公用品牌也是如此。要务必形成"县市区是果品区域公用品牌建设主场"的认识。

因此，作为全省果业管理部门，省级层面制定全省果业品牌发展战略，立足资源禀赋，结合市场需要和发展趋势，选择发展重点产业，并确定重点果业县，出台政策，强力推动重点果区品牌建设。

目前，湖南省农业品牌建设中，打造了几个"湘字号"区域公用品牌，比如"湖南茶油""湖南茶叶"等。我们认为，为扩大湖南相关产业知名度，这种做法无可厚非。但若想要将其打造成所谓省级产业公用品牌，却是不现实的事。因为水果地标产品多集中在县域，水果区域公用品牌也要以县域为主阵地。对这一点务必要有清醒的认识，否则就会劳而无功，严重者会导致湖南果业品牌建设的失败。

2. 坚持区域公用品牌、产品品牌、企业品牌"三位一体"

农产品区域公用品牌、产品品牌、企业品牌是我国三种不同类型的农产品品牌。今天会场品牌墙上，就有这三类品牌。农产品品牌建设，必须坚持"三牌同创"，即以区域公用品牌为基础，培育产品品牌，同时壮大企业品牌。

湖南果业品牌建设，就是要以湖南地标水果为基础，打造一批特色鲜明的水果区域公用品牌，拥有一批市场能力强的企业，并形成对消费者有影响力的产品品牌。由区域公用品牌、产品品牌、企业品牌，共同形成湖南果业品牌矩阵。

3. 协同互补，避免重复建设，减少内耗

这些年我去了全国不少地方，看到不少由于内耗导致的农业品牌建设资源严重浪费，给一地产业发展带来巨大损失。这是值得反思的事，湖南果业发展也要警惕。

由于地理气候的相似性，湖南果业存在着不同程度的同质化。在此背景下，不是每个产区县都需要打造本地的果品区域公用品牌。这时候，可以进行资源整合，共同打造包含多个产区的果品区域公用品牌，从而减少内耗，提高创牌的成功性。当然，能否整合，怎样整合，这就需要因地制宜，合理决策。

对黑龙江农产品品牌建设的几点建议

2021年3月3日，接待黑龙江省农业农村厅二级巡视员顾毅、市场与信息化处处长郭绍权等一行来访的发言。

作为中国农业的排头兵，黑龙江农业品牌化意义重大。如何推进黑龙江农产品品牌建设，我有几点不成熟的看法，仅供参考。

首先，要看到黑龙江农产品的市场挑战

在全国各地的实践中，我们发现，一地农业品牌化最大的障碍往往是管理者意识不到潜在的危机或挑战。一旦看不到威胁，就不会有紧迫感，也就不会行动。

长期以来，由于资源禀赋的优势，黑龙江农产品是市场上的香饽饽。因此，大家对于黑龙江农产品创牌的紧迫感普遍不强。从全国范围看，哪怕在东北三省中，黑龙江农业品牌化的意识都是相对淡薄的。不少人对于黑龙江农产品面临的市场威胁认识不足。

以黑龙江农业"王牌产业"大米为例，现在全国范围内的大米品牌化如火如荼，黑龙江不仅有南方"劲敌"，还有东北近邻的"威胁"。

南方大米产区如江苏、江西等地，近年来不断加大本地大米品牌建设力度。江苏下大力气打造"苏米"品牌，江西省财政连续三年每年拿出几个亿推动江西

稻米品牌建设。由于品牌建设势头迅猛，近年来南方大米抢占了不少市场份额。

除了南方大米的攻城略地，吉林省近年来开始打造"吉林大米"品牌。现在，吉林大米的知名度大幅提升，市场价格也提高不少。

这些是眼前正在发生的事。假以时日，黑龙江大米的市场份额就会被蚕食。作为中国农业的"带头大哥"，黑龙江农业虽然有优势，但如果停滞不前，就有可能被别人超越。

因此，看到竞争和挑战，对黑龙江农业发展而言非常重要。

其次，要认清黑龙江农产品的优势

正如顾毅厅长所说，"绿色有机、寒地黑土、非转基因"是黑龙江农业的"底色"，也是黑龙江农产品创牌的优势。

黑龙江农产品创牌，就是将产业优势变成市场优势的过程，就是要通过品牌建设让消费者认可黑龙江农产品，并愿意为之买单。品牌建设是转化优势、变现价值的手段。

另外，我们还必须明白，黑龙江不仅是"粮仓"，还是"山珍王国"和"中药材宝库"。

因为长期稳坐中国粮食生产"头把交椅"，人们一提起黑龙江，首先就联想到"大粮仓"。但除此之外，黑龙江也是山珍富集地和很多中药材的道地产区，还是特色林果以及特色养殖业基地。

对此我们不难理解，黑龙江不仅有大平原，还有大兴安岭，山珍、中药材和特色浆果是大兴安岭的馈赠。因此，黑龙江农产品创牌，不仅要打造粮食品牌，也要打造特产品牌。

再次，要规划黑龙江农业品牌化推进路径

"路径不对，功夫白费"，这是全国经验，也是我对黑龙江的建议。

1. 合理界定省、市、县的角色和定位

从全国看，虽然不少地区推进全省农业品牌建设，但由于角色定位错误，即便投入了大量资源，依旧收效甚微。那么到底应该怎么干？

省里"扯大旗"，创塑全省农产品价值形象

这里说"扯大旗"，是指省级部门创塑全省农产品核心价值，扩大或提升全省农产品价值影响力，营造创牌氛围，调动全省农产品创牌积极性。

在核心价值、整体形象确立后，通过不同方式传播。可以是音视频、平面广告，也可以是展会等。

这里，要警惕将核心价值或整体形象当成所谓的"省级农产品区域公用品牌"来应用。目前，全国不少省份创意一个词或几个字，将其当成"省级农产品区域公用品牌"使用，不仅难以得到市场认同，也容易导致各方思想认识的混乱，往往喊得热火朝天，却对产业发展没什么实际帮助。

因此，黑龙江农产品品牌建设，必须警惕陷入"省级农产品区域公用品牌建设"的误区。

市里"搞协调"，上传下达，推动县域创品牌

从全国范围看，除了少数地级市有全市性产业管理，绝大部分地级市部门的职能，多发挥"上传下达"的作用。虽然对县市农业有管理权，但很少直接干预县域农业生产。因此，"搞协调"是我们认为全国多数地级市职能部门应该做的事。

之所以这样，是因为农产品区域公用品牌的基础主要是地理标志农产品，而地标农产品大多数集中在县域。因此，除非是全市性产业，且全市产品品质相近，可以打造市级农产品区域公用品牌，否则全市就某个产业同打一个品牌，除了制造县、市"矛盾"不说，往往也很难产生实际意义。这被全国多地实践验证。

县域"做执行"，是区域公用品牌建设的"主场"

县域是农产品区域公用品牌建设的主场，这是全国经验，也是许多农产品区

域公用品牌建设成功的原因。对于县域产业创牌容易成功的原因，我有过不少解释，这里我就不再赘述。黑龙江农产品区域公用品牌建设，也应该明确"县域主场"。

2. 规划黑龙江农业产品线

刚才我说过，黑龙江不只是"粮仓"，也是"山珍王国""药材库"和"浆果产区"。因此，黑龙江农产品品牌体系，应该"粮食为王""山珍为特""林果、养殖做补充"。

规划黑龙江农业产品线，对于科学配置产业发展和品牌建设资源，推动黑龙江农产品品牌矩阵建设，具有重大意义。

3. 组织动员大会，推进"双牌"同创

黑龙江农产品品牌建设想要有大作为，非得有"大决心""大动作"不可。

建议举办"一把手"参加的全省农业品牌建设动员大会

我们常说农业品牌化是系统工程，也是"连锁反应"工程。农业是黑龙江的金字招牌，黑龙江农业品牌化建设，也是省委省政府"三农"工作的重头戏。

之所以建议"一把手"参会，其实不难理解。在现行体制下，如果"一把手"出席黑龙江农业品牌建设动员大会，会释放信号，也必然引发"连锁反应"。当然，就农业在黑龙江省的地位而言，农业品牌建设作为"一把手工程"，也绝不为过。

动员会是深化认识、凝聚共识的过程。其目的是让大家"开天眼"，有必要让大家看看全国乃至国外农业品牌化水平、发展阶段和成效，"刺激"一下各方的神经。如果不能有"大触动"，黑龙江农业品牌化很难有实质性突破。

开大会不只是调动省级部门的积极性，更重要的是要调动广大县域，尤其是农业大县和特色产业县一把手的积极性。

农业不只要能立县，也要能富县。农业品牌建设，就是延长产业链、拓展价

值链、建设供应链，推动融合发展，提高综合收益的过程。调动一把手对农业品牌建设的积极性，就会事半功倍。

坚持"母子品牌"同创

我国农产品品牌中，包括区域公用品牌、产品品牌、企业品牌三个不同类型的品牌。在市场上经常起作用，并且容易被消费者感知到的是区域公用品牌和产品品牌。

区域公用品牌是一地农产品品牌建设的平台和基础，是"旗帜"，产品品牌是对接消费者的载体，是"旗手"。提高黑龙江农产品品牌建设效率，就要走以区域公用品牌为基础，以产品品牌为主体的"双牌"同创路线。黑龙江农业企业规模相对较大，产品品质也比较接近，是比较容易培养产品品牌的。

坚持区域公用品牌、产品品牌"母子品牌"同创，对黑龙江农业品牌化，具有重大的现实意义。

农业品牌化，恩施该咋干？

2021年5月28日，为湖北省恩施土家族苗族自治州（简称恩施州）"全州乡村振兴培训班"授课节录。

刚才，我向大家讲解了农本咨询打造的两个农产品区域公用品牌案例，也分享了我们的实践经验。接下来，我就恩施农业品牌建设，谈几点自己的看法。

一、认识恩施农业品牌化的意义

如何看待恩施农业品牌化的意义？这是恩施州农产品品牌建设工作的"起手势"。如果认识不到位，就很难将工作做好。

要看明白这一点，首先得看清恩施资源禀赋。对于不少人来说，知道恩施是因为"硒"。事实上，除了"富硒"，恩施还有良好生态和厚重文化。这些是恩施乡村振兴的家底和"本钱"。

总体来看，恩施有两大产业，"旅游"和"农业"。旅游是"静态的"，农业是"动态的"。人们只有来到恩施，才能感受并消费恩施的旅游。农业则不同。这些年，恩施富硒农产品是市场上的"香饽饽"，畅销全国。在我看来，恩施农产品不仅体现恩施的生态优势，也凝结着恩施文化，是推介恩施旅游和文化的绝佳载体。因此，以农为媒，推介恩施，营销恩施旅游、文化，是恩施农业品牌化的重要内容，也是恩施农业品牌化的重要目标。

因此，在助推恩施农业高质量发展的同时，以农业品牌建设为契机，推广恩施旅游、文化，促进恩施资源增值、变现，助力恩施乡村振兴，这是恩施农业品牌化的战略意义。有了这样的认识，就会重视恩施农业品牌建设，就会花力气做事，也才有可能做好事！

二、确保恩施农业品牌化走对路

区域公用品牌、企业产品品牌、企业品牌是我国农产品品牌的三种类型。实践中，经常起作用的是"区域公用品牌"和"企业产品品牌"。

区域公用品牌是"一级菜单"，企业产品品牌是"二级菜单"。比如，人们多是因为想买"恩施硒土豆"，才会选择"小猪拱拱"品牌。如果市场上没人关注"恩施硒土豆"，"小猪拱拱"恩施硒土豆就很难销售。类似的还有恩施玉露茶、利川红茶等。市场上听说过这两个恩施茶叶区域公用品牌的人很多，但知道生产销售这些茶叶的茶企的人却很少。因此，对于恩施茶企而言，要搞好销售，必须借助这些茶叶区域公用品牌。同理，恩施农产品品牌建设，也要发挥农产品区域公用品牌的作用，依托区域公用品牌推动企业成长。因此，对于恩施农业品牌化建设，我有三点建议。

依托地标打造一批特色农产品区域公用品牌

农产品区域公用品牌的基础是地标产品。恩施州农产品区域公用品牌建设必须依托恩施地标农产品或特色产业，开展"一品一牌"建设工程。

来恩施前，我查看了恩施农业资料。从恩施产业分布范围看，我认为恩施农产品区域公用品牌可以有"州级""县级"两种类型：比如全州性产业，如茶、土豆等，可以打造"恩施硒茶""恩施硒土豆"等州域农产品区域公用品牌。听说全州性产业还有黄牛和黑猪。如果允许，也可以打造"恩施黄牛（肉）""恩施黑猪（肉）"品牌。这些都可是恩施州域农产品区域公用品牌。

如果产业集中在某个县（市、区），且有足够大规模，就可以打造县域农产品区域公用品牌。比如像利川红茶、来凤藤茶等，就是县级茶叶区域公用品牌，分属利川市、来凤县。我前几年去过恩施咸丰县，知道咸丰境内白茶种植面积有10多万亩，并且硒含量高，完全有条件打造"咸丰硒白茶"品牌，这也属于县级农产品区域公用品牌。

在这里我必须说明，"州级"或"县级"农产品区域公用品牌，主要是按照产业分布的范围来划分，在这里并不是什么"上下级"。

通常说来，如果某个产业创建了州级区域公用品牌，原则上就没必要再就这个产业创建县级区域公用品牌。比如，一旦在州级层面创建了"恩施硒土豆"品牌，就没有必要再去打造"利川硒土豆"或其他县域的硒土豆品牌。这主要是因为全州范围内的硒土豆品质相近，用"恩施"冠名，因为恩施知名度高，更容易叫响市场，也更容易成功。

当然，对于那些差异化明显的产业，就不能随意整合成一个品牌，而应该由各个县创牌。比如虽然恩施州创建了"恩施硒茶"，但"恩施玉露""利川红""来凤藤茶"等有各自的特点，也产自不同县域。因此，就得各个县打造品牌，使之成为"恩施硒茶"品牌矩阵的组成部分。

依托区域公用品牌扶强做大企业（合作社）产品品牌

我们常说，区域公用品牌是旗帜，企业产品品牌是旗手。区域公用品牌的大旗想要举得高、举得久，就必须要有一批实力强的企业当旗手，并且越多越好。昨天我在酒店一楼大厅看到经销恩施茶叶的"偲蓓公司"。通过和销售人员交流，我了解到这家企业是"恩施玉露茶"区域公用品牌授权的30多个企业之一。这家公司2018年成立，销售员介绍说现在年销售额大约800万元。对于一个成立不到3年的小茶企来说，能取得这样的销售业绩还是不错的。我想，这和恩施玉露茶区域公用品牌的背书分不开。这家茶企现在不光卖"恩施玉露茶"，也卖"利川红茶"。

我们必须清楚地认识到，正是因为有了"倍偲"等这样一批茶企的努力，消费者才能便捷消费"恩施玉露茶"。因此我们说，企业是区域公用品牌价值的实现者。没有产品品牌做支持，区域公用品牌就难落地。

依托区域公用品牌，推动企业闯市、创牌，是国情使然，也是市场选择。恩施农业品牌建设，也不例外。

用好"世界硒都"金字招牌，缔造恩施农产品价值

"富硒"是恩施农产品的价值共性。因此，基于提升恩施农产品溢价的考虑，在开展恩施农产品区域公用品牌建设的同时，我们认为创意恩施州农产品"富硒价值主张"，不仅可行，而且重要！

在我看来，"世界硒都"是恩施州农产品最好的价值背书！

之所以这么说，是因为"世界硒都"由"国际人与动物微量元素学术委员会"授予，是"世界级名片"！或许有人说"世界硒都"喊了多年，不新鲜了。但我认为，这恰恰是我们要坚持的原因。

首先，"世界硒都"让恩施资源禀赋跃然纸上。作为恩施的金名片，经过多年宣传，"世界硒都"在恩施人民心里扎下了根。我在恩施看见许多地名或建筑，名字和"世界硒都"有关，甚至一些小店名都含"硒"字。这充分说明恩施人民对"世界硒都"的高度认同。恩施人民的认同是恩施品牌建设的沃土。

当然，虽说是"金字招牌"，但是要让"世界硒都"为恩施资源增值发挥更大作用，还要做许多工作。因为目前做得还不够好，还有可以提升的空间。坚持用"世界硒都"缔造恩施农产品价值，这是战略抉择。

昨天我听说恩施想打造囊括全州所有农产品的"区域公用品牌"。我认为这是个战略性的错误。虽然时下不少地方一窝蜂地打造所谓全域公用品牌，但被市场接受的却没几个。关于这一点，我写了不少文章阐述"一牌多品"的弊端。有兴趣的话，大家可以关注"农本咨询"公众号查阅，我在这里就不展开。

打造一批个性鲜明的恩施特色农产品区域公用品牌，以农产品区域公用品牌助推企业产品品牌成长，才是恩施农业品牌化的正确道路。坚持"两牌同创"，不要走错路。

三、科学决策，选对创牌产业

农产品区域公用品牌建设首先要做产业"选择题"。"两市六县"是恩施农产品区域公用品牌建设的主战场，也要选择产业。

来恩施前，我上网查了一些资料。以利川为例。虽说"利川红茶"现在很火，但利川最大产业是蔬菜。资料显示，利川市蔬菜种植面积约50万亩，且是"高山蔬菜"。利川蔬菜有不少地标产品，如利川山药、利川莼菜、利川甘蓝、利川白萝卜、利川大白菜等。更重要的是，蔬菜产业带动面广，从业者数量大。在我看来，打造"利川高山蔬菜"品牌占据天时地利人和。在某种意义上，打造"利川高山蔬菜"区域公用品牌，比打造"利川红茶"品牌意义更大。

再以宣恩为例。宣恩有"宣恩火腿"。虽然我不知道宣恩火腿产业现在怎样，但"宣恩火腿"是"中国四大火腿"之一，知名度很高，这是难得的基础。还有"建始魔芋"和"建始猕猴桃"，虽说这两个产业体量不大，但因为建始土壤"富硒"，完全可以成为魔芋和猕猴桃两个品类的"富硒代表"。

类似的还有"巴东大蒜""咸丰白茶"等，打造品牌的前景都很好。因为恩施是"世界硒都"，恩施农产品因"硒"不同，也会因"硒"溢价。

选产业是恩施农产品区域公用品牌建设的第一步，必须慎重考虑，科学决策，让恩施农产品区域公用品牌建设赢在起点。

四、发挥品牌引领作用，助推恩施农业高质量发展

品牌建设是深化农业供给侧结构性改革和助推产业高质量发展的抓手。恩施农业品牌建设，就是一场引发恩施农业变革，促进产业提升改造的工程。在某种意义上说，这是我们重视农业品牌建设的主要原因。

比如我看巴东县材料，说巴东有10多万亩柑橘，主要是椪柑和脐橙。根据农本咨询的经验，椪柑的商品性没有脐橙好。同时，目前受江西（赣州）脐橙"暂时缺位"的影响，不少脐橙产区都有机会"上位"。因此，巴东柑橘产业品牌建设，首先要考虑品种是否要调整。"减椪"还是"扩橙"等问题，都须研究决策。

以品牌的视角，研究问题，寻找答案，这是品牌引领产业发展的体现。

五、抓住乡村振兴战略下的农业创牌机遇

最后一点，也是农本咨询的重要观点：目前是包括恩施在内，全国所有地区农业品牌建设的黄金时期。

乡村振兴战略背景下，"三农"工作最终指向乡村振兴这一件事。民族要复兴，乡村必振兴！乡村振兴不是某个部门的事，是所有人的事。恩施农业品牌化建设，不只是恩施农口和农业人的事，也是全体恩施人的事。今天，全体州级职能部门负责人、县（市、区）乡村振兴局一把手们齐聚一堂，研讨恩施乡村振兴大计，这也是恩施农业品牌化的大讨论，是恩施农产品区域公用品牌建设的大讨论。

我们坚信，只要成功打造一批恩施特色农产品区域公用品牌，就抓住了恩施农业品牌化的重点，牵住了恩施产业振兴和恩施乡村振兴的"牛鼻子"！

谢谢大家。

价格最贵后，隰县玉露香梨还应怎么干？

2021年9月15日，在"2021年隰县玉露香梨产业高质量发展论坛"上的发言。

这次来隰县听到最好的消息是隰县玉露香梨地头收购价每斤6块钱！我想这应该是今年卖得最贵的梨。会前，和李亚丽书记座谈时，我说隰县玉露香梨价格还可以更高。之所以这么说，是因为隰县玉露香梨是"稀有好梨"。

"稀有好梨"是农本咨询给隰县玉露香梨区域公用品牌创意的价值口号，主要基于以下三点。

首先，玉露香梨"品种稀有"。玉露香梨是山西省农业科学院果树研究所专家历时30年，用库尔勒香梨和河北雪花梨杂交培育而成的"中国大美梨"。

其次，玉露香梨"产区稀有"。玉露香梨对地理气候和产区环境等都有苛刻的要求，不是所有的地方都能栽种玉露香梨。

再者，玉露香梨"品质稀有"。一颗上好玉露香梨，必须得精心伺候。隰县梨农对玉露香梨格外上心，加之技术娴熟，所以只有隰县梨农种出了人人称颂的"中国大美梨"。

因此，隰县玉露香梨是"稀有好梨"。

今天，隰县玉露香梨成为"中国最贵的梨"，作为隰县玉露香梨区域公用品牌战略设计者，我们非常高兴，因为这符合当初我们对隰县玉露香梨的期待，实现了我们设定的阶段性目标。只要方法得当，持续发力，隰县玉露香梨品牌建设还可以再创新高。

要更好发展，我建议做到以下几点。

首先，认识"成功的原因"

昨晚我在隰州大酒店客房看见一本名叫《隰县玉露香》的小册子，讲述了隰县玉露香梨产业过去几十年的发展历程。读完后，我愈发觉得隰县玉露香梨产业来之不易。

过去几年，农本咨询合作过四个梨项目——安徽"砀山梨"、河北"威梨"、"辛集黄冠梨"和山西"隰县玉露香梨"。应该说，它们四个都是中国优秀的梨品牌，都有各自的精彩。关于隰县玉露香梨，我认为两点极其重要，或者说是隰县玉露香梨的经验：一是"赢在品种"，二是"胜在品牌"。

农本咨询常说农业品牌建设必须符合农业基本规律，农业基本规律就是"品种第一、品质第二、品牌第三"。

隰县在历史上是"金梨之乡"，早期主要栽种金梨、酥梨，后来改种玉露香梨。改种玉露香梨不是心血来潮，而是隰县县委政府和隰县人民科学抉择的结果。我记得2015年，我在隰县看见"种好玉露香 率先奔小康"的宣传牌。今天，隰县不仅脱贫，而且尝到了栽种玉露香梨的甜头。今年隰县酥梨的地头价是每斤1元左右，玉露香梨地头价每斤6元，两者之差距充分体现了品种的重要性。因此，"赢在品种"是隰县梨产业成功最重要的一条经验！

农本咨询还说"不是唯一，就得第一"，这讲的是打品牌的必要性。这次来隰县，听说隰县玉露香梨地头收购价是周边县玉露香梨的2～3倍，这就是隰县玉露香梨品牌的溢价。因为率先打品牌，品牌已然成为隰县玉露香梨产业的"护城河"。

2016年底，经人介绍，隰县县长王晓斌找到我。一见面，王晓斌就说，"现在玉露香梨畅销并不意味着一直会畅销，隰县打品牌就是要确保长久地畅销，并且卖高价。"

2017年4月，隰县玉露香梨区域公用品牌在太原国际会议中心隆重亮相。过去几年，经过隰县人的努力，在讯唯电商、天演维真等专业团队和众多专家的帮助下，隰县玉露香梨名声远扬。今天隰县玉露香梨价格领先全国梨产区，这是品牌的胜利！"胜在品牌"是隰县玉露香梨产业发展的另一条重要经验！

我之所以强调必须认识成功的经验，是因为今天的产业环境已然改变。认识成功的经验，才能让我们在新时期，不被假象迷惑，确保隰县玉露香梨产业发展继续走对路。

其次，要看到"潜在竞争"

农本咨询在实践中有个认识"新产区更有竞争力"，说的是新产区起步高，有发展后劲，也往往更具竞争力。

隰县目前栽种玉露香梨23万亩，绝大多数是由老旧梨园改造。目前山西省玉露香梨栽种面积有五六十万亩，不少是新产区，集约化、标准化程度很高，这些地方生产的玉露香梨品相也不差。在某种意义上说，这些产区是隰县的潜在对手，值得我们重视。因为任何一个行业，"后来者居上"也是常有的事。保持敬畏之心，切实行动，让自己的竞争优势长久"保鲜"，是先行者应有的态度。

刚才有人提出玉露香梨品种升级，可以研发"玉露香梨一号""玉露香梨二号"。如果技术可行，我个人认为完全有必要，因为一个品种不可能永远领先，必须迭代更新。就像"砀山酥梨"，随着更多新品种的出现，砀山酥梨的优势逐渐减弱。再还有"秋月梨"，今年产地收购价达到3元多一斤，假以时日，未来有一天成为最贵的梨也不是不可能。

另外，新产区起步晚，往往采用更新的技术，更容易超越前者。比如陕西黄陵县将玉露香梨引种到黄陵，针对玉露香梨春季花期"易冻"的情况，发展设施玉露香梨，提高玉露香梨的稳产性。这些都是新产区的优势，会对老产区形成威胁。因此，要正视这些竞争，重视产业升级，重视品牌建设。在升级产业技术的同时，强化品牌建设，让品牌成为产业发展的"护城河"。

再者，要警惕"改变"

从事农业品牌建设这么多年来，我的一条经验就是品牌建设不要轻易改变。我并不是否认创新，而是强调品牌不要随便改。

我们常说，"能让一地走向世界的，有且只有一张名片"，就是说一地的"主导产业"不能随便选，选定了不要轻易放弃。

一个不争的事实就是，隰县因玉露香梨出名，玉露香梨是隰县人民的选择，现已成为隰县走向世界的名片。过去的经验表明，玉露香梨是隰县脱贫的靠山，未来也必将成为隰县实现共同富裕的靠山。因此，坚定发展玉露香梨产业的决心，不要改弦更张，这是农本咨询的第一条建议。

另外，品牌打造不要随便改变。和隰县合作以来，只要时间允许，每年的梨花节或采梨节我们都会派人来隰县。这次来隰县，我在一些售卖点看到一些隰县玉露香梨的包装盒，或是添加了一些不相干的说辞，或是将农本咨询设计的图案拆分运用，这应该引起相关部门的重视。

品牌打造的一个误区就是随意改变。将品牌形象做些调整，初衷是希望每年有一些不一样，但却造成市场的混乱。隰县玉露香梨品牌建设成功的一条重要经验就是包装运用。经过几年的努力，现在消费者刚刚认识了隰县玉露香梨品牌的模样，我们却开始变。长此以往，消费者就会糊涂，也会很快忘记隰县玉露香梨品牌的模样。

刚才史高川县长建议隰县玉露香梨品牌打假，我觉得非常必要。隰县打假不只是"外部打假"，更要"内部打假"。打假的一个重要内容就是严格产品包装使用。如果按现在这种态势发展下去，再过几年，隰县有可能成了别人眼里的"冒牌货"。因此，我们建议果业局、市场局等相关部门联起手来，强化隰县玉露香梨品牌授权，严抓包装盒使用，从源头确保品牌形象不走样。

大家刚才提到的自然灾害，这的确是一个难题。当初合作时我们听说玉露香梨"难伺候"，但没想到这么难伺候。针对花季冻害频发，一方面要对种植区域做调整，将梨园建在不易发生冻害的地方。另一方面，可以鼓励发展设施玉露香梨，稳定玉露香梨生产。我们或许不能维持原有的23万亩的面积，但是可以让13万亩甚至10万亩的玉露香梨收益更大，卖出比23万亩更高的效益，这也是一种思路。

另外，农本咨询多次建议隰县要用好山西打造"山西玉露香梨"品牌的战略机遇，抢占"中国玉露香梨发源地"这一制高点。现在看来，这不仅必要，而且至关重要！作为玉露香梨的发源地，隰县有历史，有最成熟的技术，有品牌影响力，因此，隰县有条件成为山西玉露香梨产品集散地和中国玉露香梨产业技术高地，并以此培育发展百亿级的玉露香梨产业经济，这是隰县玉露香梨区域公用品牌战略的终极目标！

眉县猕猴桃品牌价值4年增长30亿！接下来怎么干？

2021年10月9日，在"第十届中国（国际）猕猴桃产业发展大会"上的发言。

这次来眉县，有三件事让我很开心。

一是农本咨询在2016年为眉县猕猴桃区域公用品牌创作的广告语"眉县猕猴桃 酸甜刚刚好"已经成为流行语，在业内广泛传播；二是眉县猕猴桃区域公用品牌价值从2016年的98.22亿元增长至2020年的128.33亿元，四年时间提高了约30亿元；三是今年眉县猕猴桃价格一路攀升，以主力品种"徐香"为例，收购价每斤2.8元起步，优质果每斤3.5元以上，猕猴桃亩收入轻松过万元！可以预判，这离我们当初为眉县猕猴桃制定的"中国猕猴桃标志性品牌"的战略目标越来越近。

所有这一切，缘于许多人的努力和付出。作为眉县猕猴桃区域公用品牌发展战略设计者代表，对于眉县猕猴桃品牌建设所取得的成就，我由衷地感到高兴，也很骄傲。今天，我谈谈自己的认识，也提几点建议。

首先，要认识眉县猕猴桃品牌建设成功的原因

坚持"一县一业"

按照最新的数据，目前眉县猕猴桃种植面积约30.2万亩，是眉县第一大产业，

也是典型的"一县一业"。这些年农本咨询走过的地方比较多，我们发现品牌建设成功的原因很多，"重视"是一条重要原因。而"重视"往往是因为"重要"。因此，两年前农本咨询就提出了"依托'一县一业'创牌更易成功"的观点。

狝猴桃是眉县人致富的靠山，是眉县人创业的平台，也是眉县政府工作的头等大事。在全县上下都重视狝猴桃产业的背景下，眉县狝猴桃品牌建设不想成功都难！

率先创品牌

"率先创品牌"是眉县狝猴桃产业发展的特点，也是农本咨询发现全国许多地方产业兴旺的重要原因。眉县是狝猴桃产销大县，但不是种植规模最大的县，更不是中国唯一的狝猴桃产区县。在陕西，周至县狝猴桃种植面积40多万亩，武功县、渭南临渭区和汉中城固县等地狝猴桃也种得不少。省外，四川、贵州、河南等地不少县区大力发展狝猴桃种植。2016年，眉县人民政府和农本咨询合作，系统打造眉县狝猴桃区域公用品牌，这是国产狝猴桃产区政府首次和专业团队合作，系统开展狝猴桃区域公用品牌建设。"眉县狝猴桃 酸甜刚刚好"广告语就是在这次品牌战略规划中提出的，目前已成为眉县狝猴桃区域公用品牌的核心资产。

由于率先打品牌，因此眉县狝猴桃最先在市场叫响。今天，眉县狝猴桃和洛川苹果一起，成为陕西水果的代表，也是享誉市场的果品区域公用品牌。

扶持龙头企业

不同于全国许多地区，眉县不光打造眉县狝猴桃区域公用品牌，也支持眉县狝猴桃企业品牌建设。刚才开幕式上受表彰的"齐峰果业""秦旺""金桥""猴娃桥"等，就是眉县狝猴桃企业合作社的优秀代表，也是市场上响当当的眉县狝猴桃产品品牌。

今天参与对话的齐峰果业董事长齐峰是我的老熟人，他是眉县狝猴桃产业发展的标志性人物，也是中国狝猴桃人的杰出代表。今天齐峰果业成长为国内最大的狝猴桃企业，与眉县狝猴桃区域公用品牌的支持是分不开的。打响区域公用品牌，扶强企业品牌，这是眉县狝猴桃品牌建设的思路，也是眉县狝猴桃区域公用品牌建设成功的重要原因。

农本咨询常说"区域公用品牌是旗帜，产品品牌是旗手"，就是说企业是区域公用品牌价值的实现者。今天，眉县猕猴桃畅销全国，靠的就是眉县猕猴桃销售企业的支持。同样，眉县猕猴桃品牌在业内和全国的叫响，为眉县猕猴桃企业闯市场、创品牌创造了更好的条件与支持。

其次，要明确未来眉县猕猴桃品牌建设的重点和方向

聚焦主力品种

从"品类竞争"到"品种竞争"，这是行业的趋势，也是未来果业竞争的重点。产业竞争到最后，竞争的焦点是产品，品种是关键点。

农本咨询有个观点"品种第一，品质第二，品牌第三"，说的就是品种的重要。现实中，一个地方发展最适合的品种，就是在当地产品性能表现得最好，或是比其他地区同类产品品质更好的品种。这个品种往往能赚钱，也才值得发展。

产业发展一定要聚焦，聚焦就容易实现标准化。倘若种植品种过于分散，就给标准化带来难度。因此，选择适合本地发展的主力品种，将其打造成为明星产品，使品牌成为该品种的代表，是未来应该做的事。眉县目前种植的不少猕猴桃品种，在全国许多地方也都能种植。因此，只有率先聚焦某个品种打响品牌，才能抢占先机。眉县徐香猕猴桃是眉县猕猴桃的当家品种，表现优秀，深受消费者喜爱。当初我们创意"酸甜刚刚好"，就是针对眉县徐香猕猴桃的特点。

今天，西北农林科技大学刘占德教授也在场，等下他会谈猕猴桃生产技术和品种。当然，选择品种，不仅要本地能种好，也要有发展前景。将两者结合，就能做出正确的选择。

做强供应链

一个产业的发展，不能只有区域公用品牌，还得有企业产品品牌。陕西省果业中心魏延安主任曾经有一个形象的说法，"一个伟大球队，必须有一批球星"。

区域公用品牌就像球队，企业产品品牌就像球星。今天眉县猕猴桃企业合作社不少，但是像齐峰果业这么有实力的只是少数。因此，扶持企业发展是未来眉县猕猴桃品牌建设的重点，要全力推动眉县猕猴桃从"区域公用品牌时代"向"企业产品品牌时代"迈进。

扶持企业发展，重点要扶持供应链建设。供应链是农产品销售的保障，也是做强企业产品品牌的重要途径。当然，不同企业应该有不同的定位，供应链也要有重点和方向，不能盲目仿效。

坚持"系统工程"

品牌建设不只是"面子工程"，也是"里子工程"，农产品品牌建设更要如此。我们不仅要宣传品牌，也要建设产业。只有将品牌建设和产业建设结合，将品牌建设贯穿产业发展全过程，用品牌引领产业发展，农产品区域公用品牌建设才能真正取得成功。

今天，"眉县猕猴桃 酸甜刚刚好"这句广告语流传得很广，也是许多人购买眉县猕猴桃的原因。为兑现品牌承诺，满足消费者期待，我们必须建立更严苛的标准，生产出货真价实，甚至是物超所值的眉县猕猴桃。唯有如此，才能不负消费者厚望，也才能永远赢得消费者，那样的品牌建设也才是真正意义上的成功。

果业高质量发展的十个关键词

2022年2月26日，在"2022果业高质量发展公益巡讲·湖南站暨湘果大讲坛"的演讲。

做农业要接地气。我们不仅要走进田间地头，也要走近市场。今天我们在红星全球农批中心谈果业高质量发展，这就是接地气。

过去这些年，农本咨询参与了全国上百个地区的农产品区域公用品牌建设，其中有不少是果业。今天，我将农本咨询对果品产业的认识，概括成十个词，和大家分享。不当之处，请大家指正。

一、趋势

我们常说，做短线生意，要看市场。就像我们红星全球农批中心的商户，进什么货，要看市场行情来定。做长线生意，就要看趋势。如果要把生意做大、做长久，就要既看近期，也看远期。如果当下的生意做不好，就不可能有明天。但如果只看当下，不看长远，弄不好做着做着就没生意了。因此，果业要长远发展，就得了解行业趋势。

过去这些年，包括新冠肺炎疫情发生的2020年和2021年，我一直行走在产区。2021年，我走了全国34个县，无一例外都是特色产业地区，不乏果区。我们发现，现在很多产业正处于转型期。比如果业，从以前追求"数量"向"数量质量效益并重"转变，包括生产技术和经营理念等都在发生转变。因此，不少人感到彷徨，不改变怕赶不上时代，改变又怕失去既得利益。因此，迷茫、纠结乃至痛苦，是未来较长一段时期内中国果业人的普遍心理。

过去这两年，我们遭遇百年未有之大变局。现在，粮食安全成为最大的战略。党中央提出严防死守"18亿亩耕地红线"。果树"挖一棵，少一棵"。与此同时，城镇化进程的加快，以及由此导致的耕地减少，使得果与粮争地的矛盾更加突出。未来果业规模扩张比较难，主要还是靠老园更新。虽然现在一些品类的规模还是呈现上升趋势，但这主要是新果园开始挂果或逐渐丰产造成的。"老树一定会老，新树很难栽种"，未来，果业会成为稀缺资源。

二、需求

我们常说，哪里有需求，哪里就会有生意。市场需求是产业发展的方向。管理者必须了解市场需求，否则就会乱指挥。我常对县市长朋友说，政策制定必须迎合需求，否则就会遇到阻力。

实践中，我们发现需求是不断变化的。

以苹果产业为例。中国苹果产业发展历程堪称一部"套袋史"。以前，中国人种苹果不套袋。20世纪60年代，红富士品种出现后，为了提高商品性，日本人给红富士套袋。后来，中国人学会套袋技术，并将其"发扬光大"。原来只是给红富士套袋，后来，不光红富士，别的品种也套袋。不光苹果套袋，梨、柑橘等其他水果也都套袋。我在一个果区调研，曾算过一笔账：一个果袋5分，套袋花7分，摘袋又花5分，加上损耗，一个苹果的套袋成本大约是2角。一斤苹果套袋成本是6～8角，占苹果生产成本近一半。套袋不仅费钱，还费时费工，果农苦不堪言，现在大家都不想套袋，但谁又都不敢不套袋。我和苹果专家交流时说，必须得让中国苹果"免套袋"，否则就难有竞争力。现在一些地方，如云南、四川等地的"丑苹果"，就是不套袋的苹果，并以"不套袋"作为卖点。

当然，套袋或不套袋，我们不能一概而论，还是得看市场需要。比如最近炒得火热的"黄金奶油富士"，就是"套出来的"。让套袋红富士苹果延迟采摘，并且采摘前不摘袋。这样，红苹果变成了"白苹果"，果农美其名曰"黄金奶油苹果"。因此，"套袋"或"不套袋"，都是市场引导的结果。在这过程中，我们也意识到，我们不仅要满足需求，也要创造需求，让需求为我们所用。

三、优势

一个人做自己擅长的事情，就能做好。发展产业也一样，得发挥自己的优势，不能永远跟着别人走。

2021年3月，农本咨询受邀去内蒙古通辽市奈曼旗考察产业。去了以后，我们发现奈曼旗有沙果。虽然不像红富士那么大个儿，但是沙果味道浓郁，很酸爽，是内蒙古特有的水果。我们认为，沙果就是奈曼旗的优势产品，有做强做大的机会。

因此，我们说优势是比较出来的。比较时，不仅要往内看，也要往外看。三年前，针对"湖南千亿果业"我做过一个演讲。当时我说，要发现湖南果业的优势，比如湖南不少地区土壤富硒。因此，湖南就可以发展"富硒水果"。说的也是这个道理。

不光有形的产品、产业是优势，无形的文化、区位也是优势。

2016年，农本咨询受邀开展三亚芒果区域公用品牌建设规划。我同三亚领导讲，和广西、四川芒果相比，三亚芒果有旅游业的优势。作为国内最热门的旅游度假地，三亚每年有近1 500万的过夜游客，这一点是广西、四川芒果产业难以企及的。后来，农本咨询创意的"三亚芒果，爱上三亚的另一个理由"价值主张，就是基于果旅融合发展的考虑，让三亚芒果为三亚代言。

四、品种

实践中，我们深刻地认识到，农业品牌建设必须遵循农业规律，比如"品种第一"。

农本咨询常说"产业是赛道，品种是起点"。我们认为，选择赛道是战略，选择起点也是战略。如果品种落后，产业发展就会滞后。四川广安武胜县发展晚熟柑橘产业时，选择中国农科院柑桔研究所培育的新品种"大雅柑"，就让武胜柑橘产业发展赢在起点。

什么品种有前景、能赚钱，果农最有发言权。

这是 2021 年的 12 月 11 日，陕西渭南白水县果农曹谢虎发的朋友圈——"红富士苹果'一家独大''一统天下'的局面一去不复返了，今年新品种'三瑞'成了消费者的最佳选择"……曹谢虎是"登上哈佛大学讲台的果农"。2010 年，曹谢虎作为果农代表登上哈佛大学讲台，向中外科学家讲述科学务农的故事。他在朋友圈说的新品种，是西北农林科技大学赵政阳教授团队历时二十多年培育成功的中国苹果新品种"瑞阳""瑞雪""瑞香红"。

另外，我们发现，近年的网红水果，"玉露香梨""红美人""秋月梨"等，无一不是新品种。新品种克服了老品种的劣势，往往更受消费者青睐，因此更有竞争力。

但是，我们也要辩证看待品种。随着时间的推移，"新品种"也会成为"老品种"，"老品种"也会成为"新品种"。比如，2016 年农本咨询打造的"承德国光苹果"品牌，就是"老树结新果"的代表。

2016 年，河北承德县李文水副县长给我来电咨询。一听说承德有 15 万亩国光苹果，我立即兴奋起来。因为在"红富士独霸天下"的中国果市，20 世纪的老品种"国光"绝对是稀罕货。后来，我们为承德国光苹果创意了"个头小，经典老味道"的广告语，让承德国光苹果的价值被人们所认识。

品种的红利是短暂的，品牌的红利是长久的。

关于这一点，大家不难理解。因为随着更多产区的跟进，新品种的优势就会减弱。延长新品种红利期的一个有效的办法就是打造品牌。

2021 年，国产梨价格最高的是隰县玉露香梨。2021 年 9 月，隰县玉露香梨地头价是 6 元一斤，市场售价最高卖到几十元一斤。隰县周边地区的玉露香梨收购价是 2～3 元一斤。这 3～4 元的价差，就是隰县玉露香梨打造品牌的结果。

"新品种必须有足够的产量，否则就难以形成市场"，这是 2021 年底我在陕西旬邑县，对国家苹果产业体系首席科学家马锋旺教授说的话。马锋旺老师团队培育成功了"秦脆""秦蜜"苹果新品种，现在栽种面积还不大。农本咨询以为，新品种必须有一定的规模体量，否则很难成为商品，也就很难成为产业。

目前，不少苹果老产区都为产品同质化苦恼，开始尝试种植新品种，但每个品种的规模都不大，甚至小小面积种植多达十几个品种。农本咨询以为，品种选择需要时间，但一旦被印证，就要聚焦突破，扩大规模。谁能抓住新品种的"窗口期"，最先成为某个品种的"大哥"，谁就有可能成为这个品类的市场"老大"。

五、规模

长期以来，业内对规模化的认识，形成了固有模式，比如大家普遍认为规模越大越好。当然，作为发展方式，规模化一度是提高效益的手段。即便现在，对产区而言，规模化往往也意味着竞争力，所以许多地区玩命扩大产业规模。

2019年，甘肃静宁县和农本咨询合作。静宁苹果栽种面积为107万亩，是"苹果规模化种植第一县"。因为规模大，每年苹果上市季，客商从全国四面八方涌来。从某种意义上说，规模化是静宁苹果产业的重要竞争力。

相反，如果体量小，没有规模，对客商的吸引力就会大大降低。2021年底，我受邀和红星大市场代表团考察河南淅川农业。淅川种植的软籽石榴品质不错，但只有两万亩不到的种植面积，许多客商就不知道淅川产软籽石榴，采购时也往往首选云南蒙自、四川会理等石榴主产区。

对于经营主体而言，规模要适度，并不是越大越好。比如，在陕西千阳，果农魏小杰就告诉我，"一个人管十亩园能赚钱，多了就有可能亏钱"。对于这一点不难理解。具体到某一个经营者，就要考虑边际成本。近年来，"适度规模"的提出，就是人们从实践中总结的经验，也是经营者应该遵循的原则。

六、模式

这些年，中国果业人从未停止对模式的探索。

我国是果业大国，但不是果业强国。因此，提高生产效率，采用先进技术是中国果业人的渴望和梦想。前些年，不少地方一窝蜂地发展"现代果园"，就是希望"鲤鱼跃龙门"，一夜走进"新时代"。

农本咨询始终认为，技术不见得越新越好，"适合的就是最好的"。比如矮砧宽行密植果园有省工、省力的优势，但传统乔化果园也有它的长处。对于一些缺水的高原地区而言，后者显然更具优势。因此，对于技术，我们不要盲目跟风，必须因地制宜。

另外，商业模式也是近年来不少果区发展产业时思考的命题。在我看来，"别人淘金我卖水"是分工协作商业模式的最好例证，即在产业分工中，找到适合自己的生意。

2016年，陕西省武功县领导想找我帮助武功果业打造品牌。因为我对武功县情有所了解，所以我建议武功不一定要打造果品品牌，可以打造"果商"品牌。因为武功自然禀赋并不算优越，地域狭小，发展果品种植没有优势，而武功电商是"西北老大"，农产品电商闻名全国。并且相关数据显示，武功电商销售额一路攀升，发展空间巨大。因此，我认为在陕西、西北乃至全国果业版图中，武功"果商"比武功"果农"更有优势。

七、品质

众所周知，果品品质的形成大多受先天因素的影响，比如气候、土壤、水质等。虽说品质往往"天注定"，但我们也可以通过后天努力，提升果品品质。

褚时健老人给中国农业人上了生动的一课。褚老种橙子，将果园当成"车间"，他对施肥沟的深度、宽度以及施肥量都有精确的要求。他近乎苛刻的管理，让冰糖橙成为了"褚橙"。我们都知道，湖南也有冰糖橙，但却没有"褚橙"，某种意义上，是因为没有褚老这样认真的种橙人。

如果说田间地头是"车间"，分选线则是"质检员"。

陕西洛川王掌柜农业公司的苹果分选线采用了先进的分选设备，给每一个苹果"做CT",苹果只要上了分选线,便立马被分成不同等级的商品。过去这些年,我和不少果区政府交流,一直强调分选设备的重要性。因为分选线就像"质检员",甚至可以说是最有效的"标准化"。

与此同时,我们还必须重视供应链建设。从全国范围看,供应链是普遍短板。只有做好供应链,产品才能获得走向市场的"通行证"。

齐峰果业是"国产猕猴桃第一品牌",拥有最强的猕猴桃鲜果供应链。这些年,齐峰果业成长很快,一个重要原因就是齐峰果业有强大的供应链。因为有供应链支撑,齐峰猕猴桃以稳定的品质,源源不断地进入市场,得到消费者认可。

八、品牌

我常说,没有品牌的产业没有前途。这是因为品牌是价值变现的手段。有品牌,意味着更高效益。相反,如果效益低下,或是入不敷出,产业就难以维系,更谈不上高质量发展。

正是基于这样的认识,2021年我在宁夏遇到中国工程院院士、沈阳农业大学副校长李天来老师时,当他问起我对农业品牌化的认识,我毫不犹豫地说"品牌化是现代化"。

近些年,经过各种引导,以及受成功经验的启发,大家对于农业品牌化有了认识,开始重视农业品牌建设。

刚才邓子牛老师提到的"岩鱼头"柑橘就是浙江临海蜜桔的杰出代表。临海蜜桔品质绝佳,有"天下一奇,吃桔带皮"的美誉。临海蜜桔协会注册了临海蜜桔商标,协会有不少企业、合作社,大家也注册了商标,但在市场销售中,大家往往一致亮出"临海蜜桔"招牌。参加展会,临海蜜桔始终是主角。

"区域公用品牌是认知基础,企业产品品牌是消费载体"。这是中国果业品牌的基本格局。区域公用品牌体现独特价值,企业产品品牌体现个性特征。区域公用品牌是企业闯市创牌的大靠山,企业产品品牌是区域公用品牌价值的实现者。两者密切关联,相互依托。

另外，我们必须清醒地看到，随着产业化的发展，同质化难以避免。几乎任何一个品类，品种迭代更新的速度永远赶不上同质化的脚步。只有品牌能制造终极差异化，为产业建立"护城河"。

九、宣传

宣传是品牌建设中不可缺少的重要一环。从某种意义上说，"无宣传，无品牌"。

农本咨询认为，果业品牌宣传，要立足中国国情，结合果业特点。

通常来说，果品宣传有以下几个关键点。

1. 好广告语能卖货

今天来会场前，我在市场走了一圈，发现许多广告卖不了货。

我们之所以创作"春天，正好吃东坡春见"这条广告语，是因为这句话有定位，会促使消费者行动。你会发现，能卖货的广告语，就是在你听过或看过后，一旦消费场景到来，你便会想起这个产品。正是基于这样的逻辑，农本咨询创意广告语的方法是"先定位，后翻译"。

大家能理解"定位"的意思，但对"翻译"可能不理解。我们认为将定位转变成广告语的过程，就是"翻译"，或者说"口译"。就是怎么说能准确表达定位，让消费者一听就懂。比如"春天，正好吃东坡春见"这句话，人们看到后，就会明白春天应该吃"东坡春见"这个水果。

"口译"就是说广告语最好是大白话。因为广告语要口口相传，太书面化传不开。

比如"眉县猕猴桃 酸甜刚刚好"是许多人心目中最好的水果广告语之一。这个广告语是农本咨询在2016年为眉县猕猴桃创意的。当时之所以最终确定这句话，就是因为这句话朗朗上口，一听就懂。

现在，"眉县猕猴桃 酸甜刚刚好"成为眉县猕猴桃区域公用品牌最重要的资产之一。在各种场合，只要看见眉县猕猴桃，大家都会想到这句话。去年我在陕西调研时，发现不少地方将"酸甜刚刚好"这句话印在猕猴桃包装上。原因只有一个，这句话管用！

另外，农本咨询以为，"广告语不止说给消费者听，也说给自己人听"。明白这个道理，就不难理解"梨，还是砀山的好""吃遍天下苹果，还想静宁苹果"为什么流行。本地人认同了，广告语就会走向全国。

2. 形象设计，识别比美观更重要

刚才这条广告，虽然短短几秒，但我相信大家一定记住了"戴皇冠的梨"这个形象。这就是形象设计的真谛。

2020年我们为河北辛集黄冠梨做包装设计时，选择了蓝色。一开始，许多企业不以为然，因为他们习惯了绿色、红色，认为用蓝色做梨包装，简直不可思议。后来，品牌推出后，大家一看，全都乐了，因为识别性强，让人过目不忘。

同样的道理，"武胜大雅柑""澄城樱桃"经由农本咨询设计后，单是品牌形象就能引起轰动。农本咨询认为，好的形象设计是符号，让人过目不忘。

3. 包装是"大广告"

农本咨询帮助打造隰县玉露香梨品牌成功后，不少人询问我们的秘诀是什么。隰县玉露香梨创牌成功有很多因素，其中一条重要经验就是包装应用得到位。

隰县是个财政小县，没多少钱打广告。农本咨询完成隰县玉露香区域公用品牌战略规划后，隰县政府就鼓励企业、合作社使用包装。现在大家都接受并习惯了这个包装。现在，如果玉露香梨不装进这个包装，人们就认为它不是"隰县玉露香梨"。

农本咨询为浙江著名特产"仙居杨梅"设计的产品包装侧面是杨梅，远远就能看清楚，有很强的识别性。静宁苹果的包装箱，就是静宁苹果品牌广告。

4. 会展是"大喇叭"

2020年第十八届中国国际农产品交易会上，农本咨询合作的武胜大雅柑"C位出道"，燃爆全场；隰县玉露香梨只要参展，一定是"全场最亮的仔"；"中国樱

桃展"，澄城樱桃"一展成名"……

我们之所以重视展会，是因为展会上，专家、客商、行业人士都来了。因此，在展会上发声，声音格外大，就像是大喇叭。

5. 节庆是"加油站"

我们认为节庆是"加油站"，主要是因为节庆活动传递管理者对产业的重视，能鼓舞从业者的士气，也能给客商增添信心。

互联网时代，要创新办节方式，让节庆更好地发挥"加油站"的作用。

十、共同富裕

过去这些年，我走过全国近1 000个县，深度考察过全国600多个县，其中不少是果业县。中国果区大多是山区，或偏远地区。那里交通不便，经济欠发达。在这些地方发展中，果业扮演着重要角色。我们也看到，在2021完成的脱贫攻坚战中，果业对于贫困地区和贫穷农民的脱贫，发挥了巨大作用。

今天，我们步入全面振兴乡村的新时期，巩固拓展脱贫成果、防止规模化返贫是国家战略，也是果区人民必须完成的任务。我们相信，未来，果业在推进乡村振兴、促进共同富裕方面，必将发挥重大作用。"共同富裕，果业赋能"，这是中国果业人的历史重任和光荣使命。

新产品、新模式、新业态是趋势

农本咨询近年来不断总结，深化认知。我们不光总结经验，也研究趋势。近一两年来，我关注到农业发展呈现三个趋势——新产品、新模式、新业态。我将其称作"三新趋势"。

先说"新产品"

我发现，近年来但凡产业发展突飞猛进的地区，往往是出现了有竞争力的"新产品"。比如，由于引进"新品种"，或是在农产品加工技术上有了新突破，生产出附加值更高，或是有新用途的新产品。

比如，广西武鸣"沃柑"、浙江象山"红美人"和山西隰县"玉露香梨"等，就是由于引种"新品种"，产业迅猛发展。由于具有老品种没有的特点，新产品一经亮相，便成为"市场新贵"。虽然柑橘、梨的品种很多，但这几个新品种"秒杀群雄"，让消费者"爱不释手"。究其原因，就是因为品质独特。

相反，不少农产品滞销的一个重要原因就是"品种老化"。比如"酥梨"是一个老品种。虽然种植技术成熟，品质也不错，但和新品种相比，鲜食性就差一些。同时，因为规模大，每逢上市季，多地产品同时上市，销售压力巨大，因此经常滞销。在此背景下，引进新品种，加速品种优化，是不少老产区不得已而为之的事。对科技人员而言，加强品种研发，加速品种更新速度，就显得尤为重要。

除引种新品种外，发展农产品加工业，也是打造"新产品"的常用方法。"砀山梨膏"就是砀山酥梨的传统加工品。类似的还有"鸡泽辣椒酱"，通过加工，使之成为调味食品的明星。

新产品是趋势。因此，加大研发力度，关注最新技术，确保产品领先，是产业永葆青春的秘诀，也是产业管理者始终应该警惕的。

再说"新模式"

"新模式"是相对于"传统模式"而言的。我们知道，"传统"未必"落后"，相反很多时候"传统"也是"先进"。比如"手工"技艺，现在是不少领域发展的方向。我们这里说的"新模式"，是指能提高效率与产能的新技术和新手段，比如果业的"省工栽培模式"，比如农产品电商。

了解中国果业的人都知道，近年来"省工省力"的"现代果园"成为果业发展的新方向。现代果园技术较多，现在颇为流行的是"矮砧宽行密植技术"。众所周知，长期以来，中国果树以乔化为主，郁闭现象严重，修剪、套袋、采摘等工作需大量人力，生产成本居高不下。在此背景下，"现代果园"技术应运而生。现代果园技术，因为"省工省力""提早丰产"等特点，颇受青睐。撇开投入成本高等一些明显"硬伤"，从理论上说，现代果园在一定程度上解放了劳动力，提高了生产效率。若经营得当，不失为先进的生产模式，在不少地区有发挥的空间。

电商是近年来农产品销售的新技术，也是新模式。农产品电商缩短了田园到餐桌的沟通成本，提高农产品流通效率，同时，因为消费者意见直达生产者，起到了指导生产的作用，大大提高了生产效率。另外还有直播带货。通过一部手机，就能将产品信息生动地展现给消费者，增加消费者信任，也增加了生产者收入。因此，手机成为新农具，数据成为新农资。

可以预见，未来，随着各种新技术、新工具在农业上的运用，农业发展必将产生更多新模式。

最后说"新业态"

2020年底，我在"浙江现代农业发展论坛"上做演讲。我说影响农业发展的因素，除政治因素外，市场需求是影响农业的关键因素。

近年来，我国许多地方尤其是东部地区，农业"新业态"不断涌现。在我看来，消费升级是催生新业态的主要原因。我们发现，在一些消费水平高的地区，人们对农业的需要，不再只是满足"嘴"，还得满足"眼"和"心"。也就是说，这些地区的农业，不只是生产，也是"生活"和"生态"。早些年，专家们就说"农业多功能化"，即农业除了第一产业和第二产业的功能外，兼具休闲旅游、文化创意等其他功能。

当然，虽然农业多功能说了很多年，但不是每个地方都能发展。现实中，一些地方的"多功能"未开发，主要原因是时机不成熟，没市场。过去这些年，我去过不少西部县域，许多地方也发展了"农业公园"，但门可罗雀，除了偶尔的领导参观，常年几乎没游客。从某种意义上说，农业多功能化开发程度受一地消费水平的影响。比如现在浙江不少地方农业文化创意和休闲旅游项目做得好，主要缘于浙江老百姓生活水平好，消费能力强。

因此，发展新业态，必须和当地实际相适应，不能急于求成。

新产品、新模式和新业态，只是近年来农业发展诸多新现象和新事物的一部分。关注农业发展趋势，可以让我们更好地看清农业的走势。在农业品牌建设工作中，抢占先机，做到未雨绸缪。

农产品区域公用品牌建设，局长"很重要"

前阵子（2019品牌农业发展国际研讨会在成都市蒲江县开幕，会议宣布蒲江将作为品牌农业发展国际研讨会的永久举办地），欣闻"品牌农业发展国际研讨会"永久落户成都蒲江。作为蒲江农业的老朋友，在为蒲江高兴的同时，我不禁想起了蒲江品牌农业的见证者、蒲江县原农发局局长，现蒲江县人民政府副县长赵武斌。

在2011年中国茶叶区域公用品牌价值评估（新昌）发布会上，我和蒲江县农发局局长赵武斌相识，当时我还在上个单位工作。后来有一次我在四川出差，得知这一消息的赵武斌让人跑了600公里把我拉到蒲江，带着我参观蒲江特色产业，给我讲蒲江品牌农业的做法和发展思路。后来，我们又有几次"偶遇"，一来二往，便成了熟人。因为脾气相投，再加之他对"三农"工作颇有见地，我俩成了无话不说的"好农友"。

2012年，应蒲江县邀请，我陪同著名"三农"专家顾益康、黄祖辉两位老师调研蒲江农业。两位专家关于蒲江农业的调研报告，引起相关部门的重视，蒲江农业也开始崭露头角。

在接触中，我得知蒲江县农口干部对赵武斌"既爱又恨"：工作满满当当，常年没得空闲。不过每到年终考评，农发局总是"先进"，大伙儿的奖金也比别的单位多，大家也是心服口服。后来有一次我问赵武斌为啥"爱折腾"？他说："品牌靠折腾，干农业也得折腾，这样才有效益。"现在回过头来看，蒲江农业因"节"闻名，农产品因"展"畅销，是不争的事实。

后来，赵武斌担任县统筹办主任，兼任农发局局长。2014年4月至2015年4月，蒲江为发展有机农业，安排赵武斌到农业部质量监管局挂职，加强蒲江与农业部的联系，为蒲江农业发展拓展渠道。

2017年，由中国优质农产品开发服务协会等多个国字号单位联合主办的"品牌农业发展国际研讨会"移师蒲江，连续办了三届。国际研讨会的举办，增加了蒲江的曝光率，蒲江知名度大幅提升，蒲江品牌农业发展进入快车道。相关资料显示，截至2019年底，蒲江特色农产品区域公用品牌价值共计320亿元。2018年，赵武斌被任命为蒲江县人民政府副县长，分管"三农"。2019年，蒲江成为品牌农业发展国际研讨会"永久举办地"……

从蒲江农业品牌发展历程和上面的"流水账"不难看出，2011—2020年的近10年间，不管担任农发局局长、县统筹办主任，还是"农业副县长"，赵武斌一直没有离开蒲江农业阵线，只是角色分工不同而已。

我曾开玩笑说他是蒲江农业的"三朝元老"。因为从我认识他至今，蒲江有三任书记、县长"换岗"，但赵武斌作为蒲江农业的"执行者"始终没变，他参与、见证了蒲江农业十年的重大事件。与此同时，不同工作岗位的历练，让他对蒲江农业了如指掌。我想，蒲江农业品牌化进步之大，发展速度之快，工作思路没"断茬"，这和赵武斌作为蒲江农业品牌建设"执行者"角色"没变"不无关系！

先前我曾撰文说"不延续性是农产品区域公用品牌的最大风险"。由于频繁"换帅"，导致农产品区域公用品牌建设失败的现象比比皆是。这是因为农业品牌建设是长期工程，不能一蹴而就，更不能随意中断。有累积，有延续，才更容易成功。

现实中，为提高农产品区域公用品牌建设稳定性的做法很多，比如构建长效机制，用"制度"代替"人为"等。另外，一个较实用的做法就是别轻易换局长，确保农业品牌建设"执行者"的"稳定"，遴选那些对产业有感情、对工作有热情、思路清晰、有魄力也敢担当的干部坐镇农业品牌建设，设法让他（她）们"一条路走到底"。

众所周知，县域"一把手"跨区调动是常有的事，副职领导异地升迁的概率也高。相对来说，县级职能部门局长相对"稳定"一些。比如，从"局长"升至"副县长"，估摸着也要七八年到十年左右时间。因此，从这个层面上说，"稳定"局长，比稳定县领导更靠谱，也更具操作性。只要稳定了"三农"工作的指挥长和执行者，一地农业品牌建设工作就会相对稳定，避免产业发展坐"过山车"。

我们看到，一些地方"走马灯"式地换领导，导致产业长了"烂尾楼"。农业周期长，不能随便掉头。否则，除了损失不说，也耽搁了时机。

另外，若无特殊原因，也不要乱"轮岗"，比如我在一地就见到果业局局长和农业局局长"对调"，两个局长也是一头雾水，哭笑不得。虽说都是农口，但毕竟隔行如隔山。熟悉一个产业和班子，没有几年时间是做不到的。

稳定了人，就能稳定心，也就能稳定工作思路。产业干得长久，也就更容易干成功。这对当下的乡村振兴而言，具有重大的现实意义！

也谈农业调研方法

调研是每一个农本人都必须掌握的一门技术。做农产品区域公用品牌战略规划，必须会调研。农业调研，不光要能吃苦，还得有方法技巧。否则，发现不了真实问题，了解不到实际情况，会导致品牌战略规划出现偏差或失误。

农业调研，比较实用的方法有三个。

第一，多听老百姓讲

工作中，和我们合作的多是政府部门。开座谈会听当地管理部门介绍产业情况是非常必要的，这可以帮助我们迅速了解一个地方产业发展的全貌。但光听管理者说是远远不够的，还得听企业讲，尤其要听农民讲。

企业走访也很重要。但我们调研时，往往都有产业管理干部陪同，一地龙头企业不会太多，经常接待各种考察，时间一长，难免讲客套话，尤其在有领导陪同的情况下，往往看"眼色行事"。因此，要了解最真实的信息，就更有必要多听老百姓的看法、想法。老百姓是产业最广泛的参与者，听老百姓"算账"，往往有助于我们了解产业实际情况以及他们对产业的看法。

第二，在老百姓的"地盘"调研

这些年，我有一个深刻体会，那就是如果在农民自己的"地盘"调研，大家更容易讲实话。对于这一点，我想应该不难理解。把农民请到会议室谈事，虽然场面好看，但他们会拘谨，很多时候不好意思发言。这是因为老百姓不习惯坐办公室，绝大多数不喜欢在众人面前讲话。

因此，最好的调研场所就是田间地头，或者农家小院，因为在自己地盘，农民说话更放松，也更容易讲真心话。所以，调研时，看到有农民在地里干活时，我就会过去和他们聊天，询问产业情况。很多时候，我尽量不让领导跟过去。目的只有一个，就是让老百姓放松"讲真话"。

第三，不能光"听"，还得会"看"

人常说，行动比语言更真实，说的是行动往往更能体现真实意图。就像调研，许多时候，人们嘴上说的和心里想的不一样。说不好的未必不好，说好的也未必好。比如，2021年我去四川岳池县调研岳池米粉产业，当地一家米粉企业老总说米粉利润很薄，市场很难做，企业经营连年亏损，希望政府补助。后来我了解到，这家企业来年有增加好几条生产线的计划，并且在过去一年中扩大了生产用房，据说这些钱都是企业自己拿出来的。也就是说，米粉产业应该不像他所说的那样，不赚钱甚至是亏钱，否则怎么会扩大生产规模。

当然，我们无法得知这家企业为何"卖惨"，但现实中，"哭穷"是不少企业在经营中惯用的手段，其目的就是希望多争取一些补助或支持。当然，有"卖惨"的，就有"装富"的。不管怎样，这都需要我们学会判断，通过现象判断真相。

我有一个经验，在果区调研，如果当地果园管理得井井有条，并且老百姓舍得给果园施肥，就说明这个产业让老百姓受益，大家有积极性。相反，如果当地果园破败不堪，疏于管理乃至弃园，绝大多数情况下这个产业效益不好，老百姓没多大积极性。这时候，夸赞产业效益的话，要谨慎相信。

农本咨询，与众不同

一大早，我接到一地寻求合作的电话。交流中，对方向我了解农本咨询的作业内容与服务方式，对方问得详细，我解答了半小时。考虑到经常遇到类似的询问，索性今天整理成文，一次性说明。

抓根本，治未病

关注农本咨询的人都知道，我们一直强调产业的重要。我们以为，农业品牌建设是发展产业的手段。品牌建设如果不与产业建设结合，品牌建设的作用就会大打折扣。近年来，农本咨询聘请了一批农业科学家和熟悉县域的领导担任项目顾问，其目的就是希望项目开展中，能洞察产业问题，从源头上"治病"。

2018年，陕西彬州为重振"彬州梨"产业，邀请农本咨询专家去把脉。为了对彬州梨产业进行全方位研判，我邀请知名梨专家、河北农业大学教授张玉星老师同行。我们在调研的基础上，开出了"引种新品种，发展现代梨园"的"药方"。后来，彬州按照我们的建议，引种"新梨7号"等名特新品种，鼓励龙头企业和家庭农场发展现代梨园。目前，彬州梨产业正在快速发展。从这个层面上说，农本咨询为彬州梨产业提供的不只是品牌咨询，而是产业发展战略咨询。实践中我们发现，目前全国不少地方最需要的，不是品牌策划与宣传，而是"产业选择""模式设计"等事关产业前途命运的战略咨询。每每这时候，由于农本咨询对产业有认识，对行业了解，加上行业专家、技术专家的支持，我们往往能对产业做出准确的判断，从根源上找到问题，为产业发展提供前瞻性、有价值的解决方案。

系统化，大整合

首先是"系统化"

农业品牌建设是一个系统工程，贯穿产业发展全过程。农业品牌建设以市场需求为导向，以品牌建设工程为传感器，培育、改造产业，让产业实现高质高效发展。

时下，提供农业品牌服务的机构不少，大家都有各自的特长，比如有的擅长设计，有的长于传播，有的善于会展，还有的专门提供商标注册服务，等等。那么，农本咨询的特长是什么？

农本咨询以"用区域公用品牌战略助推中国农业品牌化"为使命，坚持品牌建设与产业发展相结合。农本咨询的核心服务"农产品区域公用品牌发展战略规划"，就是以品牌建设为抓手的产业高质量发展体系工程，内容既有品牌定位、形象设计、传播推广等战术层面的服务，也有产业模式、管理机制、战略项目与推进路径等顶层设计。

与此同时，农本咨询利用多年积累的资源与人脉，结合上百个项目的服务经验，为品牌战略推进与实施提供顾问咨询服务，这也是农本咨询的一大特色。"顾问咨询"起到协助客户整合资源，帮助客户科学决策的作用，确保战略高效推进和推进路线不跑偏。

其次是"大整合"

现实中，许多地方用于农业品牌建设的经费不多，为品牌建设项目"找钱"，往往成为"大难题"。对此，农本咨询提出"大整合"的思路，为农业品牌建设"输血"。比如农业品牌建设和"电商示范县""全域旅游""美丽乡村"等项目工程结合。这些项目看似无关，但站在区域发展的角度，则密切关联。将这些项目工程"串联"，不仅能破解农业品牌建设项目经费不足的问题，也为这些项目开展提供了品牌支持，提高工作成效。

作为政府发展产业的"外脑"，咨询公司就是要"'发现'客户'发现不了'的资源，'算清'客户'算不清'的账，'找到'客户'找不到'的方法"。要做到这些，就需要了解基层，熟悉地方工作。更为重要的是，要能用关联的眼光，看到事物间的关系，用"大整合"的思路，帮地方发展下一盘"大棋"。

团队化，一站式

熟悉农本咨询的人都知道，农本咨询发起成立了"农本事业共同体"，由一群专注"三农"的资深机构组成，包含战略设计、形象设计、品控溯源、网络传播、农业文创等专业服务，能为一地农业品牌建设提供"一站式服务"。不同于一般意义上的联盟，农本事业共同体成员相知多年，既是商业伙伴，更是志同道合的朋友。因为彼此信任且精诚团结，所以在与一地合作时，避免了不同机构因彼此不熟悉造成产业上下游服务的"断层"或"割裂"，实现了"1+1＞2"的效果。

农本咨询开展业务时，按照"团队作业，专业分工"的原则，在核心团队的基础上，整合事业伙伴，进行高端配置，一个项目组有品牌专家、营销专家、设计专家、规划专家及技术专家（行业顾问），以"专业人做专业事，一群人干同一件事"的指导思想，制定一流方案，提供系统化专业服务。

打造"让更多人受益"的区域公用品牌

我想，许多人看到这句话，可能会嘀咕，"区域公用品牌不就是让更多人受益吗？"这话没错，农产品区域公用品牌之所以受欢迎、受重视，是因为区域公用品牌破解了"小生产"与"大市场"之间的矛盾，是区域农产品品牌建设的平台，是中小微企业闯市场、创品牌的靠山。

现实中，由于对区域公用品牌属性不理解，同时缺乏品牌建设管理运营经验，"公用品牌"变为"私用品牌"的现象时有发生。因此，为区域公用品牌建立一整套严密的管理机制，不仅必要，而且重要。

另一方面，农本咨询坚持区域公用品牌让各方最大化受益。基于延长产业链、提升价值链、提高综合收益的目的，我们在实践中形成了"产品战略""产业战略""区域经济战略"三位一体的农产品区域公用品牌建设体系，推进产业融合发展，促进参与者共同富裕。

后记：我还想说的话

交出书稿的那一刻，我浑身上下有一种无法言喻的轻松。我是一个懒人，但凡动嘴巴就行的，就不愿意写。然而，就是这么一个懒人，这一次竟然写出一本几十万字的书，说实话，我被自己惊到了。

2020年以前，我每年受邀在全国范围内开展讲座不下几十次。工作以来，关于农业品牌化的报告、讲座或演讲，我讲了几百场，听众至少有十万人。虽然不少人早就提醒我出书，身边也不乏像魏延安这般牛人朋友做表率，但我对出书一直没有下决心。打小我就觉得写书是一件很严肃的事，白纸黑字写下的东西自己必须得弄明白、经历过、说得清，否则心里不踏实。越这样想，就越觉得没准备好。其间，虽然也有几次动笔的念头，但后来又打消了。总之，写书这件事，我谋划得很早，动手得很晚。

想是一码事，做是另一码事。这次写书，对我而言不亚于一项大工程。

首先是时间"靠挤"。因为要负责公司日常经营，所以我常年在一线，考察调研、开展项目、讲座讲课……在满满当当的工作中，写书无疑成了一个"沉重的负担"，必须靠"加班"来完成。

因此，万米高空、高铁上，甚至汽车里，都成了我写书的场所。好在有智能手机和语音软件的帮助，提高了我写书的效率，一定程度上缓解了我没有整块时间的难题。为了增加写书的时间，最近大半年，我几乎每天早上5点起床，一口气写作两个小时。如果说"事事有福报"，写这本书的福报就是让我养成了"早睡早起"的习惯。

其次，写作中对所有知识"回炉"。不同于演讲或做报告，偶尔含糊也能将就，写书必须把事情想清楚、说明白。因此，一些我们经常口头说的话，为了表述清楚，不仅要厘清层次，还得系统完整。另外，表达得客观理性，不偏不倚。这的确不是一件容易的事。好在我有一个"完美的团队"——胡王君当"参谋"，谭今琼做"编辑"，王倩悦、刘进、高修明等人当"小白鼠"，大家齐心协力，帮助我克服了不少的困难。

这次写书，不仅让我的认知升华，同时，也让我对团队合作有了更为真切的体会。对我而言，这是一次磨砺，也是我人生中一个新体验。

另外，我要感谢给予我帮助的许多人。

首先，我要感谢农本咨询团队。这里我必须声明，这本书不是我的个人成果，而是农本咨询团队集体智慧的结晶，由我代表大家讲述、分享。

感谢一直陪伴农本咨询成长的事业合伙人——程定军、胡王君、郑新立、宋小春、霍林敏、赵云……你们的支持，是我无所畏惧、一路向前的信心；感谢所有为农本咨询做过贡献的伙伴——王玉莹、王涛、方芳、赵龙威、孙丽、邓洪娟……这本书也有你们的贡献；这里我要特别感谢事业伙伴——火石团队，你们完美地诠释了"设计也是生产力"。

其次，我要感谢信任农本咨询的客户。农本咨询自成立之日起，就一直受到大家的呵护、关爱。你们将设计本地产业发展蓝图的重担托付给我们，这是对我本人和农本咨询团队莫大的信任。正是因为在全国上百个地方的实践，我们今天才有可能将经验总结成书。从某种意义上说，没有你们的支持，就不会有这本书的诞生。

更为重要的是，关于农产品区域公用品牌建设，一些方法并非是我或农本咨询的原创，而是我们在和全国各地的合作中，向你们学习，并将一个地方的经验运用到更多的地区，不断总结提炼、优化提升的产物。因此，从这个层面上说，这本书不只是农本咨询实践的总结，也是全国农产品区域公用品牌建设方法和经验的总结。

再者，我要感谢一路遇到的贵人。

2006年，经由我的研究生导师胡晓云教授指引，我开始农业品牌化研究。在浙江大学中国农村发展研究院（CARD）农业品牌研究中心工作期间，我结识黄祖辉教授、顾益康先生等一批知名"三农"问题专家。他们的"三农"情怀、严谨态度和务实作风，为我从事"三农"工作上了宝贵的一课，并在一定程度上影响了我决意为"农业品牌化"奋斗的志向。

创业以来，我得到了许多人的帮助：农业农村部王戈先生、张国先生、周鸿女士，农干院冯明惠老师，河北农大张玉星教授、孙建设教授，西北农大赵政阳教授，中优协黄竞仪会长，中果协鲁芳校会长，iFresh亚果会蔡剑菲女士，《品牌农业与市场》杂志社梁剑先生、栗娟女士，陕西省农业农村厅高武斌、陈文、程晓东先生，吉林省农业农村厅王峻岩、秦吉、张春祥先生，宁夏农业农村厅赖伟利先生，广东省自然资源厅洪伟东先生，原江苏省农委主任吴沛良先生，内蒙古农业农村厅李岩先生，河北省农业农村厅段玲玲女士、王旗先生、王旭东先生，山东省农业农村厅刘学敏先生，辽宁省农业农村厅王洪东先生，黑龙江省农业农村厅贺伟先生，浙江省农业农村厅虞轶俊、韩伟达、王慧智先生，以及黄志浩、马春霞、祁菲、王连平等诸多好友，都曾给予我帮助。对于所有帮助过我的人，我要说一声——谢谢您！

一路走来，永远支持我，并给予我最大精神鼓励的，是我的家人。

我是农家子弟，从小生活在农村，对"三农"的质朴感情，成为我日后选择农业品牌化事业的原始动力。尤其在一次和父亲的谈话中，很少过问我工作的父亲，得知"我为农民做事"，眼里充满了自豪。在那一刻，我觉得自己的选择是对的。在我人生中的关键时期，我美丽智慧的太太丽丹女士，她始终给予我鼓励、支持。还有我们可爱的孩子淘淘、霏霏，他们成了我繁忙工作中的开心果和放松身心的"良药"。

另外，本书出版得到中国农业出版社郑君女士的大力支持。感谢她加班加点，让本书得以早日和读者见面。感谢原农业部常务副部长尹成杰先生为本书作序，感谢多位领导朋友推荐本书。

我要感谢的人有很多，恕我不能一一列举，在这里一并谢过！

这是农本咨询团队首次出书，也是"农本思想库"建设的开始。除了分享农本咨询的"干法"，未来我们还会分享农本咨询的"想法""学法"。我们不光要总结农本咨询的经验，还要总结全国经典农产品区域公用品牌建设的经验。我们希望自己的"力所能及"，为中国农业品牌化略尽绵薄之力。

是为后记，也是感恩。

贾枭 于杭州钱塘江畔